国家示范性高职院校汽车类规划教材
——任务驱动式项目教材

高职高专汽车教学指导委员会 2010 年优秀教材

汽车底盘及车身电控系统检修

主　编　韩卫东
副主编　李长威　魏洪斌
参　编　刘德发　李建兴　解振宇
　　　　刘剑峰　王　娜
主　审　杨柏青

内 容 简 介

本书以汽车故障检修任务为驱动,以车身电子控制及底盘电子控制系统为基础,以故障检排实训为重点,实训内容紧跟当前汽车电子技术的发展,注重基础理论与新知识的融合。主要内容包括:汽车辅助电器系统、汽车防盗与中控门锁系统、安全气囊系统、巡航系统、车载网络系统、ABS/ASR 系统、电控转向系统等车身及底盘电控系统的结构原理与故障检修。本书注重理论与实践的结合,理论内容时效性强,实践内容具备可操作性。

本书可作为高职高专汽车运用与维修、汽车营销与技术管理及汽车电子等专业的教学用书,同时,还可以作为汽车维修人员的自学参考书。

图书在版编目(CIP)数据

汽车底盘及车身电控系统检修/韩卫东主编. —北京:北京大学出版社,2010.3
(国家示范性高职院校汽车类规划教材·任务驱动式项目教材)
ISBN 978-7-301-16364-1

Ⅰ. 汽… Ⅱ. 韩… Ⅲ. ①汽车—底盘—电子系统:控制系统—检修—高等学校:技术学校—教材②汽车—车体—电子系统:控制系统—检修—高等学校:技术学校—教材 Ⅳ. U472.41

中国版本图书馆 CIP 数据核字(2009)第 222831 号

书　　　名:	汽车底盘及车身电控系统检修
著作责任者:	韩卫东　主编
策 划 编 辑:	温丹丹
责 任 编 辑:	温丹丹
标 准 书 号:	ISBN 978-7-301-16364-1/U·0020
出 版 发 行:	北京大学出版社
地　　　址:	北京市海淀区成府路 205 号　100871
电　　　话:	邮购部 62752015　发行部 62750672　编辑部 62765126　出版部 62754962
网　　　址:	http://www.pup.cn
电 子 信 箱:	zyjy@pup.cn
印 　刷 　者:	三河市博文印刷有限公司
经 　销 　者:	新华书店
	787 毫米×980 毫米　16 开本　19.25 印张　426 千字
	2010 年 3 月第 1 版　2017 年 2 月第 3 次印刷
定　　　价:	38.00 元

未经许可,不得以任何方式复制或抄袭本书之部分或全部内容。
版权所有,侵权必究
举报电话:010-62752024　电子信箱:fd@pup.pku.edu.cn

前　言

近几年，我国汽车工业突飞猛进，逐渐成为我国国民经济的支柱产业之一。预计到 2010 年我国汽车产销量会超过 1000 万辆。随着汽车产业的迅速发展，我国在汽车售后服务市场方面急需大量的专业技术人才。汽车市场的不断变化，汽车技术的不断更新，迫切需要大量基础知识扎实、专业知识面广、实践能力强、综合素质高，以及适应能力强的汽车应用与维护高技能型人才。

当今汽车向安全、环保、舒适与智能化的方向发展，而汽车电控技术的发展为汽车的安全、环保、舒适与智能化发展提供了强有力的技术保障，汽车电子化程度的高低已经成为当今世界衡量汽车先进水平的重要标志。本书编写的主要目的是为了提高高等职业院校"汽车运用与维修"、"汽车营销与技术管理"、"汽车电子"等专业学生对汽车车身及底盘电子控制系统的运用及故障检修的能力。

本书遵循职业教育规律，充分考虑汽车服务行业、企业的职业岗位能力需求，采用任务引领方式，贯彻理论与实践一体化教学模式，突出以能力为本、以学生为中心的原则，对汽车车身与底盘电子控制系统的学习内容进行整合，确定明确的学习目标，通过本书学生可自主完成学习任务，教师起到任务的引领者与指导者作用即可。同时，为保证学生能力的可持续性发展，本书的任务资讯与任务训练内容以目前通用的车型为基础，以新车型、新机构、新技术为重点。

本书共设置 10 个学习任务，包括电动车窗的故障检修、电动刮水器的故障检修、中控门锁的故障检修、汽车防盗系统的故障检修、汽车空调的故障检修、汽车安全气囊的故障检修、汽车车载网络系统的故障检修、汽车巡航控制系统的故障检修、汽车 ABS/ASR 系统的故障检修、汽车电子控制动力转向的故障检修，内容基本涵盖了汽车车身与底盘的电控系统。通过学习，能理解汽车车身与底盘各电控系统的结构特点与工作原理，能正确使用与维护各电控系统，并且能诊断并排除各电控系统的典型故障。

本书由黑龙江农业工程职业学院韩卫东担任主编，哈尔滨华德技术学院李长威、哈尔滨技师学院魏洪斌担任副主编，黑龙江农业工程职业学院杨柏青教授担任主审。本书任务一由李建兴编写，任务二由刘剑峰编写，任务三、四由李长威编写，任务五由解振宇编写，任务六由王娜编写，任务七由魏洪斌编写，任务八、九由韩卫东编写，任务十由刘德发编写。

本书编写过程中参阅了大量的文献资料，得到了黑龙江汽车检测与维修行业协会、哈尔滨华通丰田汽车服务有限公司和哈尔滨运通一汽大众汽车服务有限公司的大力支持，以及众多兄弟院校的帮助，在此致以诚挚的谢意。

由于时间仓促，加之编者水平有限，书中难免有不妥之处，恳切希望读者批评指正。

编　者
2010 年 2 月

目　　录

任务一　电动车窗的故障检修 …………… 1
　　任务目标 ……………………………… 1
　　任务资讯 ……………………………… 1
　　任务资讯一　电动车窗的组成与车窗升降器
　　　　　　　　的结构特点 ……………… 1
　　　　一、电动车窗的组成 ………………… 1
　　　　二、车窗升降器的结构特点 ………… 2
　　任务资讯二　电动车窗的控制电路 ……… 4
　　　　一、电动机不搭铁型控制电路 ……… 4
　　　　二、电动机搭铁型控制电路 ………… 5
　　任务资讯三　电动车窗的工作过程 ……… 6
　　　　一、主要部件的功能 ………………… 6
　　　　二、电动车窗的工作过程 …………… 7
　　任务资讯四　防夹电动车窗 ……………… 9
　　　　一、防夹电动车窗的作用与分类 …… 9
　　　　二、防夹电动车窗的控制原理 ……… 10
　　任务训练 ……………………………… 11
　　任务训练一　电动车窗开关的检测 ……… 11
　　　　一、捷达轿车电动车窗开关的检测 … 11
　　　　二、丰田轿车电动车窗开关的检测 … 12
　　任务训练二　车窗电动机的检修 ………… 13
　　　　一、车窗电动机的检测 ……………… 13
　　　　二、车窗电动机的更换 ……………… 14
　　任务训练三　电动车窗故障诊断与排除 … 16
　　　　一、电动车窗的正确使用 …………… 16
　　　　二、电动车窗的故障检修 …………… 17
　　　　三、车窗玻璃不能升降的诊断流程 … 18
　　思考题 ………………………………… 19

任务二　电动刮水器的故障检修 ………… 20
　　任务目标 ……………………………… 20
　　任务资讯 ……………………………… 20
　　任务资讯一　电动刮水器 ………………… 20
　　　　一、电动刮水器的组成 ……………… 20
　　　　二、电动刮水器的工作原理 ………… 21
　　　　三、雨滴感知型自动刮水器 ………… 24
　　任务资讯二　风窗洗涤装置 ……………… 26
　　　　一、风窗玻璃洗涤器的组成 ………… 26
　　　　二、风窗玻璃洗涤器的控制原理 …… 27
　　任务资讯三　除霜装置 …………………… 29
　　　　一、除霜装置的类型与组成 ………… 29
　　　　二、电热式除霜装置的工作原理 …… 30
　　任务训练 ……………………………… 31
　　任务训练一　刮水器主要部件的检查 …… 31
　　　　一、丰田轿车刮水器开关的检查 …… 31
　　　　二、刮水电动机运动状态的检查 …… 33
　　　　三、洗涤泵电动机的检查 …………… 34
　　任务训练二　后风窗加热器的检修 ……… 35
　　　　一、后风窗加热丝的检查 …………… 35
　　　　二、后风窗加热丝的修复 …………… 36
　　思考题 ………………………………… 37

任务三　中控门锁的故障检修 …………… 38
　　任务目标 ……………………………… 38
　　任务资讯 ……………………………… 38
　　任务资讯一　电动式中控门锁系统 ……… 38
　　　　一、电动式中控门锁系统的组成 …… 38
　　　　二、电动式中控门锁系统主要部件的功用
　　　　　　与结构 ……………………… 38
　　　　三、电动式中控门锁系统的工作原理 … 42
　　任务资讯二　气动式中控门锁系统 ……… 46
　　　　一、气动式中控门锁系统的组成 …… 46
　　　　二、气动式中控门锁系统的工作原理 … 47
　　任务资讯三　遥控门锁系统 ……………… 48
　　　　一、遥控门锁系统的组成 …………… 48
　　　　二、遥控门锁系统的功能 …………… 49
　　　　三、遥控门锁主要部件的工作原理 …… 50
　　任务训练 ……………………………… 53
　　任务训练一　电动式中控门锁系统部件的
　　　　　　　　检测 …………………… 53
　　　　一、威驰轿车中控门锁电路 ………… 53

二、门锁控制开关及其电路的检测 …… 55
　　三、左侧前门锁总成及其电路的检测 … 55
　　四、右前、左后与右后门锁总成的
　　　　检测 ……………………………… 56
　　五、门锁控制器的检测 ………………… 56
　任务训练二　遥控门锁系统的使用与维护 … 57
　　一、遥控门锁系统的使用 ……………… 57
　　二、自诊断模式 ………………………… 58
　　三、遥控器的注册与删除 ……………… 59
　任务训练三　中控门锁系统的检修 ……… 61
　　一、故障症状表 ………………………… 61
　　二、故障诊断流程 ……………………… 61
　思考题 ……………………………………… 62

任务四　汽车防盗系统的故障检修 ……… 63

　任务目标 …………………………………… 63
　任务资讯 …………………………………… 63
　任务资讯一　汽车防盗系统的组成 ……… 63
　　一、汽车防盗系统的类型 ……………… 63
　　二、电子防盗系统的组成 ……………… 64
　任务资讯二　电子防盗系统的工作原理 … 65
　　一、普通电子防盗系统 ………………… 65
　　二、遥控防盗系统 ……………………… 66
　　三、电子应答式防盗系统 ……………… 69
　任务训练 …………………………………… 72
　任务训练一　防盗系统的故障自诊断 …… 72
　　一、捷达轿车防盗系统的故障自诊断 … 72
　　二、丰田轿车防盗系统的故障自诊断 … 77
　任务训练二　防盗匹配 …………………… 79
　　一、捷达轿车点火钥匙的匹配 ………… 79
　　二、发动机ECU及防盗ECU的匹配 … 83
　任务训练三　防盗系统的故障检修 ……… 84
　　一、故障症状表 ………………………… 84
　　二、防盗系统电路的故障诊断 ………… 85
　　三、ECU端子电压的检测 ……………… 87
　思考题 ……………………………………… 89

任务五　汽车空调的故障检修 …………… 90

　任务目标 …………………………………… 90

　任务资讯 …………………………………… 90
　任务资讯一　汽车空调概述 ……………… 90
　　一、汽车空调的功能与组成 …………… 90
　　二、汽车空调的特点 …………………… 91
　　三、制冷剂和冷冻机油 ………………… 91
　任务资讯二　制冷系统 …………………… 93
　　一、制冷系统的组成及制冷循环工作
　　　　过程 ……………………………… 93
　　二、制冷系统的组成部件 ……………… 94
　任务资讯三　暖风系统 …………………… 104
　　一、暖风系统的分类 …………………… 104
　　二、热水取暖系统 ……………………… 105
　　三、燃气取暖系统 ……………………… 107
　任务资讯四　通风与空气净化系统 ……… 108
　　一、通风装置 …………………………… 108
　　二、空气净化装置 ……………………… 109
　任务资讯五　空调的操纵与控制系统 …… 110
　　一、空调的操纵系统 …………………… 110
　　二、空调的控制系统 …………………… 114
　任务资讯六　自动空调系统 ……………… 128
　　一、自动空调的组成与功能 …………… 128
　　二、自动空调的电气控制系统 ………… 129
　任务训练 …………………………………… 133
　任务训练一　空调系统的正确使用与
　　　　　　　　维护 …………………… 133
　　一、空调系统的正确使用 ……………… 133
　　二、空调系统维修注意事项 …………… 134
　　三、空调系统的基本检查 ……………… 135
　任务训练二　空调系统测漏与制冷剂的
　　　　　　　　加注 …………………… 138
　　一、空调系统检漏 ……………………… 138
　　二、压缩机油的检查与加注 …………… 139
　　三、空调系统抽真空 …………………… 142
　　四、制冷剂的加注 ……………………… 143
　任务训练三　自动空调的检修 …………… 145
　　一、自动空调故障代码的读取、检修与
　　　　清除 ……………………………… 145

二、空调系统的检修…………… 155
　　思考题………………………… 161

任务六　汽车安全气囊的故障检修……… 163
　　任务目标……………………… 163
　　任务资讯……………………… 163
　　　任务资讯一　安全气囊系统的组成与控制
　　　　　　　　原理………………… 163
　　　　一、安全气囊的作用与类型…… 163
　　　　二、安全气囊系统的组成与控制
　　　　　　原理………………… 165
　　　任务资讯二　安全气囊系统部件的结构与
　　　　　　　　原理………………… 169
　　　　一、碰撞传感器……………… 169
　　　　二、气囊组件………………… 171
　　　　三、ECU …………………… 174
　　任务训练……………………… 175
　　　任务训练一　安全气囊故障代码的读取与
　　　　　　　　清除………………… 175
　　　　一、读取故障代码…………… 175
　　　　二、故障代码的清除………… 177
　　　任务训练二　安全气囊系统的检修…… 179
　　　　一、安全气囊系统检修注意事项… 179
　　　　二、前安全气囊传感器的检修… 182
　　　　三、安全气囊 ECU 的检修…… 183
　　　　四、气囊系统电路的检修…… 183
　　思考题………………………… 185

任务七　汽车车载网络系统的故障检修……… 186
　　任务目标……………………… 186
　　任务资讯……………………… 186
　　　任务资讯　车载网络系统的结构与原理…… 186
　　　　一、车载网络概述…………… 186
　　　　二、车载网络系统的结构…… 188
　　　　三、车载网络的基本工作原理… 191
　　任务训练……………………… 193
　　　任务训练　车载网络系统的故障检修… 193

　　　一、诊断方法与步骤………… 193
　　　二、车载网络控制系统故障自诊断…… 195
　　　三、用波形法诊断通信总线… 200
　　　四、故障检修实例…………… 202
　　思考题………………………… 204

**任务八　汽车巡航控制系统的故障
　　　　检修**………………………… 205
　　任务目标……………………… 205
　　任务资讯……………………… 205
　　　任务资讯　汽车巡航控制系统的组成与
　　　　　　　结构特点…………… 205
　　　　一、汽车巡航控制系统的作用… 205
　　　　二、汽车巡航控制系统组成部件的结构与
　　　　　　原理………………… 206
　　　　三、巡航控制系统的控制原理与控制
　　　　　　电路………………… 213
　　任务训练……………………… 219
　　　任务训练一　丰田轿车巡航控制系统元件的
　　　　　　　　检测………………… 219
　　　　一、控制开关的检测………… 219
　　　　二、位置传感器的检测……… 220
　　　　三、电动机式巡航执行器的检测…… 221
　　　任务训练二　汽车巡航控制系统的故障
　　　　　　　　检修………………… 223
　　　　一、雷克萨斯轿车巡航控制系统故障
　　　　　　代码的提取………… 223
　　　　二、故障检修………………… 224
　　思考题………………………… 225

**任务九　汽车 ABS/ASR 系统的故障
　　　　检修**………………………… 226
　　任务目标……………………… 226
　　任务资讯……………………… 226
　　　任务资讯一　ABS 概述…………… 226
　　　　一、ABS 的理论基础………… 226
　　　　二、ABS 的组成与分类……… 230

三、ABS 主要部件的结构与工作
　　原理…………………………… 232
任务资讯二　ASR 概述……………… 250
　一、ASR 的基本原理 ……………… 251
　二、ASR 的控制方式 ……………… 253
　三、ABS/ASR 系统的组成 ………… 255
　四、ASR 主要部件的结构和原理 … 255
　五、ASR 的控制过程 ……………… 259
任务训练…………………………………… 262
任务训练一　ABS 故障代码的提取与消除 … 262
　一、丰田车系 ABS 故障代码的读取与
　　清除………………………………… 262
　二、捷达轿车 ABS 故障代码的读取与
　　清除………………………………… 264
任务训练二＊捷达轿车 ABS 组件的拆装与
　　检测………………………………… 266
　一、维修注意事项…………………… 266
　二、前轮轮速传感器与齿圈的拆装
　　与检修……………………………… 267
　三、后轮轮速传感器、齿圈及轴承的
　　拆装与检修………………………… 268
　四、电子和液压控制单元总成的拆装与
　　检测………………………………… 270
任务训练三　ABS 系统制动液的更换与
　　排气………………………………… 273
　一、ABS 制动液……………………… 273
　二、捷达轿车 ABS 制动系统的排气 … 274
思考题……………………………………… 275

任务十　汽车电子控制动力转向的故障
　　　　　检修………………………… 277

任务目标………………………………… 277
任务资讯………………………………… 277
任务资讯一　液压式电控动力转向系统…… 278
　一、流量控制式 EPS ……………… 278
　二、反作用力控制式 EPS ………… 279
　三、阀灵敏度可变控制式 EPS …… 283
任务资讯二　电动式电子控制动力转向
　　系统………………………………… 286
　一、电动式 EPS 的组成及工作过程 … 286
　二、电动式 EPS 主要部件的结构与工作
　　原理………………………………… 287
任务资讯三　四轮转向……………………… 290
　一、概述……………………………… 290
　二、电子/液压式四轮转向系统 …… 291
任务训练…………………………………… 294
任务训练一　故障自诊断……………… 294
　一、奔驰 W140 动力转向系统故障自
　　诊断………………………………… 294
　二、三菱轿车动力转向系统………… 295
任务训练二　丰田皇冠轿车电控动力转向
　　系统的检修………………………… 296
　一、系统的基本组成………………… 296
　二、系统的故障排除………………… 297
思考题……………………………………… 298

参考文献………………………………… 299

任务一　电动车窗的故障检修

任务目标

1. 了解电动车窗的组成和关键组成部件的工作原理车窗升降器的结构特点。
2. 理解防夹电动车窗的控制原理。
3. 能熟读电动车窗系统的控制电路，并能理解电动车窗的工作过程。
4. 能检测与连接电动车窗的控制线路，并能排除线路故障。
5. 掌握车窗升降器、控制开关、电动机的拆装方法，并能检测电动车窗各组成部件的性能与技术状态。
6. 通过训练、操作学会排除电动车窗系统的常见故障。

任务资讯

为方便驾驶员和乘客开启车窗玻璃，现代轿车多采用电动机控制车窗玻璃升降的电动车窗系统。一般前两个车窗具有手动和自动两种功能，后门车窗只有手动功能，个别高级轿车还采用了具有防夹功能的电动车窗。

任务资讯一　电动车窗的组成与车窗升降器的结构特点

一、电动车窗的组成

电动车窗主要由车窗、车窗升降器、电动机、继电器和开关等部件组成，各部件在车上的安装位置如图1-1所示。

1. 主控开关

主控开关一般安装在主驾驶侧车门上或变速杆附近。它控制各车窗电动机的电路通断，使电动机转动或停止，有的主控开关还有一个安全开关（也称为车窗锁止开关），用来切断用其他3个电动车窗的电源电路，使这3个分控开关不起作用，起到安全保护作用。

2. 分控开关

装在除驾驶座车门外的每个车门上，受主控开关的控制。当主控开关的安全开关处于LOCK位置时，该开关不起作用。

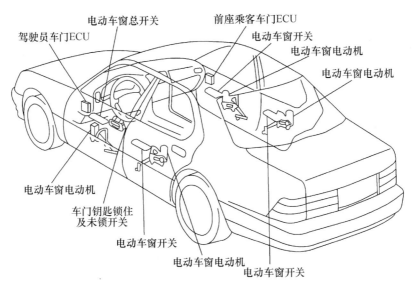

图 1-1　电动车窗的组成及安装位置

3. 车窗电动机

当有电流从主控开关或电动车窗开关提供给此电动机时，即给车窗升降器提供动力，驱动车窗升降器运动。

4. 车窗升降器

车窗玻璃安装在车窗升降器上，当电动机提供动力时，车窗升降器便带动车窗玻璃完成升降运动。

5. 车窗断路器

当有过载电流流过电动车窗电路时，电动车窗断路器即切断电路，保护电路免受损坏。

6. 车窗主继电器

电动车窗主继电器受点火开关控制，提供或切断电动车窗系统断路器的大电流。有些车辆装备的是具有延时功能的主继电器，在点火开关关闭后的几分钟时间内驾驶员和乘客可以升起未关闭的车窗。

二、车窗升降器的结构特点

车窗升降器常见的结构形式主要有绳轮式、齿扇式、柔性齿条式等车窗升降器。

1. 绳轮式车窗升降器

捷达、桑塔纳等车型多采用绳轮式车窗升降器，如图 1-2 所示，绳轮式车窗升降器主要由蜗轮、蜗杆、缓冲联轴器、卷丝筒（绕线轮）、钢丝绳、导轨及滑动支架等组成。永磁直流电动机工作时，转子轴输出转矩，经蜗轮蜗杆减速，再由缓冲联轴器传递到绕线轮，绕线轮旋转带动钢丝绳运动，钢丝绳拉动安装在玻璃托架上的滑动支架在导轨中上下运动，达到玻璃升降的目的。

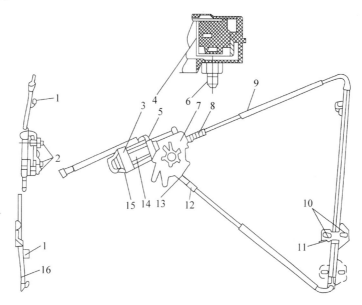

图 1-2 绳轮式车窗升降器结构图

1—支架安装位置；2—电动机安装位置；3—固定架；4—联轴缓冲器；5—电动机；6—卷丝筒；7—盖板；8—调整弹簧；9—绳索结构；10—玻璃安装位置；11—滑动支架；12—弹簧套筒；13—安装缓冲器；14—铭牌；15—均压孔；16—支架结构

2. 齿扇式车窗升降器

齿扇式车窗升降器的结构如图 1-3 所示。齿扇上连有螺旋弹簧 4，当车窗上升时，负载比较大，弹簧会展开，放出能量，协助电动机驱动车窗上升，以减轻电动机的负荷；当车窗下降时，在电动机与车窗重力的共同作用下，螺旋弹簧被压缩，储存能量。从而使车窗无论是上升还是下降，电动机负荷都基本上相同。

3. 柔性齿条式车窗升降器

柔性齿条式的车窗升降器结构如图 1-4 所示。它使用了一个小齿轮和一根柔性齿条来实现对车窗的驱动，车窗玻璃固定在齿条的一端，电动机通过减速机构带动小齿轮转动，小齿轮与齿条啮合在一起，带动齿条移动来驱动车窗的升降。

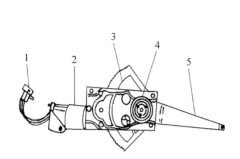 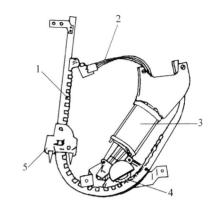

图 1-3 齿扇式车窗升降器结构图
1—电缆接头；2—电动机；3—齿扇；
4—螺旋弹簧；5—推杆

图 1-4 柔性齿条式车窗升降器结构图
1—柔性齿条；2—电缆接头；3—电动机；
4—小齿轮；5—定位架

任务资讯二 电动车窗的控制电路

汽车电动车窗的控制电路各种车型之间有很大的不同，大体上，按电动机是否搭铁可分为电动机不搭铁型控制电路和电动机搭铁型控制电路两种。

一、电动机不搭铁型控制电路

1. 电路特点

电动机不搭铁的控制电路是指电动机本身不直接搭铁，其搭铁端也受开关的控制，通过改变电动机的电流方向来实现电动机的转动换向，从而实现车窗的升降。电动机不搭铁的控制电路，因为开关既控制电动机的电源线，又控制电动机的搭铁线，所以开关结构和线路比较复杂。但是电动机结构简单，应用比较广泛，其工作电路如图 1-5 所示。

2. 控制原理

驾驶员操作的主控开关中的右前车窗开关，使其在"下"的位置时，右前车窗电动机的一端通过主控开关与搭铁断开后接电源而通电转动，使右前车窗向下运动，电流方向如图 1-5 中箭头所指。乘客操作右前车窗的独立操作开关，使其在"下"的位置时，右前车窗电动机的一端通过独立操作开关与搭铁断开后接电源而通电转动，使右前车窗向下运动。驾驶员和乘客分别操作可使右前车窗下降。

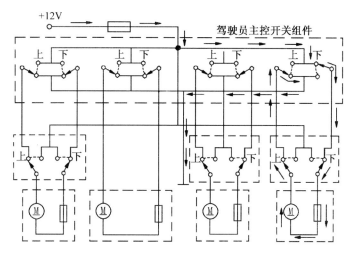

图1-5 电动机不搭铁型车窗控制电路

二、电动机搭铁型控制电路

1. 控制电路

电动机搭铁的控制电路是指电动机一端直接搭铁，而电动机有两组磁场绕组，通过接通不同的磁场绕组，使电动机的转向不同，实现车窗的升降，控制电路如图1-6所示。可见，在电动车窗控制电路中，一般都设有驾驶员集中控制的主控开关和每一个车窗的独立操作开关，每个车窗的操作开关可由乘客自己操作。但是，有些汽车的主控开关备有安全开关，可以切断其他各车窗的电源，使其他车窗的操作开关不起作用，主控开关只能由驾驶员一人操作。

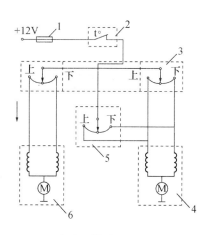

图1-6 电动机搭铁型车窗控制电路

2. 断路保护器

如果车门玻璃处于全开状态或完全关闭状态时控制开关继续接通，或者玻璃在升降过程中被卡死，这时容易发生电流过大现象，使电动机通电时间过长而烧坏。为防止或避免电动机因超载而烧坏电动机，电动车窗系统一般要设有断路保护器（电路断电器），如图1-5中所示的断路保护器设置在电动机总成内部，如图1-6中所示的断路保护器设置在电源电路中，设置在电源电路中的断路保护器的外形和内部结构如图1-7所示。

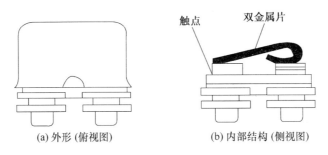

图 1-7 断路保护器

电动车窗升降系统中断路保护器的触点一般为双金属片式结构,当车窗升降系统电路电流过大时,双金属片因温度上升产生翘曲变形而使触点张开,切断电路。当电路断开后,双金属片冷却,变形消失,触点再次闭合。

任务资讯三 电动车窗的工作过程

桑塔纳 2000 型轿车的电动车窗具有点动与自动、延时控制及安全保护等功能,是一种典型的电动车窗系统,下面以该系统为例,介绍电动车窗的控制原理与工作过程。

一、主要部件的功能

桑塔纳 2000 型轿车采用的电动车窗装置由翘板车窗开关、传动机构、升降器及电动机组成,控制电路如图 1-8 所示。

1. 车窗开关

车窗开关 S_{39}、S_{40}、S_{41}、S_{52} 和 S_{53} 被安置在中央通道面板上的开关盘上,其中黄色车窗开关 S_{39} 为安全开关,可以使后车窗开关 S_{53} 和 S_{55} 不起作用;S_{40}、S_{41}、S_{52} 和 S_{54} 分别为左前、右前和左后、右后门玻璃车窗开关。为使左后和右后门玻璃能独立升降,在两后门上分别设置了车窗开关 S_{53} 和 S_{55}。

2. 电动机

M_{14}、M_{15}、M_{26} 和 M_{27},分别为左前、右前和左后、右后车窗电动机。电动机为永磁直流电动机,正常工作电流为 4~15 A。电动机内带有过载断路保护器,以免电动机超载烧坏。

3. 延时继电器

延时继电器 K_{52} 是保证在点火开关断开后,使车窗电路延时约 50 s 后再断开,使用方便、安全。

4. 自动继电器

自动继电器 K_{51} 用于控制左前门车窗电动机，实现点动与自动控制。

二、电动车窗的工作过程

如图 1-8 所示，接通点火开关后，延时继电器 K_{52} 与电源相通，其常开触点闭合，车窗开关内的"P-"通过该触点接地，而"P+"通过熔断器 FU_{37} 与 30 路电源相通，此时，按动车窗开关便可使车窗电动机转动。

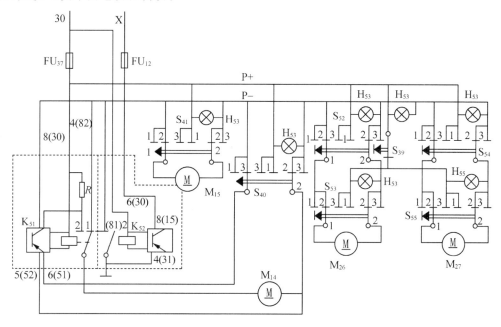

图 1-8　桑塔纳 2000 型轿车电动车窗电路原理图

1. 前电动车窗的工作过程

右前门车窗电动机由车窗开关 S_{41} 控制，而左前门车窗电动机 M_{14} 由车窗开关 S_{40} 和自动继电器 K_{51} 控制，且具有点动自动控制功能。

（1）车窗玻璃上升

按下车窗开关 S_{41} 的上升键位时，车窗电动机 M_{15} 正转，带动右前门车窗玻璃上升，其电路为 30 路电源→熔断器 FU_{37}→电源线"P+"→S_{41} 第 2 组触点的第 1 位→车窗电动机 M_{15}→S_{41} 第 1 组触点的第 1 位→电源线"P-"→K_{52} 触点→接地→电源负极。

按下车窗开关 S_{40} 的上升键位时，电源线"P+"和电源线"P-"经 S_{40} 分别接至自动继

电器 K_{51} 的输入端 2 和 1，此时，自动继电器 K_{51} 触点 1 闭合，触点 2 断开，车窗电动机 M_{14} 正转，带动左前门玻璃上升，车窗电动机的电路为 30 路电源→熔断器 FU_{37}→电源线 "P+" →S_{40} 第 2 组触点的第 1 位→车窗电动机 M_{14}→K_{51} 的常闭触点 1→电源线 "P-"→K_{52} 触点→搭铁→电源负极。将手抬起时车窗开关 S_{40} 复位，上述电路被切断，左前电动机 M_{14} 停转。

（2）车窗玻璃下降

按下车窗开关 S_{41} 的下降键位时，车窗电动机 M_{15} 反转，带动右前门车窗玻璃下降，其电路为 30 路电源→熔断器 FU_{37}→电源线 "P+" →S_{41} 第 1 组触点的第 3 位→车窗电动机 M_{15}→S_{41} 第 2 组触点的第 3 位→电源线 "P-"→K_{52} 触点→接地→电源负极。

按下车窗开关 S_{40} 的下降键位时，电源线 "P+" 和电源线 "P-" 经 S_{40} 分别接至自动继电器 K_{51} 的输入端 2 和 1，此时，自动继电器 K_{51} 触点 2 闭合，触点 1 断开；车窗电动机 M_{14} 反转，带动左前门玻璃下降，车窗电动机的电路为 30 路电源→熔断器 FU_{37}→电源线 "P+" →取样电阻 R→K_{51} 的常开触点 2→车窗电动机 M_{14}→S_{40} 第 2 组触点的第 3 位→电源线 "P-"→K_{52} 触点→搭铁→电源负极。将手抬起时车窗开关 S_{40} 复位，K_{51} 的触点也复位（常开触点 2 断开，常闭触点 1 闭合），上述电路被切断，左前电动机 M_{14} 停转。

（3）点动自动控制过程

当按下车窗开关 S_{40} 下降键位的时间小于等于 300 ms 时，自动继电器 K_{51} 判断为点动自动下降操作，于是继电器动作，使常开触点 2 闭合。流过车窗电动机 M_{14} 的电流方向与正常下降操作时相同，电动机反转，车窗玻璃下降。如果按下车窗开关 S_{40} 下降键位的时间超过 300 ms，而且在下降期间上升键位不被按下，继电器 K_{51} 的常开触点 2 将一直处于闭合状态，直至玻璃下降到底，电动机 M_{14} 堵转，此时，电枢电流将增大，当电流增至约 9 A 时，取样电阻 R 上的电压使继电器 K_{51} 动作，常开触点 2 断开，自动切断车窗电动机的通电回路，电动机停转；如果在下降期间，按下 S_{40} 的上升键位，继电器 K_{51} 将判断为下降操作结束，常开触点 2 断开，车窗电动机 M_{14} 停转。这样，通过对车窗开关 S_{40} 进行点动控制就可以使左前车窗玻璃停止在任意位置。

2. 后电动车窗的工作过程

左后门和右后门的车窗电动机各由两个车窗开关 S_{52}、S_{53} 和 S_{54}、S_{55} 控制，S_{52} 和 S_{54} 安装在中央通道面板上，供驾驶员控制，S_{53} 和 S_{55} 分别安装在两后门上，供后座乘客控制。同一后门的两个开关采用级联方式连接，当两个开关被同时按下时没有控制作用，只有当某一个开关被按下时，才有控制作用。在安全开关 S_{39} 被按下的情况下，S_{39} 的常闭触点断开，切断了后车门上车窗开关 S_{53} 和 S_{55} 的电源，使其失去了对各自车窗电动机的控制，因而，起到了保护儿童安全的作用。

（1）车窗玻璃上升

在安全开关 S_{39} 没有被按下的情况下，按下 S_{52}（S_{55}）的上升键位，车窗电动机 M_{26}（M_{27}）正转，带动左后（右后）车门玻璃上升。其电路为 30 路电源→熔断器 FU_{37}→电源线 "P+" →S_{52}（S_{54}）第 2 组触点的第 1 位→S_{53}（S_{55}）第 2 组触点的第 2 位→左后（右后）门

窗电动机 M_{26}（M_{27}）→S_{53}（S_{55}）第 1 组触点的第 2 位→S_{52}（S_{54}）第 1 触点的第 1 位→电源线"P–"→K_{52} 触点→接地→电源负极。

如果按下左后（右后）车门上 S_{53}（S_{55}）的上升键位，车窗电动机 M_{26}（M_{27}）同样可带动车门玻璃上升，此时其电路为 30 路电源→熔断器 FU_{37}→电源线"P+"→S_{39}→S_{53}（S_{55}）第 2 组触点的第 1 位→左后（右后）门窗电动机 M_{26}（M_{27}）→S_{53}（S_{55}）第 1 组触点的第 1 位→S_{52}（S_{54}）第 1 组触点的第 2 位→电源线"P–"→K_{52} 触点→接地→电源负极。

(2) 车窗玻璃下降

在安全开关 S_{39} 没有被按下的情况下，按下 S_{52}（S_{54}）的下降键位，车窗电动机 M_{26}（M_{27}）反转，带动左后（右后）车门玻璃下降。其电路为 30 路电源→熔断器 FU_{37}→电源线"P+"→S_{52}（S_{54}）第 1 组触点的第 3 位→S_{53}（S_{55}）第 1 组触点的第 2 位→左后（右后）门窗电动机 M_{26}（M_{27}）→S_{53}（S_{55}）第 2 组触点的第 2 位→S_{52}（S_{54}）第 2 组触点的第 3 位→电源线"P–"→K_{52} 触点→接地→电源负极。

如果按下左后（右后）车门上 S_{53}（S_{55}）的下降键位，车窗电动机 M_{26}（M_{27}）同样可带动车门玻璃下降，此时其电路为 30 路电源→熔断器 FU_{37}→电源线"P+"→S_{39}→S_{53}（S_{55}）第 1 组触点的第 3 位→左后（右后）门窗电动机 M_{26}（M_{27}）→S_{53}（S_{55}）第 2 组触点的第 3 位→S_{52}（S_{54}）第 2 组触点的第 2 位→电源线"P–"→K_{52} 触点→接地→电源负极。

3. 延时控制过程

接通点火开关后，延时继电器 K_{52} 与"X"号电源线相连接，动合触点闭合，"P–"接地，而"P+"通过熔断器 FU_{37} 与"30"号电源线相连接。此时，若按下电动车窗开关，车窗电动机便会转动。当断开点火开关时，"X"号电源线断电，延时继电器 K_{52} 由"30"号电源线供电，延时 50 s 后，继电器触点断开，车窗开关的搭铁线被切断，所有车窗开关均失去控制作用。

任务资讯四　防夹电动车窗

一、防夹电动车窗的作用与分类

1. 防夹电动车窗的作用

电动车窗使用起来十分方便。但是如果驾驶员没有注意乘员的手或物件伸出窗口，就容易被上升的玻璃夹着。为此，现在许多轿车的电动车窗都增加了防夹功能。

2. 防夹电动车窗的类型

按照控制方法不同，防夹电动车窗可分为电流监测型和传感器监测型两种。目前，汽车的防夹电动车窗（包括防夹电动天窗）多采用传感器监测电动车窗的工作状态。

二、防夹电动车窗的控制原理

1. 电流监测型防夹电动车窗

当这种防夹型电动车窗玻璃上升过程中阻力增大时，车窗电动机的工作电流相应增大，而车窗玻璃移动过程中的阻力变化与车窗玻璃到达终端的阻力是不一样的，后者阻力远较前者阻力大得多，因此控制方式也不一样。

当车窗玻璃到达关闭的终端时，因阻力变大，电动机过载电流也变大，继电器靠过载保护装置会自动切断电流。有的汽车设有玻璃升降终点的限位开关，当玻璃到达终端时压住限位开关，电流被切断，电动机就停止运转。

当车窗玻璃上升过程中电动机工作电流偏大，过载保护装置或限位开关又没切断电流，车窗 ECU 则认为有夹人的危险，而驱动车窗电动机反转，将车窗玻璃降低 20 cm 左右然后停止。

2. 传感器监测型防夹电动车窗

防夹电动车窗常用的传感器有霍尔转速传感器和光学传感器。

(1) 霍尔转速传感器型防夹电动车窗

霍尔转速监测型防夹电动车窗的电路原理如图 1-9 所示，在车窗关闭的过程中，驱动机构中有电子控制单元（ECU）及霍尔传感器（脉冲发生器）时刻监测电动机的转速，当霍尔传感器监测到转速有变化时就会向 ECU 传送信息，ECU 向继电器发出指令，使电动机停转或反转（下降），车窗也就停止上升或下降。

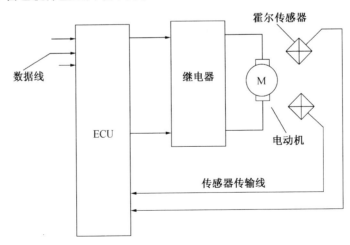

图 1-9 转速监测型防夹电动车窗电路原理图

(2) 光学传感器监测型防夹电动车窗

这种系统是增加一套光学控制系统，它监测有无异物在电动车窗移动范围内，从而控制玻璃移动，无须异物直接接触到玻璃。这个光学控制系统的主要元件是光学传感器，它由红外线发射器和接收器组成，安装在车窗的内饰件上，能连续精确地扫描指定的区域。这个区域一般指车窗玻璃向上移动时，距离车窗开口框上边缘 4～200 mm 范围内。一旦监测到有异物，传感器会把信息反馈至 ECU，ECU 发出指令使电动机停止运转。由于这种装置小巧，装嵌隐蔽，控制技术先进，所以也有人称之为"智能无接触防夹玻璃"。

一般普通轿车的防夹电动车窗只有转速传感器，具有一定档次的轿车才有光学传感器。如果有转速和光学两重监测，汽车防夹电动车窗就十分安全了。

任务训练

任务训练一　电动车窗开关的检测

一、捷达轿车电动车窗开关的检测

1. 车窗开关的内部电路

捷达轿车一共有 5 个车窗开关，其中 E_{30} 为左前电动车窗开关、E_{31} 为右后电动车窗主控开关、E_{33} 为左后电动车窗主控开关、E_{35} 为左后电动车窗分控开关、E_{37} 为右后电动车窗分控开关，各个车窗开关的内部结构和工作原理是相同的，其内部电路结构如图 1-10 所示。

2. 车窗开关的检测

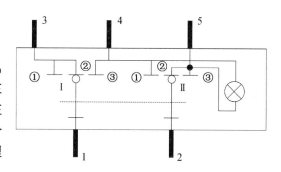

图 1-10　捷达车窗开关的内部电路

使用万用表的欧姆挡测量车窗开关插头的各端子导通特性，检查方法如表 1-1 所示，如果检测结果不符合表 1-1 的要求，应更换相应的车窗开关。

表 1-1　捷达轿车车窗开关的检测

端子 位置	1	2	3	4	5
UP（上升）	○—	—○	—○	○—	
OFF（关闭）	○—	—○			—○
DOWN（下降）	○—	—○		—○	

二、丰田轿车电动车窗开关的检测

1. 主开关的检测

丰田雷克萨斯 LS400 和佳美等轿车电动车窗主开关的外形和连接器端子如图 1-11 所示，主开关接线端子的导通性检查如表 1-2 所示。

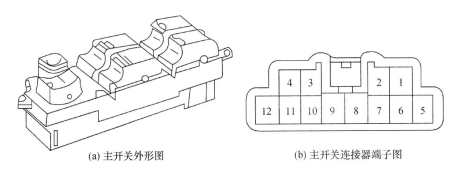

(a) 主开关外形图　　　　　　(b) 主开关连接器端子图

图 1-11　丰田佳美轿车电动车窗主开关外形及其连接器

表 1-2　主开关导通性的检测

检查条件		前					乘客侧			后 左				右			
开关位置	端子	8	4	9	10	8	3	9	7	8	9	6	5	8	9	12	11
车窗未锁	UP	○—	—○			○—	—○			○—	—○			○—	—○	
车窗未锁	OFF	○—○				○—○				○—○				○—○			
车窗未锁	DOWN	○			—○	○		—○		○		—○		○		—○	
车窗闭锁	UP	○—|—○					○—|—○									
车窗闭锁	OFF	○—○								○—○				○—○			
车窗闭锁	DOWN	○			—○					○		—○		○		—○	

2. 分控开关的检测

电动车窗分控开关的外形及连接器如图 1-12 所示，分控开关接线端子的导通性检查如表

1-3 所示。

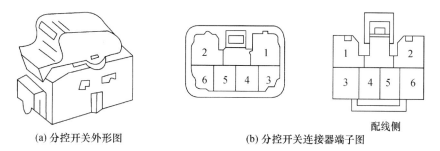

(a) 分控开关外形图　　　(b) 分控开关连接器端子图

图 1-12　丰田佳美轿车电动车窗分控开关外形及其连接器

表 1-3　电动车窗分控开关导通性的检测

开关位置＼端子	1	5	3	2	4
UP	○——	—○	○——	—○	
OFF	○——	—○		○——	—○
DOWN		○——	—○	○——	—○

任务训练二　车窗电动机的检修

一、车窗电动机的检测

1. 电枢绕组电阻的测量

用万用表电阻挡测量车窗电动机电枢绕组的电阻，一般的车窗电动机电枢绕组阻值为 0.5～3Ω 之间，若阻值为 ∞ 或超过 3Ω，则应更换车窗电动机。

2. 电动机工作性能检测

由于门窗电动机的电枢绕组电阻比较小，部分车型的车窗电动机电枢绕组甚至小于 1Ω，通过测量其电阻值来判断电枢绕组是否短路比较困难，此时，通过直接通电的方法，观察其工作状态，进而判断其是否烧坏或者工作性能变差。

（1）电动机正转的检测

如图 1-13 所示，将电动机电路插头的 2 号接线端子接蓄电池正极，插头的 1 号接线端子接蓄电池的负极，电动车窗应向上运转，电动机运转平顺、无卡滞现象，如不正常，则更换车窗电动机。

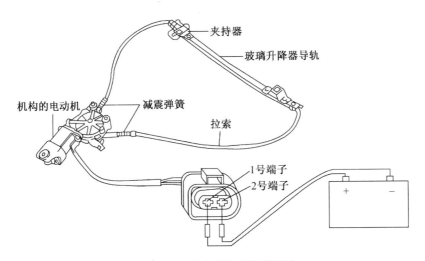

图 1-13　车窗电动机的性能测试

（2）电动机反转的检测

将电动机电路插头的 1 号接线端子接蓄电池正极，插头的 2 号接线端子接蓄电池的负极，电动车窗应向下运转，电动机运转平顺、无卡滞现象，如不正常，则更换车窗电动机。

二、车窗电动机的更换

当电动车窗电动机有故障时，一般汽车生产厂家要求更换电动机。捷达轿车电动玻璃升降器的钢丝绳和电动机可以单独更换，下面介绍电动机的更换方法。

（1）将玻璃升降器的接线插头断开。

（2）用扎带将驱动器盖和塑料轴承盖在两个钢丝出口处连接固定，如图 1-14 箭头所示，要求保险装置朝向凸起处。扎带在修理过程中不得去掉，否则将给修理带来极大麻烦。

（3）拧出固定驱动器盖螺钉。

（4）拆下螺钉后，将驱动器与盖稍微倾斜一点，用手将盘绳滚筒按图 1-15 所示的箭头方向从驱动器壳体上拉出，应注意不要损伤密封面。

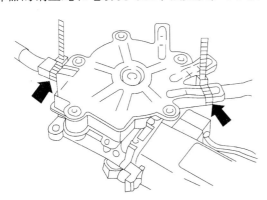

图 1-14　驱动器盖与轴承盖的固定

（5）按图 1-16 所示的箭头方向将新的电动机/驱动器防护盖拉起，要保证橡胶成型垫必须留在驱动器壳体上。

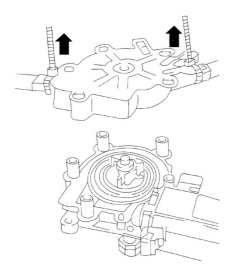 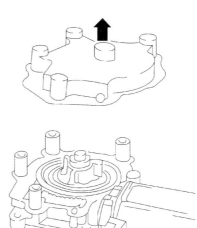

图1-15 拆下盘绳滚筒　　　　　　图1-16 拆下新电动机/驱动器的防护盖

（6）安装时先将新驱动器的3扇成型件沿图1-17中箭头方向从驱动轴上拉出，但橡胶成型垫必须留在驱动器壳体中。

（7）将3扇支架成型件翻过来放入盘绳滚筒的空缺处，如图1-18所示。

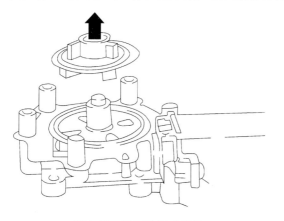 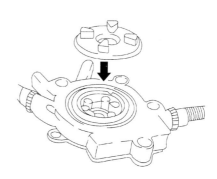

图1-17 拆下支架成型件　　　　　　图1-18 支架成型件的安装

（8）使电动机/驱动器按图1-19所示的箭头方向与盘绳滚筒相配合，3扇支架成型件的4个卡鼻与驱动器壳体中橡胶成型垫上的空缺必须对齐。图1-19中的a是法兰密封垫，安装时，可涂一层油脂，防止其掉下来。

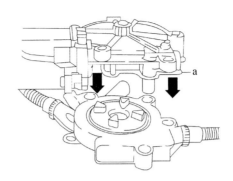

图 1-19 驱动器与盘绳滚筒的配合

（9）驱动器壳体与盘绳滚筒相配合，装配时，可按图 1-20 所示稍微移动一下玻璃升降器导轨上的夹子，改变橡胶成型垫的位置，以达到相互配合。

（10）装配好后，按图 1-21 所示的顺序拧紧 5 个螺钉，拧紧力矩为 3 N·m。

（11）玻璃升降器安装到定位架之前，需要进行功能检查，割掉多余扎带，以防工作时产生刮磨声。

电动车窗其他机械部分的更换可参照此方法，如控制钢丝的更换即可按照相同的方法进行。

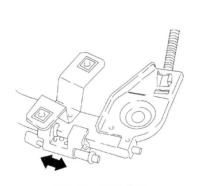

图 1-20 移动夹子

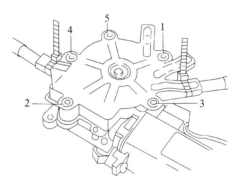

图 1-21 拧紧固定螺栓的顺序

任务训练三　电动车窗故障诊断与排除

一、电动车窗的正确使用

（1）尽量避免同时操作 2 个或 2 个以上电动车窗开关，这样会因为电动车窗系统负荷过大而烧坏保险。

（2）有小孩乘车时，应尽量将窗锁开关锁住，以防小孩将头或手伸出窗外。

（3）对于无防夹装置的电动车窗，工作过程中要避免小孩用力拉压车窗玻璃，否则会使升降机构变形及调节器损坏。

（4）电动车窗用久后玻璃轨道内的橡胶条会硬化或卡有脏污，令玻璃升降不畅或卡住不动，因此，日常在玻璃升降轨道内喷些 WD-40 用来润滑是很重要的。

（5）为防止橡胶条老化，可在市面上购买一种保养剂，涂上后可以保持橡胶的韧性，减少干裂的情况发生。

（6）冬季刷车后，要将车窗玻璃上的水擦干，以防行车时将车窗玻璃冻住。若车窗冻住后，要等冻冰融化后才可使用电动车窗。

二、电动车窗的故障检修

1. 电动车窗电路

在检修电动车窗前，要仔细阅读相应车型的电动车窗电路图，了解电动车窗的电路控制原理，结合故障现象进行电路分析，可以有效缩小故障检查范围，提高工作效率。丰田轿车的典型电动车窗电路如图 1-22 所示。

2. 故障症状

电动车窗有故障时，可以按照故障症状表（表 1-4）对应故障现象和故障进行故障检修。

表 1-4 故障症状表

故障现象	故障原因	解决办法
一个车窗只能向一个方向运动	分控开关到总开关的控制导线可能断路	检查控制导线是否导通
一个车窗在两个方向都不能运动	传动机构发卡 车窗电动机有故障 分开关到电动机的导线断路	检查齿轮机构或缆绳是否卡住 检查电动机是否断路、短路或搭铁 检查有故障车窗的分控开关到电动机的导线是否导通
两个后车窗的分开关不起作用	窗锁开关（如装有）或总开关有故障	检查窗锁开关（如装有）或总开关的工作情况
所有车窗都不能升降或有时不能升降	搭铁线搭铁不实	检查、清洁和紧固搭铁线

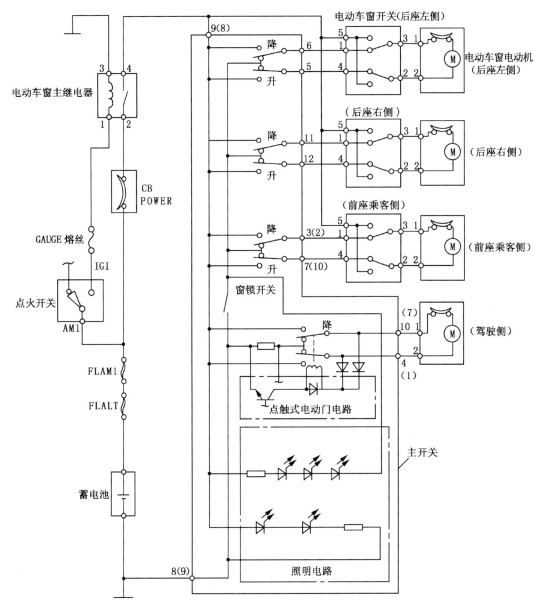

图 1-22 丰田轿车的典型电动车窗电路图

三、车窗玻璃不能升降的诊断流程

当丰田轿车的所有车窗玻璃不能升降时,请参阅图 1-22 所示的丰田轿车电动车窗电路图,并按图 1-23 所示的诊断流程进行故障诊断。

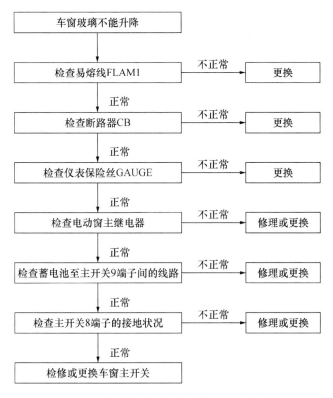

图 1-23　电动车窗不能升降的故障诊断流程

思 考 题

1. 电动车窗由哪几部分组成？常见的车窗升降器有哪几种？说明齿扇式车窗升降器的结构特点。
2. 以桑塔纳 2000 型轿车为例，分析主驾驶侧电动车窗的工作过程。
3. 防夹电动车窗有几种类型？简述传感器监测型防夹电动车窗的控制原理。
4. 如何检测丰田佳美轿车的电动车窗开关？
5. 怎样检查车窗电动机？如何更换捷达轿车车窗电动机？
6. 当丰田轿车所有电动车窗都不能升降时，试制订合理的检修流程。

任务二 电动刮水器的故障检修

任务目标

1. 了解电动刮水器、车窗洗涤装置和风窗除霜装置的功用、组成、结构特点。
2. 能解释电动刮水器、车窗洗涤与风窗除霜装置的工作原理，能理解感应式自动刮水系统的工作原理。
3. 能拆卸、安装与调试电动刮水器系统的电动机、传动装置和刮水片等组成部件。
4. 能检修电动刮水器、车窗洗涤与风窗除霜装置的常见故障。

任务资讯

驾驶员在行车时，遇有雨天、雪天、雾天或沙尘天气时，会造成视线不良，给驾驶员的行车安全带来隐患。为此，汽车上一般安装有刮水器、洗涤与除霜装置，有的汽车上还安装有后风窗刮水与除霜装置。

任务资讯一 电动刮水器

一、电动刮水器的组成

根据驱动介质不同，刮水器可分为真空式、气动式和电动式，现代汽车上广泛采用的是电动刮水器。电动刮水器通常由电动机、传动机构、控制装置和刮水片等组成。图2-1所示的为电动刮水器结构示意图。

一般电动机和蜗轮箱做成一体，组成刮水器电动机总成。电动机旋转时，带动蜗杆蜗轮转动，与蜗轮相连的曲柄将蜗轮的旋转运动转换为连杆的往复运动，并通过摆臂带动刮水片往复运动，橡皮刷便可刷去风窗玻璃上的雨水、雪和尘土。

电动刮水器通常装有自动复位装置，以便在任意时刻关闭刮水器电路时，刮水片均能自动停在风窗玻璃的下侧。

刮水器电动机一般采用直流电动机，有励磁式和永磁式两种，永磁式电动机具有体积小、重量轻、构造简单、造价低等优点，因此被广泛采用。一般电动刮水器有高速、低速两种速度。

任务二 电动刮水器的故障检修

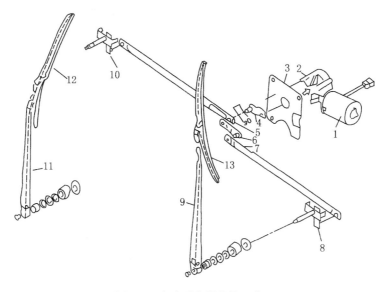

图 2-1 电动刮水器结构示意图

1—直流电动机；2—蜗轮箱；3—底板；4、6—曲柄；5、7—连杆；
8、10—刷架；9、11—摆臂；12、13—刮水器片

二、电动刮水器的工作原理

(一) 电动刮水器的变速原理

1. 直流电动机的变速方法

刮水器的变速是利用直流电动机的变速原理来实现的，由直流电动机电压平衡方程式可得转速公式：

$$n = \frac{U - IR}{KZ\Phi} \tag{2-1}$$

式中：n——直流电动机转速；

U——电动机端电压（V）；

I——通过电枢绕组中的电流（A）；

R——电枢绕组的电阻（Ω）；

K——常数；

Z——正、负电刷间串联的导体数；

Φ——磁极磁通（WB）。

在电压 U 和直流电动机定型的条件下，即 I、R、K 均为常数，当磁极磁通 Φ 增大时，转

速 n 下降，反之则转速 n 上升。所以，刮水器变速是在直流电动机变速的理论基础上，采取改变电动机磁极磁通，或者改变两电刷之间的导体数来实现的。绕线式直流电动机采用改变电动机磁极磁通的变速方法，永磁式直流电动机采用改变电刷间导体数的变速方法。因永磁式直流电动机应用较广泛，下面介绍永磁直流电动机的变速原理。

2. 改变电刷间导体数的变速原理

改变电刷间导体数的变速方法只能通过永磁电动机来实现，如图2-2所示，其原理是：刮水电动机工作时，在电枢内同时产生反电动势，其方向与电枢电流的方向相反。要使电枢旋转，外加电压必须克服反电动势的作用。当电动机转速升高时，反电动势增高，只有当外加电压等于反电动势时，电枢的转速才能稳定。

三刷永磁式刮水电动机工作时，电枢绕组产生的反电动势的方向如图2-2中箭头所示。当将刮水器开关K拨向"L"（低速）时，如图2-2（a）所示，电源电压 U 加在电刷 B_1 和 B_3 之间。在电刷 B_1 和 B_3 之间的两条并联支路中，每条支路中各有4个串联绕组，反电动势的大小与支路中反电动势的大小相等。由于外加电压需要平衡4个绕组所产生的反电动势，故电动机转速较低。

当将刮水器开关K拨向"H"（高速）时，如图2-2（b）所示，电源电压 U 加在电刷 B_2 和 B_3 之间。绕组1、2、3、4、8同在一条支路中，其中绕组8与绕组1、2、3、4的反电动势方向相反，相互抵消后，使每条支路变为3个绕组，由于电动机内部的磁场方向和电枢的旋转方向没有变化，所以各绕组内反电动势的方向与低速时相同。但是外加电压只需平衡3个绕组所产生的反电动势，因此，电动机的转速增高。

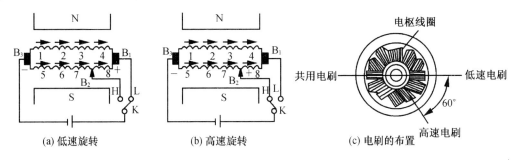

图2-2 永磁式刮水电动机的变速原理

（二）电动刮水器的自动复位

如图2-3所示的铜环式刮水器的控制电路，此电路具有自动复位的功能。当刮水器停止工作时，为了避免刮水片停在风窗玻璃中间，影响驾驶员视线，汽车上电动刮水器都设有自动复位装置。其功能是在切断刮水器开关时，刮水片能自动停在驾驶员视野以外的指定位置。

当刮水器的开关推到0挡时，若刮水片没有停在规定的位置，如图2-3（b）所示，由于触点与铜环接触,电流由蓄电池"+"→点火开关→熔断器→电刷 B_3→电枢绕组→慢速电刷 B_1→刮水器开关接线柱②→刮水器开关接线柱①→触点臂→触点→铜环→搭铁→蓄电池"−"形成电流回路,电动机仍然以低速运转,直至蜗轮转到特定位置时,铜环将两触点短接,电动机电枢绕组被短路。由于电动机存在惯性,不能立即停转,以发电动机方式运行,电枢绕组将产生强大制动力矩,电动机迅速停转,使刮水片停在指定位置。

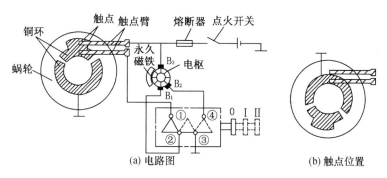

图 2-3　刮水器复位电路原理图
①、②、③、④—接线柱

(三) 刮水器的间歇控制

1. 间歇控制的作用

电动刮水器间歇控制有两方面的作用:一是与洗涤器配合使用时,可以达到先洗后刮的循环刮洗工序,以提高刮洗效果;二是在毛毛细雨时,雨量很少,如果刮水器仍按原来那样不断地工作,会使玻璃模糊影响驾驶员视线,也会引起刮片的颤动,并会对玻璃有损伤。

2. 间歇控制的类型

电动刮水器的电子间歇刮水器控制,按其间歇时间能否调节,可分为可调式和不可调式,可调式又分为手动调整与自动调整两种形式。手动可调式间歇控制是驾驶员根据雨量的大小调整间歇的时间,自动可调式间歇控制是利用雨滴传感器对雨量进行检测,从而获得最佳的间歇时间。

3. 间歇控制的工作原理

下面以无稳态方波发生器控制的间歇刮水器为例介绍其工作原理,其电路如图 2-4 所示。电路中电阻 R、电容 C、二极管 VD 组成间歇时间控制电路,调整其参数可改变间歇时间的长短。当刮水器开关置"0"挡,且间歇开关闭合时,电流由蓄电池"+"→点火开关→熔断器→复位开关"上"触点(常闭)→电阻 R→电容 C→搭铁→蓄电池"−"形成充电回路,使电容 C 两端电压上升,达到一定值时,VT_1 导通,VT_2 随之导通。继电器 J 中有电流通过，电流回路为：蓄电池"+"→点火开关→熔断器→R→VT_2→J→间歇开关→搭铁→蓄电池"-"，继电器磁化线圈通电使其常闭触点断开（实线位置），常开触点闭合（虚线位置）刮水电动机电路被接通，电流回路为：蓄电池"+"→点火开关→熔断器→公共电刷 B_3→电枢→低速电刷 B_1→刮水开关"0"位→继电器常开触点→搭铁→蓄电池"-"形成供电回路，使刮水电动机低速工作。

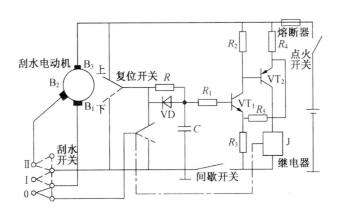

图 2-4　同步间歇刮水器控制电路

当复位开关常闭触点被复位装置顶开至常开"下"位置时，电容 C→VD→复位开关"下"位置→搭铁，快速放电，一段时间后，VT_1 截止，VT_2 截止，继电器断电，其触点复位，但这时电动机仍运转，电流回路为：蓄电池"+"→点火开关→熔断器→公共电刷 B_3→电枢→低速电刷 B_1→刮水开关"0"位→继电器常闭触点→复位开关常开触点→搭铁→蓄电池"-"，只有当复位开关常开触点被复位装置顶回至常闭"上"位置时，电动机才停止。电容 C 再次充电，重复周期开始。

三、雨滴感知型自动刮水器

常见的电动刮水器虽然能够实现间歇控制，但刮水器不能自动随雨量的变化及时调整刮水频率。雨滴感知型自动刮水器则能根据雨量的大小自动调节刮水频率，使驾驶员始终保持良好的视线。

1. 雨滴感知型自动刮水器的组成

雨滴感知型自动刮水装置主要由雨滴传感器、雨刷控制器及刮水电动机 3 大部分组成。

雨滴传感器用来检测雨量的大小，常见的雨滴传感器有光电式雨滴传感器和压电式雨滴传感器。

（1）光电式雨滴传感器。光电式雨滴传感器是利用光电原理来感知雨量的大小，其工作原理如图 2-5 所示。光电式雨滴传感器安装在前风挡玻璃内侧，发光二极管发出的光线照射到风挡玻璃上，反射回来，光敏元件能够接收到此反射光。当风挡玻璃上无雨滴时，反射光的强度高；当风挡上有雨滴时，有一部分入射光要发生折射，反射光的强度降低，雨量越大，反射光波的强度越低。因此，光敏元件可以根据反射光的强度变化感知雨量的变化，并将雨量的大小转化成电信号，输入至雨刷控制器（ECU）。

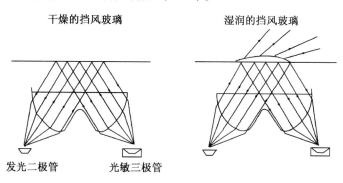

图 2-5 光电式雨滴传感器的工作原理

（2）压电式雨滴传感器。压电式雨滴传感器的结构如图 2-6 所示，它是利用雨滴下落撞击传感器的振动片，振动片将振动能量传给压电元件，从而将雨量的大小变为与之相对应的电信号。

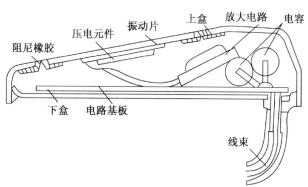

图 2-6 压电式雨滴传感器结构图

2. 雨滴感知型自动刮水器的工作过程

雨滴感知型自动刮水器的控制原理如图 2-7 所示，下雨时，雨滴传感器将雨量的大小转变为电信号，经放大后送入雨刷控制器内的间歇控制电路，给充电电路进行充电，使充电电路中电容两端电压上升。当电压上升至与基准电压相同时，驱动电路使刮水电动机工作一次，雨量越大，感应出电信号越强，充电速度越快，间歇工作频率越高，相反工作频率越低。

当雨量很小时,雨滴传感器没有电压信号输出,只有定时电路对充电电路进行定时充电,一段时间后,充电电路的输出电压与基准电压相等,ECU 控制刮水器动作一次。当 ECU 判断雨量大到足够程度时,ECU 控制驱动电路以低速连续方式驱动刮水电动机。当雨量很大时,ECU 则控制驱动电路以高速运动方式驱动刮水电动机。

有的自动刮水装置在雨刮开关上有一个调节雨滴传感器灵敏度的开关,它可以在合理的范围内灵敏地感知雨量大小,并能够进行适时控制。

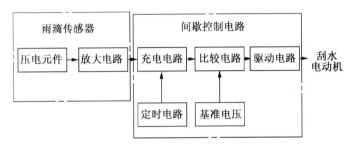

图 2-7 雨滴感知型自动刮水器的控制原理图

任务资讯二 风窗洗涤装置

汽车挡风玻璃刮水器用于刮掉附于玻璃上的雨、雪、泥土、尘埃及其他污物。但在刮泥土、尘埃等污物时如果玻璃上没水而干刮就很难刮净,甚至会划伤玻璃。现代轿车以及部分载货汽车都加有风窗玻璃洗涤装置,与刮水器配合使用,成为更完善的挡风玻璃刮水系统。

一、风窗玻璃洗涤器的组成

1. 风窗玻璃洗涤器的类型

挡风玻璃洗涤器的类型按喷管形式分为两种,一种是单座可调节偏置喷管型,即在前围板总成的左右两面各装一个喷管,各自冲洗自己的区域。另一种是刮水器臂内置型,即将喷管装在刮水器臂里,当刮水器臂在挡风玻璃上做弧形运动时,喷管就向挡风玻璃上喷洒清洗液。现代较豪华汽车的挡风玻璃能喷出两股以上水流,在刮水器的配合下,清洁挡风玻璃,有些汽车另装一只洗涤泵,以供前大灯洗涤系统使用。

2. 风窗玻璃洗涤器的组成

挡风玻璃洗涤器的组成如图 2-8 所示,它由储液罐、洗涤泵、输液管、喷嘴等组成。

洗涤泵一般由永磁直流电动机和离心叶片泵组成,喷射压力可达 70～88 kPa。电动泵有的直接装在储液罐上,有的装在管路内,离心泵的进口处有滤清器。洗涤泵喷嘴 1 安装在挡风玻璃下面，其喷嘴方向可以根据使用情况调整，喷水直径一般为 0.8～1.0 mm，能使洗涤液喷射在挡风玻璃的适当位置。洗涤泵连续工作时间不应超过 1 分钟，而且应先开洗涤泵后，再接通刮水器，喷水停止后，雨刮器应继续刮动 3～5 次，经这样配合，可以达到良好的清洁效果。

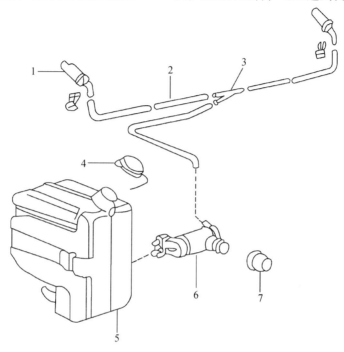

图 2-8　挡风玻璃清洗装置
1—喷嘴；2—软管；3—接头；4—箱盖；5—储液罐；6—洗涤泵；7—衬垫

常用的洗涤液是硬度不超过 205 ppm 的清水。为了能刮掉挡风玻璃上的油、蜡等物，可在水中添加少量的去垢剂和防锈剂。强效洗涤液的去垢效果好，但会促使风窗密封条和刮片胶条变质，还会引起车身喷漆变色以及储液罐、喷嘴等塑料件的开裂。冬季使用洗涤器时，为了防止洗涤液的冻结，应添加甲醇、异丙醇、甘醇等防冻剂，再加少量的去垢剂与防锈剂，即成为低温洗涤液，可使凝固温度下降到 -20℃ 以下。如冬季不用洗涤器时，应将储液罐中的水倒掉。

二、风窗玻璃洗涤器的控制原理

1. 风窗玻璃洗涤器控制电路

风窗玻璃洗涤器应该与刮水器配合工作，所以分析风窗玻璃洗涤器的控制电路要结合刮水器电路共同分析，丰田轿车风窗刮水器与洗涤器电路如图 2-9 所示，图中各元件的主要功用如表 2-1 所示。

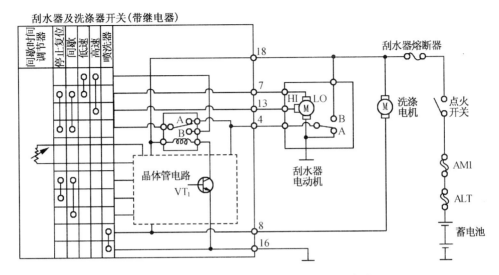

图 2-9 丰田轿车风窗刮水器与洗涤器控制电路

表 2-1 刮水器和洗涤器主要控制装置及功用

控制装置名称	功用
刮水器开关	控制流经刮水器电动机的电流,使刮水器在不同转速运转,它的内部还装有一个可变电阻,用来调节间歇运转的时间间隔
集成电路与刮水继电器	间歇开关和洗涤器开关接通时,集成电路控制刮水继电器磁化线圈的工作电流,使继电器以间歇方式或低速方式工作,控制刮水器电动机的运转
刮水器电动机	刮水器开关和刮水继电器的电流接通或断开,使该电动机以某一转速(HI、LO)或者间隔运转(INT)
洗涤器开关	控制洗涤器电动机电路的接地端,使洗涤器电动机运转
洗涤器电动机	该电动机带动齿轮泵泵出洗涤液,从洗涤器喷嘴喷出

2. 工作原理

由丰田轿车刮水器与洗涤器的控制电路看出,其控制开关有 5 个挡位,分别是低速挡(LO)、高速挡(HI)、间歇刮水挡(INT)、喷洗挡和停止复位挡,下面分析它们的工作过程。

(1) 低速工作

当接通点火开关或启动发动机后,将刮水开关置于低速挡,刮水器工作电流回路为:蓄电池"＋"→ALT 熔断器→AM1 熔断器→点火开关→刮水器熔断器→开关接线端子 18→刮水器控制开关"LOW/MIST"触点→开关接线端子 7→刮水器电动机低速电刷 LO→公共电刷→搭铁,形成回路,此时电动机低速运行。

(2) 高速工作

当刮水开关在高速位置时,刮水器工作电流的回路为:蓄电池"＋"→ALT 熔断器→AM1

熔断器→点火开关→刮水器熔断器→开关接线端子 18→刮水器控制开关"HIGH"触点→开关接线端子 13→刮水电动机高速电刷 HI→公共电刷→搭铁，形成回路，此时电动机高速运转。

（3）间歇工作

当刮水开关在间歇刮水（INT）位置时，集成电路收到开关信号后，驱动晶体管 VT_1 先短暂导通，此时控制电流为：蓄电池"＋"→ALT 熔断器→AM1 熔断器→点火开关→刮水器熔断器→开关接线端子 18→继电器线圈→VT_1→开关接线端子 16→搭铁。线圈中产生磁场，使得继电器常闭触点 A 打开，常开触点 B 关闭。触点 B 闭合接通电动机工作电路，电流回路为：蓄电池"＋"→ALT 熔断器→AM1 熔断器→点火开关→刮水器熔断器→开关接线端子 18→继电器触点 B→刮水器开关"INT"触点→端子 7→刮水器电动机低速电刷 LO→公共电刷→搭铁，此时雨刷电动机低速运转。

然后 VT_1 截止，继电器的触点 B 断开，触点 A 闭合，但电动机并不停转，因为电动机转动时，凸轮开关的触点 A 断开，B 闭合，所以电流继续流至电动机的低速电刷，电动机低速运转，此时的工作电流为：蓄电池"＋"→ALT 熔断器→AM1 熔断器→点火开关→刮水器熔断器→凸轮开关触点 B→开关接线端子 4→继电器触点 A→刮水器开关"INT"触点→开关接线端子 7→刮水器电动机低速电刷 LO→公共电刷→搭铁。当刮水器转至停止位置时，凸轮开关 B 断开，A 接通，电动机停止运转。

刮水电动机停止运转一段时间以后，晶体管控制电路再次驱动 VT_1，短暂导通，刮水器重复间歇动作，间歇时间的长短可通过间歇时间调节器进行调整。

（4）喷洗工作

喷洗器开关接通时，洗涤器电动机的工作电路为：蓄电池"＋"→ALT 熔断器→AM1 熔断器→点火开关→刮水器熔断器→洗涤器电动机→开关接线端子 8→刮水器开关"喷洗"触点→开关接线端子 16→搭铁。在喷洗器电动机运转时，晶体管电路 VT_1 在预定的时间内接通，刮水器电路被接通，刮水器低速运转 1～2 次，从而边喷洗边刮水，以提高清洗效果。

任务资讯三　除霜装置

冬季在汽车挡风玻璃的内表面通常会结上一层冰霜，它会妨碍驾驶员的视线，使用刮水器是无法清除冰霜的，比较有效的方法是采用加热型除霜装置。

一、除霜装置的类型与组成

1. 除霜装置的类型

按风窗位置分为前风窗除霜与后风窗除霜。前风挡玻璃的下面通常装有暖风口，利用汽车发动机的余热，由鼓风机吹向玻璃表面，可以有效地防止结霜，大多数车辆都采用这种除霜的方法。后挡风玻璃的除霜，通常是电热式的。在风挡玻璃的内部有一组平行的含银陶瓷电热丝,通电之后会发热,起到除霜的作用。另外有些车辆上也采用在玻璃上镀上一层透明导电的氧化铜薄膜,通电后温度可达70~90℃。这种电热装置,既不影响视线,又能有效地防止结霜,只是成本略高。

2. 电热式除霜装置的组成

按电热丝电压控制方式不同,电热式除霜装置分为手动和自动两种。

手动电热除霜装置一般由除霜开关、除霜控制器(带定时器)、后风窗加热电栅和配线等组成。自动电热除霜装置由除霜开关、除霜控制器、后风窗加热电栅、自动除霜传感器和配线等组成。

二、电热式除霜装置的工作原理

1. 手动式电热除霜装置

传统的电热除霜加热装置采用开关直接控制型的除霜电路,这种电路的缺陷是后窗电热丝的功率较大,加热时消耗的电流较大,长时间工作电热丝使用寿命缩短、电能消耗比较大、燃油经济性较差。为此,现代汽车对控制电路改型,在电路中加装定时继电器,电路原理如图2-10所示。

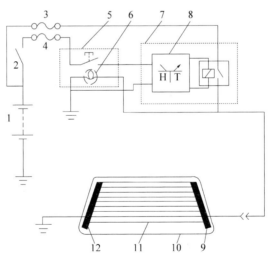

图2-10 手动式电热除霜装置控制电路

1—蓄电池;2—点火开关;3—后除霜熔断器;4—仪表熔断器;5—后除霜开关;
6—除霜指示灯;7—除霜继电器;8—定时器;9—电栅正极接线柱;
10—后风挡玻璃;11—后窗电栅;12—电栅负极接线柱

启动车辆后,接通除霜开关5,此时除霜继电器中的定时器开始工作,定时器为继电器磁化线圈提供驱动电流,继电器长开触点闭合,后窗电热丝的工作电流为:蓄电池"+"→

点火开关2→后除霜熔断器3→除霜继电器触点→电栅正极接线柱9→电栅负极接线柱→搭铁→蓄电池"－"，同时除霜指示灯也点亮。继电器在通电10 min后即自动将后除霜电路切断，如果此时还没有除净，驾驶员可以再次接通开关，但再次接通后，一次只能连续通电5 min，防止电流消耗过大。

2. 自动式电热除霜装置

自动除霜装置在后窗玻璃安装有冰霜传感器，其作用是将后窗玻璃上是否结霜、结霜层的厚度告知除霜控制电路。传感器采用负温度系数的热敏电阻，结霜层厚度越大，传感器电阻越小。自动除霜装置的控制电路如图2-11所示。

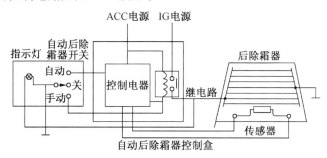

图2-11 自动式电热除霜装置控制电路

工作过程如下。

（1）当除霜开关置于"手动"位置时，继电器线圈可经手动开关直接搭铁，继电器触点闭合，使除霜电路及指示灯接通，除霜装置及指示灯均工作。

（2）除霜开关置于"自动"位置如果霜层凝结到一定厚度时，传感器电阻值减小到某一设定值以下。控制器即可使继电器线圈的电流经控制电路而搭铁，继电器触点闭合，于是，由点火开关"IG"挡来的电源电压经继电器到除霜电热丝构成回路，另外经分路流至除霜开关中的指示灯，使指示灯点亮，表示除霜装置正在工作。当玻璃上结霜融化，温度上升至一定程度，传感器电阻值增大，控制电路切断继电器线圈回路，触点断开，电热丝断电，除霜装置停止工作，同时指示灯熄灭。

任务训练

任务训练一　刮水器主要部件的检查

一、丰田轿车刮水器开关的检查

刮水器开关电路如图2-9所示，检查开关的各项功能与电路连接时请参阅图2-9，以防止接错电路，烧坏电器部件。

1. 检查开关触点的导通性

检查开关内部触点的导通性需从开关连接器接线端子上测量，刮水器开关的操作状态及连接器端子号如图 2-12 所示。测量时将万用表调至最小电阻挡，测量与开关触点相连的各接线端子的导通性，将检查结果与表 2-2 所示的标准对比，如检查结果不符合标准，应予以更换。

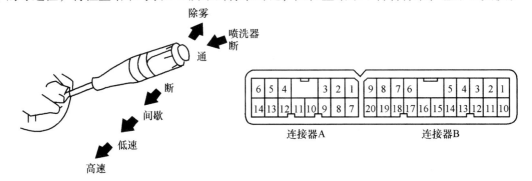

图 2-12 刮水器开关操作方法及连接器端子图

表 2-2 刮水器开关端子的检查

开关位置	端子（颜色）	B-4 (L-R)	B-7 (L-B)	B-8 (L)	B-13 (L-O)	B-16 (B)	B-18 (L-W)
刮水器	MIST（除雾）		○			○	
	OFF（关闭）	○	○				
	INT（间歇）	○	○				
	LO（低速）		○			○	
	HI（高速）				○		○
喷洗器	OFF（关闭）						
	ON（接通）			○		○	

2. 检查间歇继电器的工作

检查间歇继电器的工作情况是指，检查刮水器开关总成内间歇继电器的间歇动作是否正常，如检查发现间歇状态不正常，则应更换刮水器开关总成。检查步骤如下：

（1）将刮水器开关旋至 INT 挡位；

（2）将间歇时间控制开关旋至 FAST 位置；

（3）将蓄电池的正极和连接器端子 18 相连，负极和连接器端子 16 相连，如图 2-13（a）所示；

（4）将电压表正极和连接器端子 7 相连，负极和连接器端子 16 相连，检查电压表显示的电压应该为蓄电池电压。

（5）将端子 4 与端子连接器 18 连接后再与连接器端子 16 相连，如图 2-13（b）所示，然后对照表2-3所列的标准时间,检查电压从0 V上升至12 V前所用的时间是否正常。

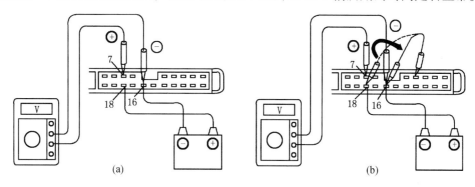

图2-13 继电器间歇性的检查

表2-3 间歇性检查标准

间歇时间控制开关位置	电 压
FAST（快速）	1.6±1s 蓄电池电压 / 0V
SLOW（慢速）	10.7±5s 蓄电池电压 / 0V
NONVARIBLE（不可变型）	3.3±1s 蓄电池电压 / 0V

二、刮水电动机运动状态的检查

（一）检查低速运转

检查步骤如下：

（1）拆下刮水器电动机的连接器；

（2）将蓄电池"＋"和"－"极分别接在2号端子和搭铁端,如图2-14（a）所示,注意观察电动机是否低速运转。

（二）检查高速运转

检查步骤如下：

（1）拆下刮水器电动机的连接器；

（2）将蓄电池"＋"和"－"极分别接在1号端子和搭铁端,如图2-14（b）所示,此时观察电动机是否高速运转。

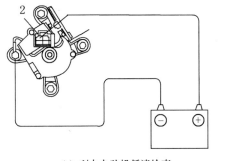
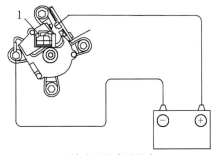

(a) 刮水电动机低速检查　　　　(b) 刮水电动机高速检查

图 2-14　刮水电动机运动状态的检查

(三) 检查复位功能

检查步骤如下：

(1) 按电动机低速检查时的接线方法，让电动机低速运转；

(2) 拆下刮水器电动机导线连接器，让电动机停在停止位置以外的任意一个位置，如图 2-15 (a) 所示；

(3) 用导线连接 2 号和 3 号端子，然后将蓄电池 "+" 和 "-" 极分别接在 4 号端子和搭铁端，如图 2-15 (b) 所示；

(4) 刮水器电动机应低速运转并自动回到原位并停止。

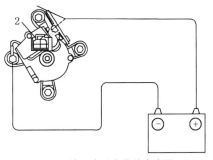
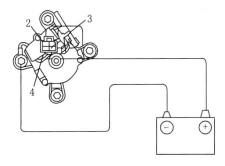

(a) 刮水器自动复位检查步骤1　　　　(b) 刮水器自动复位检查步骤2

图 2-15　刮水器自动复位的检查

三、洗涤泵电动机的检查

检查步骤如下：

(1) 拆下喷水电动机的电路连接器；

（2）将蓄电池"＋"和"－"极分别接在2号端子和1号端子上，如图2-16所示，此时观察喷水电动机应该运转，同时喷水嘴开始喷水。如果喷水电动机不运转，则应更换电动机。

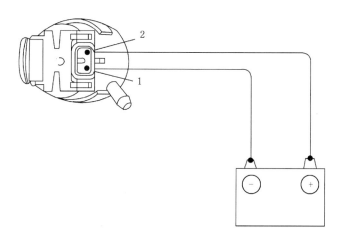

图2-16　洗涤电动机的检查

任务训练二　后风窗加热器的检修

一、后风窗加热丝的检查

检查步骤如下：

（1）将万用表表笔（电压挡）与各行热丝中部相接触，如图2-17（a）所示。

（2）观察电压表，如果指示为0 V 或12 V 时，则推断该行热丝烧断。图2-17（b）所示的故障状态，电压表指示应该为12 V；图2-17（c）所示的故障状态，电压表指示应该为0 V。

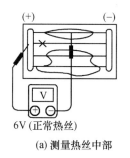
(a) 测量热丝中部

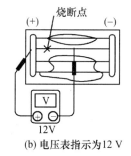
(b) 电压表指示为12 V

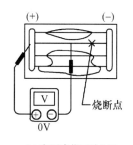
(c) 电压表指示为0 V

图2-17　测电压法检查后风窗加热丝

（3）为进一步确定断点，将表笔沿热线左右移动，如图 2-18（a）所示。当电压表指针突然摇动时（数字式万用表的电压显示值剧烈变化），表笔接触的部位即为故障断点。

注意：测量电压时，用一张锡箔纸垫在负表笔端下部，然后用手将锡箔压在热丝上，以防刮伤电热丝，如图 2-18（b）所示。

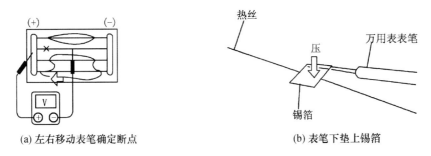

(a) 左右移动表笔确定断点　　(b) 表笔下垫上锡箔

图 2-18　测电压法检查后风窗加热丝的要点

二、后风窗加热丝的修复

1. 修复工作所需的工具和材料

修复工作需要下面的工具和材料：

①—导电含银化合剂；②—30 cm（11.8 in）长的直尺；③—鸭嘴笔；④—热枪；⑤—酒精；⑥—干净的棉布。

2. 修复步骤

（1）用浸有酒精的布将热丝断点及其周围擦净。

（2）向鸭嘴笔尖处加入少量含银化合物（使用前摇动容器，使导电含银化合剂均匀分布）。

（3）将直尺置于玻璃上与断线对齐，用鸭嘴笔将导电含银化合剂涂于断口处，将断口两端的原热线稍微覆盖 5 mm（0.20 in）左右，如图 2-19（a）所示。

（4）修复完成后检查被修复热线的导通性，如图 2-19（b）所示。注意检查应在涂完导电含银化合剂 10 分钟后进行，且检查时不要碰修复区域。

（5）直接用热枪产生的恒定热空气流向修复区吹 20 分钟左右，如图 2-19（c）所示。修复区与热空气出口之间的距离至少应保持在 3 cm（1.2 in）以上。若没有热枪，则让修复区自然干燥 24 小时。

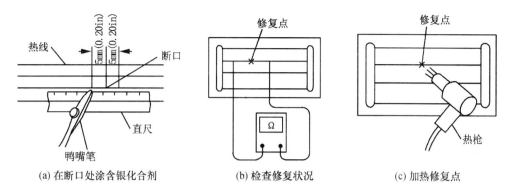

图 2-19 后风窗加热丝断路的修复

思 考 题

1. 试分析电动刮水器的作用及组成。
2. 说明永磁直流电动机的变速原理。
3. 简述刮水器自动复位的工作原理。
4. 常见的雨滴感知型刮水器有哪几种？光电式雨滴传感器是如何工作的？
5. 试分析丰田轿车风窗玻璃洗涤器的工作过程。
6. 手动除霜装置与自动除霜的区别在哪里？说明自动除霜装置的控制原理。
7. 如何检查刮水器开关与刮水电动机？
8. 试分析后风窗加热器的检查与修复方法。

任务三　中控门锁的故障检修

任务目标

1. 了解中控门锁的组成及结构特点。
2. 理解中控门锁系统的工作原理，掌握无线遥控门锁的遥控原理。
3. 学会规范拆卸、安装、调试中控门锁主要组成部件。
4. 能设定、解除无线遥控器的遥控功能。
5. 能检修中控门锁系统的常见故障。

任务资讯

为方便驾驶员锁上或开启车门锁，现代大部分轿车安装了中央控制门锁，驾驶员利用中控门锁开关（或车门钥匙）锁住或打开全车所有门锁。汽车中控门锁主要采用电动式和气动式两种。目前大部分轿车都装备有遥控门锁系统，它是在中控门锁系统上增加了一套遥控发射接收装备，驾驶员利用遥控器就可以锁住或打开全车门锁。

任务资讯一　电动式中控门锁系统

一、电动式中控门锁系统的组成

电动式中控门锁系统一般由门锁控制开关、钥匙操纵开关、点火锁钥匙警告开关、门锁总成、行李箱门开启器开关、门锁控制器和电动执行器等组成。典型中控门锁系统组成部件的安装位置如图3-1所示。

二、电动式中控门锁系统主要部件的功用与结构

1. 门锁控制开关

门锁控制开关一般安装在驾驶员侧前门内衬板的扶手附近，为杠杆型开关，如图3-2所示。所有车门关闭后，操纵门锁控制开关可以同时锁上和开启所有的车门锁。

任务三 中控门锁的故障检修

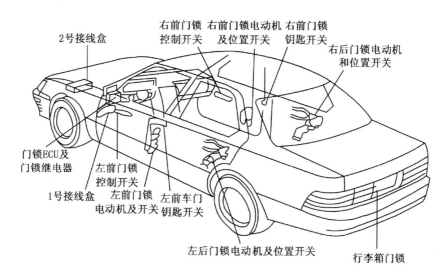

图 3-1 中控门锁系统各部件的安装位置

2. 钥匙操纵开关

钥匙操纵开关安装在两个前车门的钥匙孔上，如图 3-3 所示。将钥匙插入钥匙孔内，向前或向后旋转钥匙时，钥匙操纵开关便将锁门或开门的电信号输入至门锁控制器。

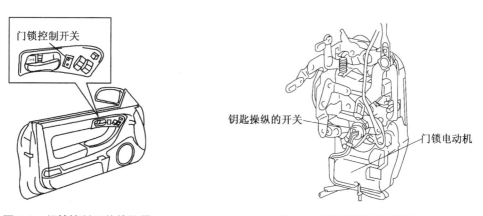

图 3-2 门锁控制开关的位置　　　　　图 3-3 钥匙操纵开关的位置

3. 点火锁钥匙警告开关

该开关用来检测点火钥匙是否插入点火锁钥匙孔内。当钥匙在钥匙孔内，开关接通，将电位信号送入门锁控制器，此时，门锁控制器发出锁止车门指令后再发出开启车门锁的指令，门锁执行机构将动作两次（锁止和开启），提示驾驶员中控门锁操纵异常。

4. 门锁总成

门锁总成主要由门锁传动机构、门锁开关、位置开关和门锁壳体等组成，结构示意图如图3-4所示。

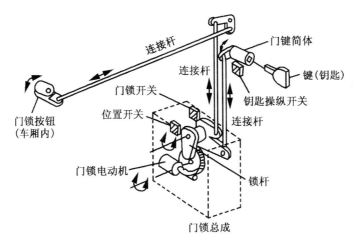

图3-4 门锁机构示意图

门锁开关用来检测车门的开闭情况。车门关闭时，门锁开关断开；车门打开时，门锁开关接通。它比直接检测车门开闭情况的门控开关更安全、可靠。

门锁传动机构主要由门锁电动机、齿轮和位置开关等组成，如图3-5所示。当门锁电动机转动时，蜗杆带动涡轮转动，涡轮推动锁杆，车门锁被锁上或打开。然后涡轮在回位弹簧的作用下返回原位置，防止操纵门锁按钮时电动机工作。当锁杆推向车门锁的锁止位置时，位置开关断开；当锁杆推向门锁的打开位置时，位置开关接通。

5. 行李箱门开启器开关

行李箱门开启器开关一般位于仪表板下面，如图3-6所示。将车门主钥匙插入钥匙门，压下钥匙门，行李箱开启器主开关被断开，此时拉动行李箱开启器开关也不能打开行李箱。将钥匙插入钥匙门内顺时针旋转打开钥匙门，主开关接通，此时可用行李箱开启器开关打开行李箱。

6. 行李箱开启器

行李箱开启器装在行李箱门上，一般由轭铁、插棒式铁芯、电磁线圈和支架组成，如图3-7所示。轴连接行李箱门锁，当电磁线圈通电时，插棒式铁芯将轴拉入并打开行李箱门。线路断路器用以防止电磁线圈因电流过大而过热。

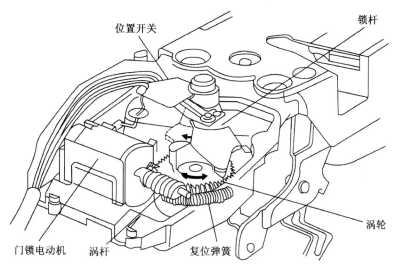

图 3-5 门锁传动机构

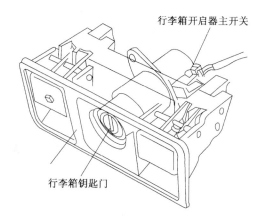

图 3-6 行李箱开启开关

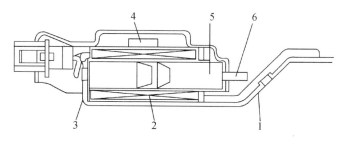

图 3-7 行李箱开启器

1—支架；2—电磁线圈；3—轭铁；4—线路断路器；5—插棒式铁芯；6—轴

7. 电动执行器

门锁执行器一般为电动机和电磁铁。电磁铁工作噪声、振动比较大，在车门内部支架的安装易松动，使用寿命较短。为降低噪声、提高工作可靠性，现代轿车中控门锁的执行器大多采用电动机。

三、电动式中控门锁系统的工作原理

电动式中控门锁控制器常见的类型有继电器式、集成电路（IC）式和电脑控制（ECU）式等，下面介绍采用这几种门锁控制器的中控门锁系统的工作原理。

（一）继电器控制的中控门锁系统

继电器控制的中控门锁控制电路如图 3-8 所示，该系统控制功能较为简单，一般采用钥匙操纵开关开锁和锁门。

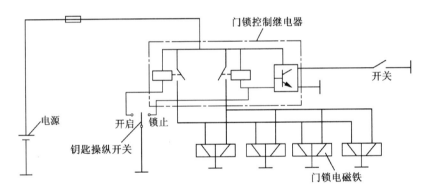

图 3-8　继电器控制的中控门锁电路

1. 开锁控制原理

当用钥匙转动锁芯，钥匙操纵开关的开启触点闭合时，控制电流回路为蓄电池的正极→熔断器→开锁继电器电磁线圈→门锁操纵开关→接地→蓄电池负极，此时开锁继电器常开触点闭合，执行器驱动电流回路为蓄电池的正极→熔断器→开锁继电器触点→电磁铁开锁电磁线圈→接地→蓄电池负极，4 个执行器同时打开 4 个车门锁。

2. 锁门控制原理

当用钥匙转动锁芯，钥匙操纵开关的锁止触点闭合时，控制电流回路为蓄电池的正极→熔断器→闭锁继电器电磁线圈→门锁操纵开关→接地→蓄电池负极，此时闭锁继电器常开触点闭合,执行器驱动电流回路为蓄电池的正极→熔断器→闭锁继电器触点→电磁铁闭锁电磁线圈→接地→蓄电池负极,4个执行器同时锁上4个车门锁。

3. 车速感应控制原理

当汽车行驶速度超过 20 km/h(不同车型车速值略有差异)时,门锁控制器会自动锁住 4 个车门,以确保行车安全。车速感应控制原理是,当车速低于 20 km/h 时,从车速表来的车速信号为一个低电平信号,输入自动闭锁电路,自动闭锁电路的驱动三极管不导通,闭锁继电器不能工作;当车速高于 20 km/h 时,从车速表来的车速信号为一个高电平信号,输入自动闭锁电路,自动闭锁电路的驱动三极管导通,闭锁继电器电磁线圈经驱动三极管接地,闭锁继电器触点闭合,4 个门锁电磁铁的闭锁电磁线圈工作,4 个车门被同时锁上。

(二)IC 控制的中控门锁系统

IC 控制的中控门锁控制电路如图 3-9 所示,门锁控制器由一块 IC 和两个继电器组成,IC 电路可以根据各种开关信号控制两个继电器的工作。

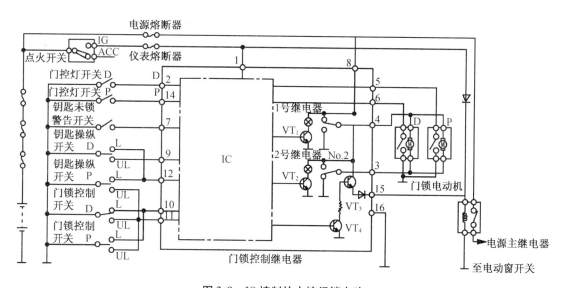

图 3-9 IC 控制的中控门锁电路

1. 门锁控制开关的控制

(1) 锁门。将门锁控制开关推向锁门(LOCK)一侧时,门锁控制器的端子 10 通过门锁控制开关搭铁,门锁控制器给 VT_1 基极提供驱动电流,VT_1 导通,电流流至 1 号门锁继电器电磁线圈,1 号门锁继电器的常开触点闭合,电流流至门锁电动机,所有车门被锁住。

（2）开锁。将门锁控制开关推向开锁（UNLOCK）一侧时，门锁控制器端子 11 通过门锁控制开关搭铁，门锁控制器给 VT_2 基极提供驱动电流，VT_2 导通，电流流至 2 号门锁继电器电磁线圈，2 号门锁继电器的常开触点闭合，电流反向流过门锁电动机，所有车门锁被打开。

2．钥匙操纵开关的控制

（1）锁门。将钥匙操纵开关转向锁门（LOCK）一侧时，门锁控制器 12 端子通过门锁操纵开关搭铁，门锁控制器给 VT_1 基极提供驱动电流，VT_1 导通，电流流至 1 号门锁继电器电磁线圈，1 号门锁继电器的常开触点闭合，电流流至门锁电动机，所有车门被锁住。

（2）开锁。将门锁操纵开关推向开锁（UNLOCK）一侧时，门锁控制器的端子 9 通过门锁操纵开关搭铁，门锁控制器给 VT_2 基极提供驱动电流，VT_2 导通，电流流至 2 号门锁继电器电磁线圈，2 号门锁继电器的常开触点闭合，电流反向流过门锁电动机，所有车门锁被打开。

（三）ECU 控制的中控门锁系统

ECU 控制的中控门锁系统电路如图 3-10 所示，下面分析其工作原理。

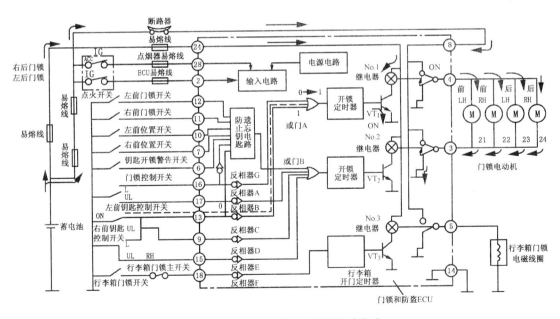

图 3-10　ECU 控制的中控门锁系统电路

1. 门锁控制开关的控制

(1) 锁门。锁车门时，将驾驶员侧门锁控制开关推向锁门（LOCK）位置，门锁 ECU 的 16 号端子搭铁，门锁控制开关向 ECU 输入一个低电平"0"锁门请求信号。该信号经反相器 A 变为高电平"1"，再送入或门 A，或门 A 的输出由"0"变为"1"，此时锁门定时器供给晶体管 VT_1 基极电流约 0.2 s 使其导通，No.1 继电器工作，其常开触点闭合。

No.1 继电器常开触点闭合后，门锁电动机电路接通，电动机工作电流路径为：蓄电池→易熔线→断路器→ECU 端子 8→No.1 继电器触点→ECU 端子 4→门锁电动机→ECU 端子 3→No.2 继电器常闭触点→搭铁→蓄电池负极。门锁电动机转动，将 4 个车门全部锁上。

(2) 开锁。开车门锁时，将驾驶员侧门锁控制开关推向开锁（UNLOCK）位置，门锁 ECU 的 17 号端子搭铁，门锁控制开关向 ECU 输入一个低电平"0"开锁请求信号。该信号经反相器 B 变为高电平信号"1"，再送入或门 B，或门 B 的输出由"0"变为"1"，此时开锁定时器供给晶体管 VT_2 基极电流约 0.2 s 使其导通，No.2 继电器工作，其常开触点闭合。

No.2 继电器常开触点闭合后，门锁电动机电路接通，电动机工作电流路径为：蓄电池→易熔线→断路器→ECU 端子 8→No.2 继电器触点→ECU 端子 3→门锁电动机→ECU 端子 4→No.1 继电器常闭触点→搭铁→蓄电池负极。电动机的工作电流与锁门时的方向相反，电动机反向转动，将 4 个车门锁全部打开。

2. 钥匙操纵开关的控制

(1) 锁门。锁车门时，将钥匙插入驾驶员或副驾驶员侧车门锁芯内并向锁门方向转动，则钥匙操纵开关将锁门（L）侧接通，门锁 ECU 的 13 号端子搭铁，钥匙操控开关向 ECU 输入一个低电平"0"锁门请求信号。该信号经反相器 C 变为高电平信号"1"，再送入或门 A，或门 A 的输出由"0"变为"1"，此时锁门定时器供给晶体管 VT_1 基极电流约 0.2 s 使其导通，No.1 继电器工作，其常开触点闭合。

No.1 继电器常开触点闭合后，门锁电动机电路接通，电动机工作电流路径为：蓄电池→易熔线→断路器→ECU 端子 8→No.1 继电器触点→ECU 端子 4→门锁电动机→ECU 端子 3→No.2 继电器常闭触点→搭铁→蓄电池负极。门锁电动机转动，将 4 个车门全部锁上。

(2) 开锁。开车门锁时，将钥匙插入驾驶员或副驾驶员侧车门锁芯内并向开锁方向转动，则钥匙操纵开关将开锁（UL）侧接通，门锁 ECU 的 9（或 15）号端子搭铁，钥匙操纵开关向 ECU 输入一个低电平"0"开锁请求信号。该信号经反相器 D（或 E）变为高电平信号"1"，再送入或门 B，或门 B 的输出由"0"变为"1"，此时开锁定时器供给晶体管 VT_2

基极电流约 0.2 s 使其导通，No.2 继电器工作，其常开触点闭合。

No.2 继电器常开触点闭合后，门锁电动机电路接通，电动机工作电流路径为：蓄电池→易熔线→断路器→ECU 端子 8→No.2 继电器触点→ECU 端子 3→门锁电动机→ECU 端子 4→No.1 继电器常闭触点→搭铁→蓄电池负极。电动机的工作电流与锁门时的方向相反，电动机反向转动，将 4 个车门锁全部打开。

3. 行李箱门开启器的控制

在行李箱主开关闭合的情况下，将行李箱门开启器开关接通，门锁 ECU 的 18 号端子接地，行李箱门开启器开关向门锁 ECU 输入一个低电平"0"开锁请求信号。此信号经过反相器 F 变为高电平"1"，再送入行李箱开锁定时器，行李箱开锁定时器给三极管 VT_3 提供基极驱动电流约 0.2 s，使其导通，No.3 号继电器工作。行李箱门开启器的工作电流路径从蓄电池→易熔线→断路器→门锁 ECU 端子 8→No.3 继电器触点→门锁 ECU 端子 5→行李箱门开启器→搭铁→蓄电池负极，从而打开行李箱门锁。

4. 防止钥匙遗忘的控制

门锁系统防止钥匙遗忘功能可防止锁门时点火钥匙遗忘在钥匙门内。

如果点火钥匙插在钥匙门内，驾驶员侧车门开着，门锁开关 10 和点火锁钥匙报警开关都接通，这些开关经 ECU 端子 12 和 6 将"0"信号送给防止钥匙遗忘电路。在这种状态下，将锁钮推向锁门侧（或用门锁控制开关锁门），则门立刻被锁上。但由于左前位置开关 12 断开，信号"1"经 ECU 端子 10 送给防止钥匙遗忘电路。约 0.8 s 后，防止钥匙遗忘电路输出信号"1"给或门 B，使或门 B 的输出从"0"变到"1"，同时开门定时器接通 VT_2 约 0.2 s，电流在系统中的流动路径与用门锁控制开关开锁一样。电动机由 No.2 继电器供电而工作，打开全部车门。

任务资讯二　气动式中控门锁系统

一、气动式中控门锁系统的组成

气动式中控门锁系统主要由机械部分、空气管路和电路 3 部分组成，气动式中控门锁系统组成部件在车上的布置如图 3-11 所示。

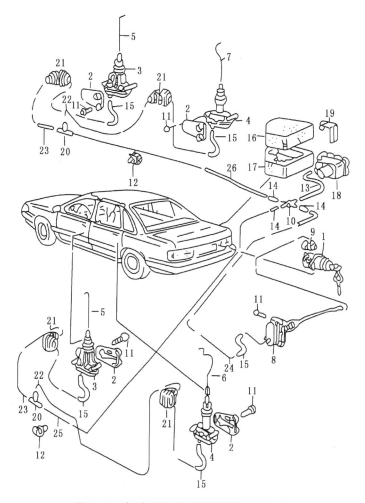

图 3-11 气动式中控门锁系统部件的布置

1—行李箱盖锁芯总成；2—门锁执行元件固定座；3—前门锁执行元件；4—后门锁执行元件；
5—前门锁执行元件操纵杆；6—左后门锁执行元件操纵杆；7—右后门锁执行元件操纵杆；
8—行李舱锁执行元件；9—活节套；10—四通；11—螺钉；12—管夹；
13、14、15—连接软管；16、17—减震套；18—双压力泵控制器总成；
19—支架；20—三通；21—波纹管；22、23、24、25、26—软管

二、气动式中控门锁系统的工作原理

1. 开锁

当用钥匙或拔出两前门的任一门锁操纵杆来打开门锁时，由于门锁通过连接杆与前车门锁

执行元件相连接，连接杆被向上拉起，车门锁执行元件中的门锁开关的开锁触点Ⅰ闭合，如图3-12所示。控制单元收到此信号后，立即控制双压力泵转动，系统管路中的气体呈正压，气体进入4个车门及行李舱的执行元件（膜盒）内，膜片推动连接杆向上运动将门锁打开。

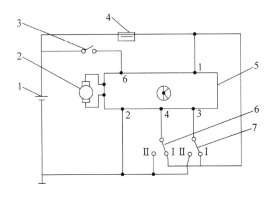

图 3-12　气动中控门锁控制系统电路图
1—蓄电池；2—双压力泵；3—点火开关；4—保险丝；
5—中央门锁控制单元；6—左前门锁开关；
7—右前门锁开关

2. 锁门

当用钥匙或按下两前门的任一门锁操纵杆来锁住车门时，连接杆被压下，车门锁执行元件中的门锁开关的门锁触点Ⅱ闭合，控制单元收到此信号后，立即控制双压力泵向另一个方向运转，用以抽吸空气，系统管路中呈负压，各门锁的执行元件进入真空状态，膜片带动连接杆向下运动而将车门锁住。

3. 压力泵的控制

装有控制单元与压力泵的塑料盒内有一个双触点开关，压力泵不转动时两对触点都断开，压力泵转动 3～7s 后，无论是正压还是负压，都会使其中的一对触点闭合。控制单元收到信号后，立即使压力泵停止转动。如果管路或膜盒出现漏气，压力泵虽然转动但建立不起正压或负压，触点不能闭合，过 7s 后压力泵继续转动，控制单元将启动保护控制，即延时电路每次只允许压力泵转动 30s，便自行停机，防止压力泵因长时间运转而烧毁。

塑料盒内部的空气管路上还装有一个放气阀，当压力泵停止转动后，该阀立即打开，使系统空气管路与大气相通，准备下次操作。当压力泵转动之前，该阀立即关闭，使系统空气管路与大气隔绝。

任务资讯三　遥控门锁系统

遥控中央门锁控制系统的英文为 Wirless Doorlock Control System，现代很多轿车为方便车门锁的操作和提高门锁系统的安全性而装备了遥控门锁控制系统。

一、遥控门锁系统的组成

遥控门锁系统是由在中控门锁系统的基础上增加一套遥控发射器、接收天线和遥控接收器而组成的，图 3-13 所示为无线遥控门锁系统的组成框图。

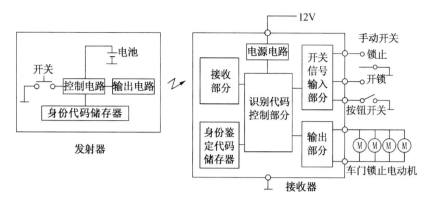

图 3-13 无线遥控门锁系统的组成框图

二、遥控门锁系统的功能

1. 门锁操纵功能

遥控门锁系统配备的遥控发射器外形如图 3-14 所示，发射器上一般有开锁（UNLOCK）、上锁（LOCK）及行李箱门开启等开关。通过操纵发射器上的功能开关，利用红外线或者无线电波发出身份密码（开锁、闭锁代码），当接收器接收到该遥控信号，并与身份鉴定代码一致时，则按相应的功能代码，执行器开始工作，实现锁门、开锁及行李箱门的开启功能。

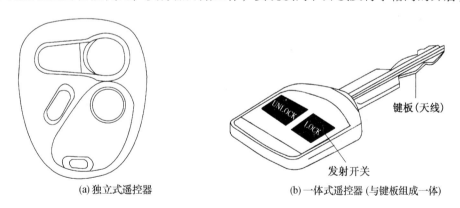

图 3-14 遥控器发射器

2. 防盗功能

遥控门锁系统相比一般的中控门锁系统，不但操作方便而且更为安全。某些遥控门锁系统可以识别正常开启和非法侵入的操作，如果使用射频遥控将车门锁上，当盗贼使用钥匙或其他机械方法开启车门，防盗系统将发出声、光等形式的报警信号，详细工作原理将在第 4 章介绍。

3. 寻车功能

某些遥控门锁系统的遥控无线发射器上有一寻车开关，当把汽车停在停车场等车辆密集的地方，回来辨认自己车辆的时候往往比较费时，尤其是夜间黑暗的时候寻车更为困难。按压发射器上的寻车开关，自己的汽车将发出声、光提示，为寻车提供方便。需要注意的是，汽车发出声、光提示的同时，车门锁并不动作，以保证安全。

三、遥控门锁主要部件的工作原理

1. 遥控发射器

遥控器按照遥控信号的载体可分为红外线式遥控器、无线电波式遥控器以及超声波式遥控器，其中，红外线式遥控器和无线电波式遥控器的应用较为广泛。一体式遥控器的结构如图 3-15 所示，主要由壳体、电路板、遥控开关等组成。

（1）红外线式遥控器

红外线式遥控器主要由发光二极管、控制电路、身份代码存储器、开关和电池等组成，如图 3-16 所示为红外线式遥控器框图。

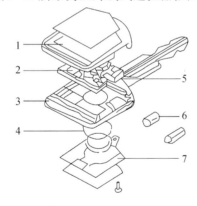

图 3-15　遥控器的结构
1—上盖；2—电路板；3—外壳；4—O 型圈；
5—遥控开关；6—护罩；7—下盖

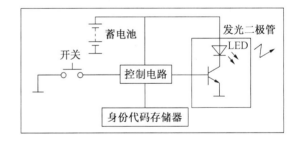

图 3-16　红外线式遥控器框图

当遥控操作开关接通时，读出存储在存储器中的功能代码和身份鉴定代码（固定代码是可变代码），经信号调制处理后，驱动发光二极管向外输出红外线遥控信号。其中，身份鉴定固定代码有 100 多万种（需要 20 位二进制码）；可变代码 1 000 多种（需要 10 位二进制码），功能代码 4 种（2 位二进制码），共计 32 位的数据位。这些代码按照需要存储在只读存储器（ROM）或随机存储器中。

为了延长遥控的距离和电池的寿命，必须提高发光输出功率。但是，发光效率高的发光二极管的缺点是体积大。一般通过脉冲方式调节驱动发光二极管，从而延长遥控距离，这时调制频率大多为 38 kHz，这可以从 CPU 回路的时钟信号进行分频获得。对系统时钟进行 CR 振荡，对回路进行全固态化，这是红外线式遥控器的特点。因此显著提高了其抗落地冲击的性能。

(2) 无线电波式遥控器

无线电波式遥控器主要由输出部分、控制电路、身份代码存储器、开关和电池等组成，如图 3-17 所示为无线电波式遥控器框图。输出部分由调制电路、高频振荡电路、高频放大电路，以及发射天线等组成。

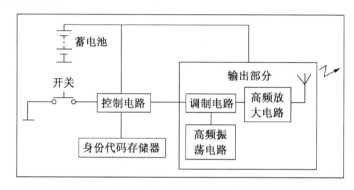

图 3-17　无线电波式遥控器框图

当遥控操作开关接通时，读出存储在存储器中的功能代码和身份鉴定代码（固定代码是可变代码），经信号调制处理后，经发射天线向外输出无线电波的遥控信号。无线电波的调制方式可分为调频和调幅两种，调频方式的优点是频率利用率高，而且抗磁干扰能力强，噪声小。发射频率为 VHF～UHF 频带之间，因此需要液晶或 SAW 等机械振子，由于这些元件耐冲击性差，为了确保耐落地冲击，应该加强防护措施。

2. 遥控接收器

接收器的功能是，对接收的信号进行放大和调置，检查身份鉴定代码是否相符，当代码一致时，再判别功能代码，并驱动相应的执行器。

(1) 红外线式接收器

红外线式接收器主要由电源电路、接收部分、身份鉴定代码存储器、身份鉴定控制电路、开关信号输入电路，以及输出电路等组成，如图 3-18 所示为红外线式接收器框图。接收部分主要由接收遥控器信号的光敏二极管、放大器、选频放大器、检波器等组成。开关信号主要是指车门的手动开关的输入信号。输出电路主要是控制车门锁止电动机。

红外线方式的接收器利用光敏晶体管把红外线信号变换为电压信号，进行放大和滤波。此外，应考虑到使用环境，应具有对直射阳光、荧光灯、霓虹灯等的外部干扰不受影响的放大电路特性。与遥控器的发光二极管调制驱动频率相同，在 38 kHz 的频带域放大电路中进行放大，以提高其性能。

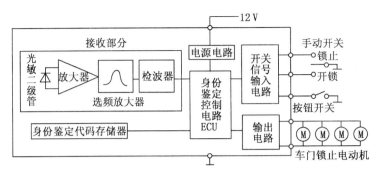

图 3-18　红外线式接收器框图

采用红外线式的接收器，必须设有红外线接收窗。窗的材质最好能让红外线透过，因此，即使不透明也无关紧要。现在有的接收器与防盗电控单元 ECU 制成一体。

（2）无线电波式接收器

图 3-19 所示为无线电波式接收器框图，它主要由电源电路、接收部分、身份鉴定代码存储器、身份鉴定控制电路、开关信号输入电路以及输出电路等组成。接收部分主要由接收天线、高频放大器、局部振荡器、混频器、选频放大器、功率放大器、滤波器等组成。开关信号主要是指车门的手动开关的输入信号。输出电路主要是控制车门锁止电动机。

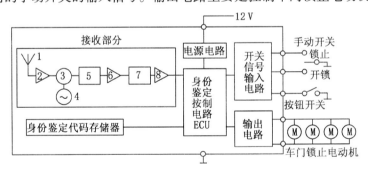

图 3-19　无线电波式接收器框图

1—接收天线；2—高频放大器；3—局部振荡器；4—混频器；
5—选频放大器；6、8—功率放大器；7—滤波器

接收天线收到遥控发射器发出的微弱无线电波信号，利用分配器将信号送入接收器的高频放大器进行增幅处理，然后进行解调处理，并将解调后的识别代码与存储器中的识别代码进行对比，如果是正确的，就输入控制电路，驱动执行元件工作。

3．天线

（1）发射天线

发射天线不必设置专用天线，可把车门钥匙兼作天线之用。

(2) 接收天线

接收天线的功用是接收遥控器输出信号。一般采用遥控专用天线、与收音机共用一个天线、采用镶嵌在汽车后风窗玻璃内的加热电阻线作为天线等多种形式。

与收音机共用一个天线的遥控装置的组成框图如图3-20所示。接收天线接收信号后,由分配器将信号分检出遥控信号和收音机接收信号,并将遥控器信号送入接收器。

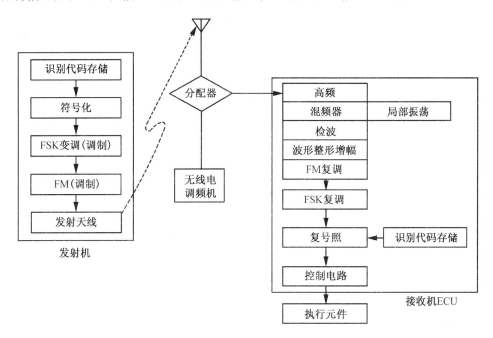

图3-20 与收音机共用天线的遥控信号处理电路框图

任务训练

任务训练一 电动式中控门锁系统部件的检测

以丰田威驰轿车为例进行电动中控门锁部件的故障诊断与检测,其他车型门锁系统主要部件的检测可参阅下述的诊断思路和方法。

一、威驰轿车中控门锁电路

威驰轿车电动中控门锁系统主要由门锁控制开关、钥匙操纵开关(安装在左前门锁总成内)、门锁控制器及4个门锁总成等组成,其电路如图3-21所示。中控门锁部件检测前应仔细阅读中控门锁电路图，读懂门锁控制器、门锁控制开关及门锁执行器等部件的接线端子，防止检测时将部件或电路烧坏。

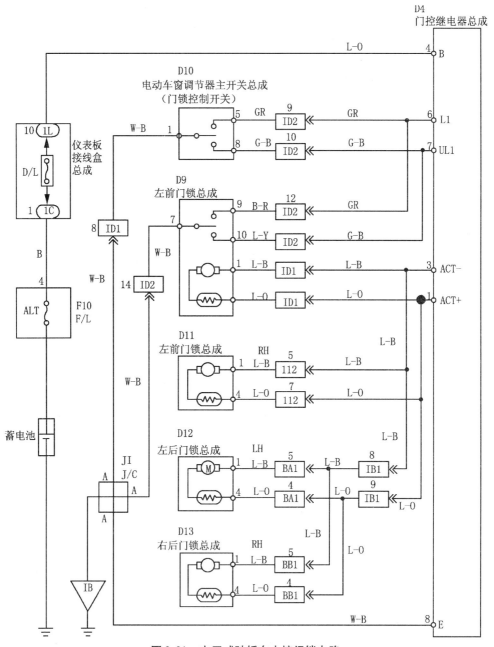

图 3-21 丰田威驰轿车中控门锁电路

二、门锁控制开关及其电路的检测

1. 检查门锁控制开关

(1) 拆下电动车窗主开关总成（门锁控制开关装于电动车窗主开关总成上）。

(2) 检查门锁控制开关导通性，其标准如表 3-1 所示。如果不正常，更换电动车窗调节器主开关总成。

表 3-1 电动车窗主开关的检测

端 子 号	开关位置	标准状态
1 和 5	LOCK	导通
1 和 5、1 和 8	OFF	不导通
1 和 8	UNLOCK	导通

2. 检查线束（电动车窗调节器主开关总成至门锁控制继电器总成）

(1) 断开 D10 电动车窗主开关连接器。

(2) 断开 D4 门锁控制继电器连接器。

(3) 检查线束一侧连接器的导通性，其标准如表 3-2 所示。如果不正常，修理或更换线束和连接器。

表 3-2 电动车窗主开关至门锁继电器的线路测量标准

端 子 号	标准状态
D10-5 和 D4-6（L1）	导通
D10-8 和 D4-7（UL1）	导通

三、左侧前门锁总成及其电路的检测

1. 左前门锁总成的检测

(1) 将蓄电池的正负极直接连接端子 4 和 1，检查门锁电动机的工作情况，其标准如表 3-3 所示。

表 3-3 左前门锁电动机的检测

测量连接	标准状态
蓄电池正极（+）=端子 4 蓄电池正极（-）=端子 1	上锁
蓄电池正极（+）=端子 1 蓄电池正极（-）=端子 4	开锁

(2) 检查门锁开关的导通性,其标准如表 3-4 所示。
(3) 检查位置开关的导通性,其标准如表 3-5 所示。
如果检测结果不正常,应更换左侧前门锁总成。

表 3-4 门锁开关的检测

端 子 号	开关位置	标准状态
7 和 9	LOCK	导通
7 和 9、7 和 10	OFF	不导通
7 和 10	UNLOCK	导通

表 3-5 位置开关的检测

端 子 号	开关位置	标准状态
7 和 8	LOCK	不通
	UNLOCK	导通

2. 检查线束(左前门锁总成至门锁控制继电器总成)

(1) 断开 D9 左前门锁总成连接器。
(2) 断开 D4 门锁控制继电器连接器。
(3) 检查线束一侧连接器的导通性,其标准如表 3-6 所示。
如果检测结果不正常,修理或更换线束或连接器。

表 3-6 左前门锁总成至门锁继电器的线路测量标准

端 子 号	标准状态
D9-4 和 D4-1(ACT+)	导通
D9-1 和 D4-3(ACT-)	导通

四、右前、左后与右后门锁总成的检测

(1) 断开 3 个门锁总成的电路连接器。
(2) 将蓄电池的正负极直接连接各门锁总成的端子 4 和 1,检查 3 个门锁(即左前、左后、右后门)电动机的工作情况,其标准如表 3-3 所示。
如果检测结果不正常,更换相应的门锁总成。

五、门锁控制器的检测

(1) 拔下门锁控制器的电路连接器,拆下门锁控制器。

（2）检查门锁控制器的接线端子是否存在生锈、松动现象，如存在，应进行除锈和锡焊处理。

（3）检查门锁控制器的电源电压，其标准如表3-7所示。如果检测结果不正常，进一步检查熔断器与中控门锁系统电源电路。

（4）拆下控制器外壳，检查电子元件及印刷电路板是否有烧焦现象，如有烧焦现象应更换门锁控制器。更换门锁控制器前应全面检查中控门锁电路，确认电路和其他中控门锁部件无故障后才能更换门锁控制器。

表3-7　门锁控制器电源的检测

端子号	条件	标准状态
4和8	任何时刻	12～14 V

任务训练二　遥控门锁系统的使用与维护

一、遥控门锁系统的使用

各车型的遥控门锁系统的使用方法略有不同，以天津丰田花冠轿车为例，其遥控门锁的使用方法如下。

1. 锁车门

在钥匙未插入点火锁芯及所有车门都关闭的条件下，按遥控器上的锁止键大约1 s，可锁闭所有车门锁，同时应急警告灯闪烁1次。花冠轿车遥控器的按键如图3-22所示。

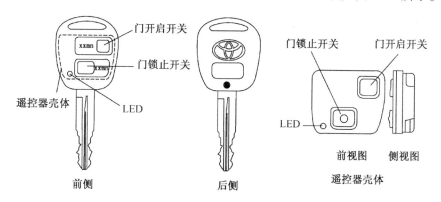

图3-22　花冠轿车遥控器结构图

2. 开启车门

按遥控器上的开锁按键约 1 s，可打开所有车门，应急警告灯应闪烁 2 次，同时车内灯点亮约 30 s 或直到点火开关接通。

3. 安全保护

花冠轿车遥控门锁系统在下面 3 种情形下启动保护功能。

(1) 使用一个未注册的遥控器进行操作时，门锁控制器不工作。

(2) 车门打开或半开时，按遥控器上的锁止键，车门锁不被锁闭。

(3) 钥匙插入点火锁芯时，按遥控器锁止或开锁开关（识别代码注册模式除外），车门锁不会锁闭或开启。

4. 检查电池电量

按遥控器上的任一按键 3 次，遥控器上的发光二极管应闪亮 3 次；按住遥控器上的按键，则发光二极管应反复闪亮。如果发光二极管不亮或闪亮次数不够，应更换遥控器电池。遥控器电池更换后，检查车门锁锁闭和开启功能是否正常，标准操作是按住遥控器按键 1 s，将遥控器置于距离驾驶员侧车门外手柄 100 cm 的位置。

二、自诊断模式

丰田花冠轿车遥控门锁系统具有自诊断功能，通过车内顶灯闪烁状态读取诊断信息，如果车内灯不亮，应首先检修好车内灯后才能进行自诊断。自诊断程序如下。

(1) 将点火钥匙插入点火锁内，然后拔出钥匙，再次将点火钥匙插入点火锁内，在 5 s 内按 OFF→ON→OFF 顺序转动点火开关。

(2) 将点火开关转至 OFF 位置后，在 30 s 内按 OFF→ON→OFF 顺序转动点火开关 9 次。

注意： 只要有一步操作不正确，就无法进入自诊断模式。

(3) 按住遥控器开关，通过车内灯的闪烁情况检查自诊断输出，如图 3-23 所示。注意在自诊断模式下不要进行车门锁的开启和锁闭操作，否则将自动退出自诊断模式。

(4) 进行自诊断分析。若自诊断输出如图 3-23（a）所示，则表明遥控门锁系统正常。若自诊断输出如图 3-23（b）所示，则检查遥控器识别代码能否被注册；如果无法注册，则更换遥控器。若自诊断输出如图 3-23（c）所示，则更换一个新的遥控器，再次检查是否有诊断输出，如果有诊断输出，则更换遥控器，如果无诊断输出，则更换遥控门锁接收器。

(5) 自诊断完成后，将点火开关转至 ON 位置，退出自诊断模式。

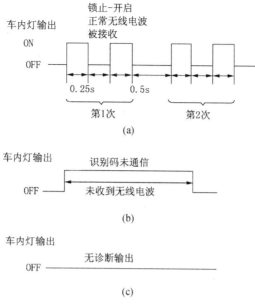

图 3-23　花冠轿车遥控门锁自诊断输出

三、遥控器的注册与删除

当遇到以下几种情形时需要注册或删除遥控器识别码：一是更换遥控器；二是遥控器丢失，需要注册新遥控器并删除丢失遥控器的识别码；三是想要增加遥控器的数量；四是更换遥控门锁 ECU。

丰田轿车遥控器识别码的注册步骤如下所述。

（1）点火钥匙未插入点火锁芯，将驾驶员侧车门打开，关闭其他车门。

（2）将点火钥匙插入点火锁芯内，然后拔出钥匙，在 5 s 内操作 2 次。

（3）完成上述操作后，在 40 s 内关闭和打开驾驶员侧车门 2 次，并将点火钥匙插入点火锁芯后拔出。

（4）完成上述操作后，在 40 s 内关闭和打开驾驶员侧车门 2 次，并将点火钥匙插入点火锁芯后关闭驾驶员侧车门。

（5）以大约 1 s 的时间间隔，按 ON→OFF 顺序循环转动点火开关，转动 1 个循环选择增加注册码模式；转动 2 个循环选择注册码重写模式；转动 3 个循环选择注册码确认模式；转动 5 个循环选择注册码禁止模式。如图 3-24 所示，模式选择完成后拔出点火钥匙。

（6）3 s 内，遥控门锁 ECU 自动执行 LOCK-UNLOCK（锁止-开锁）操作。如果选择增加注册码模式，则 LOCK-UNLOCK 自动执行 1 次，如图 3-24（a）所示；如果选择注册码重写模式，则 LOCK-UNLOCK 自动执行 2 次，如图 3-24（b）所示；如果选择注册码确认模式，则 LOCK-UNLOCK 自动执行的次数即为当前已经注册的遥控器识别码的数量（已经注册的遥控器的数量），如图 3-24（c）所示；如果选择注册码禁止模式，则 LOCK-UNLOCK 自动执行 5 次，如图 3-24（d）所示，此后所有已经注册的遥控器都被禁止使用。如果选择确认模式和禁止模式，则识别码注册结束。

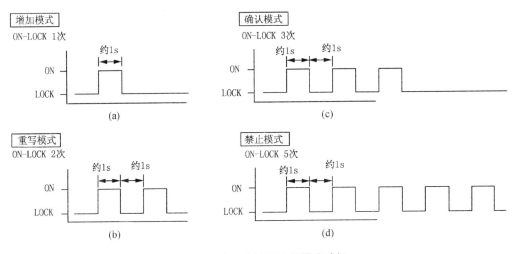

图 3-24 丰田遥控器注册模式选择

（7）在增加和重写模式后 40 s 内，同时按住遥控器上的"LOCK"和"UNLOCK"键 1～1.5 s。然后松开按键，在 3 s 时间内按下遥控器上"LOCK"和"UNLOCK"中的任意一个按键。从步骤（6）结束至步骤（7）结束时间不能超过 40 s。

（8）松开遥控器的按键 3 s 内，如果完成遥控器识别码的注册，在门锁自动执行锁止-开启 1 次；如果遥控器识别码注册未成功，则门锁自动执行锁止-开启 2 次（如需要注册遥控器识别码需退出注册程序，重新从步骤（1）开始，并注意严格执行规定的操作时间。）。

（9）注册成功后，如需要继续注册遥控器，应在前次注册后 40 s 内重复步骤（7）。

注意： 最多可注册 4 个遥控器。

(10) 注册完成后，执行下面的任一操作都将退出注册程序。

① 将钥匙插入点火锁芯内。

② 打开任意一个车门。

③ 注册遥控器识别码后，等待 40 s。

④ 注册的遥控器识别码达到 4 个。

任务训练三　中控门锁系统的检修

一、故障症状表

带遥控功能的中控门锁系统出现故障时，先分析故障现象，然后可根据故障现象查阅故障症状表进行故障诊断与维修。带遥控功能的中控门锁系统常见故障症状如表 3-8 所示。

表 3-8　中控门锁系统故障症状表

故障症状	故障原因	故障症状	故障原因
无线门锁遥控系统失效	1. 门控灯开关有故障 2. 车门钥匙锁止和开启开关有故障 3. 钥匙开启警告开关有故障 4. 无线门锁控制接收器有故障 5. 车身控制系统有故障 6. 配线有故障	车门锁不能开启	1. 车门钥匙锁止和开启开关有故障 2. 钥匙开启警告开关有故障 3. 无线门锁控制接收器有故障 4. 车身控制系统有故障 5. 配线有故障
车门锁不能锁止	1. 车门钥匙锁止和开启开关有故障 2. 无线门锁控制接收器有故障 3. 配线有故障	只有钥匙封闭防护功能失效	1. 钥匙开启警告开关有故障 2. 无线门锁控制接收器有故障 3. 配线有故障
每个车门都打开时，无线门锁功能也起作用；在所有车门开启后 30 s 内打开任一车门，无线门锁控制系统自动锁止功能起作用	1. 门控灯开关有故障 2. 无线门锁控制接收器有故障 3. 配线有故障	无线门锁功能故障（虽然只有一个车门开启，但按下遥控器开关时，所有车门锁均开启）	1. 钥匙开启警告开关有故障 2. 无线门锁控制接收器有故障 3. 配线有故障
即使按下紧急手柄，警告操作系统也不运行	1. 无线门锁控制接收器有故障 2. 配线有故障		

二、故障诊断流程

当中控门锁失效时，对于维修经验不丰富的修理人员也可按照故障诊断流程进行故障诊断与排除，以丰田威驰轿车为例进行故障诊断，故障诊断时要参阅图 3-21 所示的威驰轿车中控门锁电路图，故障诊断与维修流程如图 3-25 所示。

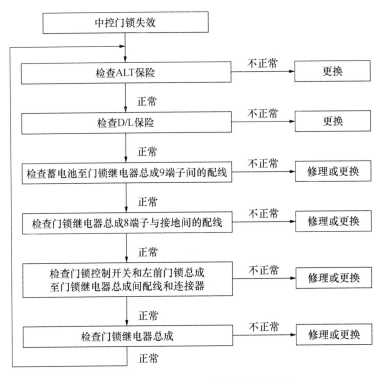

图 3-25 中控门锁失效的故障诊断流程

思 考 题

1. 电动式中控门锁由哪些部件组成？门锁总成又由哪些部件组成？
2. 电脑控制的中控门锁系统防止钥匙遗忘的功能是如何实现的？
3. 简述遥控门锁系统的组成与功能。
4. 分析红外线遥控器的工作原理。
5. 气动式中控门锁由哪几部分组成？说明气动式中控门锁的工作原理。
6. 威驰轿车中控门锁系统组成部件如何检测？
7. 天津花冠轿车遥控门锁系统如何进行自诊断？遥控器如何注册与删除？
8. 试设计主驾驶侧电动门锁失效的检修流程。

任务四　汽车防盗系统的故障检修

任务目标

1. 熟悉防盗系统的类型、组成、结构特点及工作原理。
2. 理解中控门锁在防盗系统中的作用。
3. 学会分析与检测防盗系统的控制电路。
4. 学会防盗系统的设定与解除。
5. 学会检修防盗系统的常见故障。

任务资讯

任务资讯一　汽车防盗系统的组成

一、汽车防盗系统的类型

为了防止汽车被盗，人们在不同的时期研制出各种方式、不同结构的防盗系统。目前，汽车防盗系统按结构可分为三大类：机械式、电子式、网络式。

1. 机械式防盗系统

机械式防盗系统采用机械方式用坚固的金属部件锁住汽车的方向盘和变速手柄等主要操纵件，使盗贼无法将车开走，采用机械方式达到防盗的目的。

机械防盗结构简单，使用起来不隐蔽，安全性差，而且只有防盗功能，没有报警功能，对于专业的盗贼来说，它的防盗效果并不理想，机械防盗锁的局限性使得现代的汽车广泛采用电子式防盗系统。

2. 电子式防盗系统

按控制方式不同，电子防盗系统分为遥控式和非遥控式防盗系统。遥控式防盗系统具有防盗功能、声音或灯光报警、震动监测、遥控中控门锁等功能，有的还具有红外探头、后备箱开启和电动门窗遥控等功能。现代非遥控式防盗系统一般采用电子应答的方法来判断使用的电子钥匙是否合法，通过锁定启动线路或发动机电脑使汽车无法启动，来达到防盗的目的。

虽然电子防盗系统安全性能好，但一些大胆的盗贼可以采用拖吊等方式盗取车辆，为此人们又发明了网络式防盗系统。

3. 网络式防盗系统

网络式防盗系统除了具有锁定汽车的启动或发动机控制系统功能外，还具有定位跟踪功能，可将报警信息和报警车辆所在的位置无声地传送到报警中心，使盗贼落入法网，从而达到防盗的功能。网络防盗系统的定位有下述两种方式。

(1) GPS 全球卫星定位。GPS 卫星定位系统通过 GSM 进行无线信号传输，车辆上的 GPS 接收/发射机发出的无线信号经空间卫星传送至地面监控站，地面监控站即可实现对车辆的监控与定位。

(2) KAS 防盗系统。KAS 防盗系统是以地面信号标定，通过有线和无线信号传输对车辆进行定位和监控的。

网络式防盗系统从技术上来讲是可靠的，但效果也不尽人意。原因是这些系统要构成网络，消除盲区，要靠社会各方面的配合，要有完善的配套设施等。

二、电子防盗系统的组成

1. 电子防盗系统的基本功能

(1) 遥控功能。遥控功能是遥控防盗系统的基本功能之一，包括遥控中央门锁、遥控开启行李箱、遥控汽车、寻车和恐吓盗贼等。

(2) 报警功能。当车辆被触动或被非法进入时发出蜂鸣、灯光等报警信号。

(3) 防启动功能。当防盗系统处于警戒状态时，切断汽车上的启动或电源线路，防止车辆被非法启动。

2. 电子防盗系统的组成

汽车电子防盗系统一般由开关和传感器、防盗 ECU 和执行机构 3 部分组成。电子防盗系统装置在车上的布置如图 4-1 所示。

(1) 防盗 ECU。它同时具有防盗和门锁控制功能，是防盗系统的核心和控制中心。

(2) 感应传感器。它由传感器或探头组成，目前普遍使用的是振荡传感器，微波及红外探头应用较少。它的功能是当防盗报警系统工作时，传感器检测汽车有无异常情况的发生，把检测到的信号传送给防盗 ECU。

(3) 各种开关。包括门开关、行李箱开关及发动机罩开关等，作用是检测车门、行李箱及发动机罩的状态，把检测到的信号传送给防盗 ECU。

(4) 中控门锁。受防盗 ECU 控制开启或闭锁车门及行李箱。

任务四　汽车防盗系统的故障检修

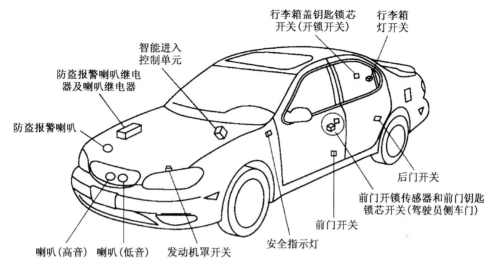

图 4-1　遥控防盗系统元件位置图

（5）报警装置。包括防盗喇叭、危险警报灯。系统被触发或动作时发出警报，报警的方法通常采用喇叭鸣叫和灯光闪亮的方式。

（6）遥控器。包括按键和指示灯。向防盗 ECU 发出锁车门进入防盗警戒状态信号或开启车门解除防盗警戒状态。

（7）其他部分。包括配线、继电器和熔断器。

任务资讯二　电子防盗系统的工作原理

一、普通电子防盗系统

1. 组成

普通电子防盗系统是早期的电子防盗系统，一般是在中控门锁系统基础上增加一套电子防盗装置，以增强汽车的防盗安全性，系统组成如图 4-2 所示，主要由点火开关、车门开关（开门和锁门开关）、钥匙操纵开关、防盗 ECU、防盗指示灯、警报喇叭、警报灯（通常为危险警报灯或前照灯）以及启动继电器等组成。

2. 工作原理

钥匙操纵开关等向防盗 ECU 输入锁车门信号后，警报状态设置电路检测车门开关信号，若判断车门全部锁好，则定时电路开始 30 s 计时，随后防盗器开始断续闪光，表明系统处于预警状态。当防盗与门锁控制 ECU 根据各开关（点火开关、车门开关、行李箱开关等）信号判断车门正常开启时，报警状态解除；当判断车门为非法开启时，警报控制电路便控制各执行器动作，使防盗喇叭和汽车喇叭响起来，前照灯或危险警报灯闪烁，同时切断发动机启动线路，使启动机不能工作，发动机不能发动。当车辆处于防盗报警状态时，用钥匙操纵钥匙开关将开锁信号输入至 ECU 解除警报电路，可以将防盗报警解除。

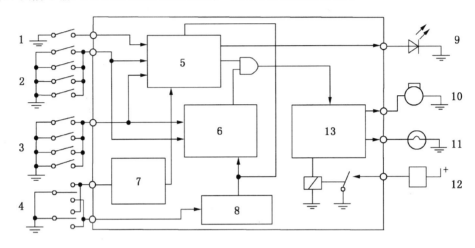

图 4-2 普通电子防盗系统的电路组成

1—钥匙点火开关；2—开门开关；3—锁门开关；4—钥匙操纵开关；5—警报状态设置；
6—是否盗贼检测；7—30 s 定时器；8—解除警报状态；9—LED 指示灯；
10—警报器；11—警报灯；12—启动继电器；13—报警控制

二、遥控防盗系统

1. 遥控防盗系统的组成

遥控防盗系统的组成如图 4-3 所示，遥控防盗系统由手控发射器（遥控器）、接收器、继电器开关、点火电路的控制电路、喇叭报警电路、门锁开关控制电路、灯光报警电路等组成。

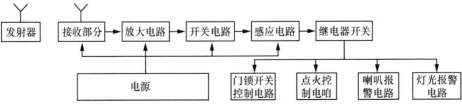

图 4-3 遥控防盗系统工作原理图

发射器实际上是一个小小的无线发射器，发出无线电波，防盗 ECU 首先是一个无线电波接收器，当按下了发射器的防盗设定开关后，发射器发出"设定"信号电波，汽车上的防盗系统主机收到"设定"信号后，立即使继电器通电，继电器触点被吸下，开关闭合，接通了点火电路的控制电路、门锁开关控制电路和喇叭、灯光报警控制电路的电源，使整机进入警戒状态和关闭门锁。这时如果有人撬动电动门锁或有人来推车，防盗装置主机上的感应器就会感应到信号，此信号通过电路的调制，接通继电器触点，报警电路开始工作，发出警报声和闪光提示，同时锁住点火电路，使汽车无法启动。

2. 遥控防盗密码

汽车遥控防盗系统的遥控器与主机之间除了要有相同的发射和接收频率之外，还要有密码才能相互识别。遥控防盗系统的密码是一组由不同方式组合的数据，它一方面记载防盗系统的身份信息，另一方面，它又包含防盗的功能指令，负责开启或关闭防盗系统。根据密码的发射方式不同可分为定码和跳码两种。

定码防盗系统是主机和遥控器各有一组相同的固定密码，遥控器发射，主机接收，完成防盗功能，但这种方式既不可靠又不安全，所以汽车防盗系统中并不普及。

跳码防盗系统是遥控器的密码除了身份码和指令码外，又多了一个跳码部分。所谓的"跳码"即密码依一定的编码函数，每发射一次，密码随机变化一次，密码不会被轻易复制或盗取，安全性高。

遥控防盗系统的设定程序如下。

（1）将点火钥匙转至转向盘锁定"LOCK"位置后取出。

（2）驾乘人员全部下车。

（3）关闭并锁定所有的车门、行李箱盖及发动机机罩。

完成以上 3 个步骤后，车中的安全指示灯"SECURITY"发亮（不闪烁）。两道前门被锁定后，防盗系统将在设定之前有 30 s 的检查时间，因为在此过程中，后门、行李箱盖和发动机罩盖可能还有某一道门开启着。在 30 s 时间内，若想起车内未完成的事又用钥匙或遥控器开启某一道前门，系统的防盗功能将被解除。

（4）车门锁好 30 s 后，安全指示灯开始闪烁时，说明防盗系统已经启动。

（5）如果某一车门，行李箱或发动机罩在系统设定前未关紧，系统的设定将会中断，除非重新将它们关紧和锁定。

（6）设定系统时，不能有人留在车中，因为系统设定时若有人从车内开门，将会使系统激活，发生误警报信号。系统一经设定，行李箱盖开启器回路便被断开，因此，行李箱必须用主钥匙开启。在以下情况下，防盗系统将受激发出声响警报，并且防启动功能开始作用：任何一道车门、行李箱盖或发动机罩未用主钥匙开启，蓄电池的极桩头拆卸后又重新装上。声响警报信号发出 1 min 后将自动停止，但发动机防启动功能仍在工作。

3. 汽车防盗器功能的测定

检测防盗系统的功能是否有效，可按以下 6 个步骤进行。

（1）开启全部车窗。

（2）按上述方法设定防盗系统，锁定前门时用点火钥匙，稍待至安全指示灯闪烁。

（3）伸手从车内开启一道车门，防盗系统将激活警报信号。

（4）用点火钥匙开启其中一道前门，解除防盗系统。

（5）重复以上操作，检测其他车门和发动机罩。检测发动机罩的同时，也检测蓄电池极桩头拆下又装上后系统的激活反应。

（6）必须注意的是，拆卸蓄电池极桩头可能会删去存入计算机存储器中的信息，如激光唱机防盗码消失导致不能"开锁"，收音机预置电台资料消失等。因此，重新装上蓄电池极桩头后，就检查存储器中的数据，若数据已消失，应再给计算机输一次。

4. 防盗功能的实现

在系统设定为防盗控制模式并满足下列任一条件时，该系统都要发出警报。

（1）任何一个车门（不包括发动机罩盖和行李箱门）被打开，或不用钥匙而被偷盗者设法打开。

（2）不用点火钥匙将点火开关接通，即置于 ACC 或 ON 的位置。

蓄电池电路断开后又被接通（如果蓄电池电路断开后 1 h 内又被接通，则防盗控制模式又恢复。）

（3）如果防盗系统工作，防盗喇叭就会发出警报响声，前照灯和尾灯点亮并闪烁约 30 s 或 1 min；同时切断启动机电源和锁上所有的车门，如果所有的车门不能立即锁上，则系统在警报期间每隔 2 s 重复一次锁门的操作。

5. 防盗系统警报的激活与截止

警报信号停止后，驾驶员应将所有车门、行李箱盖和发动机罩盖重新关闭。防盗系统一旦再设定，也就自动地让警报装置复位。警报信号在以下情况将再次激活：任何一道车门、行李箱盖或发动机罩盖被打开，蓄电池极桩头被拆卸后又重新装回。

若将点火钥匙从 LOCK 挡转至 ACC 挡，则警报信号截止，此时即使开启任何一道车门、行李箱盖或发动机罩，警报信号将不再激活。

6. 汽车遥控防盗系统的中断与解除

防盗系统设定过程中，若用点火钥匙开启行李箱，则防盗系统暂时中断，既不能激活，也不能解除。行李箱盖开启的同时，若再将车门和发动机罩打开，防盗系统惟有拆下蓄电池极桩头才能使其激活。

为了重新恢复防盗系统的设定过程，应关闭和锁定所有的车门、行李箱盖和发动机罩。而且要注意，必须拔出点火钥匙，后行李箱盖才能闭锁，即关闭行李箱盖时，钥匙不能插在锁芯中。

用钥匙打开左车门或右车门，用遥控器打开车门，将钥匙插入点火开关并置于ACC或ON位置，防盗系统工作约30 s或1 min后，用钥匙打开行李箱门，此为防盗系统全部解除方式。与此同时，发动机防启动系统受激而接通启动系统。

7. 汽车防盗系统安全指示灯

安全指示灯在防盗系统的工作过程中有3种指示状态。

（1）指示灯闪烁。说明防盗系统已经设定，此时若开启车门、行李箱盖，必须使用点火钥匙。

（2）指示灯常亮。说明防盗系统进入预定的自动设定时期，此期间内车门和行李箱用副钥匙也能开启。该指示灯在警报信号触发声响时也会发亮。

（3）指示灯灭。说明防盗系统不起作用，可按常规操作开启任何一道车门等。

三、电子应答式防盗系统

电子应答式防盗系统又称为发动机防盗系统，大部分2000年以后的新款车型装配此种防盗系统。当有人企图非法启动车辆时，经防盗系统识别后，将通知发动机管理系统，发动机管理系统将切断燃油供给及停止点火系统的工作，此时，发动机将无法启动。下面以桑塔纳2000轿车为例，说明此系统的结构和工作原理。

1. 发动机防盗系统的组成

桑塔纳2000轿车防盗系统的组成如图4-4所示，该系统由脉冲转发器、识读线圈、防盗ECU等组成。

2. 发动机防盗系统各部件的功能

（1）带转发器的钥匙

点火钥匙中装有脉冲转发器，每把钥匙中都有一只棒状转发器，其长为13.3 mm、直径3.1 mm，在其玻璃壳体内含有运算芯片和一个细小的电磁线圈。脉冲转发器是一种不需要电源来驱动的感应和发射电磁波元件，在系统工作期间，该电磁线圈与点火锁中的识读线圈以感应的方式进行通信，以便在转发器运算芯片与防盗ECU之间传输信号并传输各种信息。

当点火开关接通后，受防盗ECU的驱动，识读线圈在转发器电磁线圈周围建立起电磁场，受该电磁场的激励，转发器中的电磁线圈即可提供转发器中运算芯片工作所需的能量，还可提供时钟同步信号，并在运算芯片与防盗ECU之间传输各种信息。

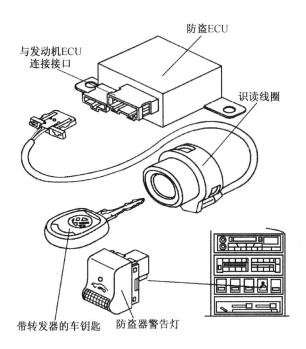

图 4-4 上海大众桑塔纳 2000 轿车防盗系统组成

(2) 识读线圈

识读线圈也叫收发线圈，安装在点火锁锁芯上，通过导线与防盗 ECU 相连。作为防盗 ECU 的负载，担负防盗 ECU 与转发器之间信号及能量的传输任务。

(3) 防盗 ECU

防盗 ECU 是一个包括微处理器的电子控制器。在点火开关接通时，ECU 用于系统密码运算、比较，并控制整个系统的通信，同时还可以与诊断仪进行通信。

3. 工作原理

发动机防盗系统控制原理如图 4-5 所示，控制电路如图 4-6 所示。汽车出厂匹配后，防盗 ECU 便存储了该车发动机 ECU 的识别密码以及 3 把钥匙中转发器的识别密码，同时每个转发器中也存储了相应的防盗 ECU 的有关信息。将钥匙插入点火锁芯并接通点火开关时，防盗 ECU 首先通过锁芯上的识读线圈将一随机数据传输给钥匙中的转发器，经过特定运算后，转发器将结果反馈回控制器，控制器将其与 ECU 中存储的识别密码相比较，若密码吻合，系统即认定该钥匙为合法钥匙。防盗 ECU 还要对发动机 ECU 进行识别。只有钥匙、发动机 ECU 的密码都吻合时，防盗 ECU 才允许发动机 ECU 工作。

任务四 汽车防盗系统的故障检修

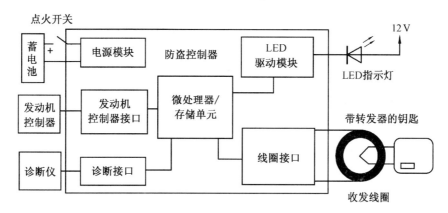

图 4-5 桑塔纳 2000 轿车防盗系统控制原理图

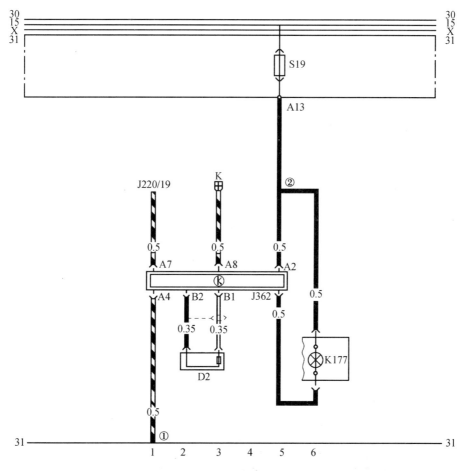

图 4-6 桑塔纳 2000 轿车防盗系统控制电路

防盗 ECU 通过一根串行通信线（W 线）将经过编码的工作指令传到发动机 ECU，发动机 ECU 根据防盗 ECU 的数据来确定是否启动汽车。同时，诊断仪可通过串行通信接口（K 线）对系统进行故障诊断、编码等操作。在识别密码的过程（大约 2 s）中，防盗指示灯会保持点亮状态。如果有任何错误发生，发动机 ECU 将停止工作，同时指示灯也会以一定频率闪烁。

4. 发动机防盗系统的特点

（1）防盗于无形。无须任何额外的操作即可进入防盗状态。

（2）防盗于无声。系统运行期间不产生任何额外扰民噪声，符合最新法规。

（3）极佳的防盗性能。密码信号由随机方法产生，且采用特殊的通信方式，每次传输的信息都不同，即使利用先进的电子扫码手段也无法破解密码。

（4）可靠性高。经过严格匹配、全面测试，对整车运行不会产生任何不良影响。

任务训练

任务训练一　防盗系统的故障自诊断

一、捷达轿车防盗系统的故障自诊断

捷达轿车的防盗系统设有自诊断功能，使用专用的故障诊断仪器 V. A. G1551 或 V. A. G1552 和相应的操作程序才能进行诊断故障。

（一）防盗故障警报灯的识读

在使用诊断仪进行故障诊断前，先阅读防盗系统故障警报灯，可以有效确定故障类型，减少故障诊断时间。故障警报灯一般有以下几种指示状态。

（1）点火开关打开后，警报灯亮约 2.5 s，然后熄灭。说明：系统工作正常。

（2）点火开关打开后，警报灯点亮并持续 60 s。说明：点火钥匙的匹配过程有误。

（3）点火开关打开后，警报灯亮约 2.5 s，然后开始闪烁并持续 60 s。说明：点火钥匙中无密码芯片或者使用了没有被授权的点火钥匙。

（4）点火开关打开后，警报灯立即闪烁并持续 60 s。说明：识读线圈出现功能性故障或数据线出现功能性故障。

（二）故障自诊断检测流程

1. 自诊断功能的调取

故障自诊断检测的条件是：被检测车辆蓄电池电压必须大于 11 V。故障代码检测功能菜

单调取步骤如下。

（1）将大众专用故障仪器 V. A. G1551 或 V. A. G1552 与车内变速杆前的诊断插座相连接，如图 4-7 所示。

(a) 诊断仪 V.A.G1551 的连接　　(b) 诊断仪 V.A.G1552 的连接

图 4-7　诊断仪的连接

（2）点火开关接通后，选择工作模式"1"进行快速数据传递。屏幕显示：

Test of vehicle	HELP
Insert address　word × ×	
车辆系统测试	帮助
输入地址码 × ×	

（3）输入防盗地址码"25"。启动防盗 ECU 与测试仪间的通信，屏幕显示：

Test of vehicle	Q
25-Immobiliser	
车辆系统测试	Q
25-防盗器	

（4）按 Q 键确认。约 5 s 钟后，屏幕显示：

| 330953253　IMMO　VWZ6ZOTO　123456　V01 | → |
| Coding 00000　　WSC 01205 | |

此屏幕直接显示 01——查询防盗 ECU 版本。

(5) 按"→"键,进入功能菜单,屏幕显示:

Test of vehicle	HELP
Select function ××	
车辆系统测试	帮助
选择功能 ××	

此时按 HELP,屏幕会列出以下可供选择的功能菜单:
02——查询故障　　　　05——清除故障存储　　　　06——结束输出
08——读测量数据块　　10——匹配　　　　　　　　11——输密码

2. 防盗系统故障代码的查询与清除

(1) 在功能选择菜单屏幕上输入"02"查询故障功能,并按 Q 键确认。屏幕显示:

| X fault recognized |
| 发现 X 个故障 |

(2) 按"→"键可以逐个显示故障代码和故障内容,直到全部故障显示完毕。
如屏幕显示"No faults recognized"即未发现故障,按"→"键,则退回到功能菜单。
(3) 防盗系统故障代码查询结束后,退回到功能菜单。输入"05"数字键进入清除故障存储功能,并按 Q 键确认,即可清除防盗 ECU 中的故障存储。屏幕显示:

Test of vehicle	→
Fault memory is erased	
车辆系统测试	→
故障存储已被清除	

注意:应将故障代码记录下来或故障已经排除后方可清除故障代码。

(4) 输入"06"数字键进入结束输出功能,并按 Q 键确认。完成这一步骤后,专用故障诊断仪退出防盗系统诊断程序,回到待机状态。

3. 防盗系统故障代码表

利用诊断仪调出故障代码后可按表 4-1 列出的方法排查故障。

表 4-1　捷达轿车防盗系统故障代码及排除方法

故障代码	诊断仪显示内容	故障原因	故障排除方法
00750	警报灯对地短路/开路警报灯对电源短路	(1) 防盗 ECU 与警报灯间连线失效 (2) 防盗警报灯失效	(1) 检修线路的断/短路状况 (2) 更换损坏的警报灯

续表

故障代码	诊断仪显示内容	故障原因	故障排除方法
01128	防盗识读线圈	(1) 3针连线没有与ECU相连或识读线圈失效 (2) 防盗控制ECU失效	(1) 检查连接器、线路及识读线圈，必要时更换识读线圈 (2) 清除故障代码并再次查询，必要时更换防盗ECU
01176	钥匙信号电压太低钥匙没被授权	(1) 识读线圈或线路失效（传输受阻/接触不良） (2) 点火钥匙中的送码器丢失或功能失效 (3) 点火钥匙的啮合齿形不匹配	(1) 检查识读线圈线路及连接器，如有必要更换识读线圈 (2) 更换点火钥匙，重新匹配所有点火钥匙，然后检查功能
01177	发动机ECU没被授权	(1) 发动机ECU与防盗ECU间的W线正常 (2) 发动机ECU不匹配	匹配发动机ECU
01179	配钥匙程序不正确	点火钥匙匹配故障	重新匹配所有点火钥匙，然后检查功能
01202	诊断线短路	(1) 防盗ECU 7脚与8脚短接（W线和K线） (2) 防盗ECU失效	(1) 检查接头，如有必要按电路图排除故障 (2) 清除故障再次查询，必要时更换防盗ECU
65535	防盗ECU失效	(1) 8脚连接器，7脚和8脚短接（W线和K线） (2) 防盗ECU不能正确识别波特率 (3) 防盗ECU失效	按电路图排除故障 更换防盗ECU

4. 读测量数据块

在实际维修过程中，可以利用V.A.G1551读取测量数据块，可以读出已匹配的钥匙数、钥匙的授权情况和钥匙匹配的时间等信息，读取测量数据块的步骤如下。

(1) 连接故障诊断仪V.A.G1551，将授权的点火钥匙插入点火锁芯中。

(2) 点火开关接通后，选择工作模式1"快速数据传递"。屏幕显示：

Test of vehicle Insert address word ××	HELP
车辆系统测试 输入地址码 ××	帮助

(3) 输入防盗地址码"25"，启动防盗ECU与测试仪间的通信，屏幕显示：

Test of vehicle 25-Immobiliser	Q
车辆系统测试 25-防盗器	Q

（4）按 Q 键确认。约 5 s 钟后，屏幕显示：

330953253 IMMO VWZ6ZOTO 123456 V01 Coding 00000　　　WSC 01205	→

此屏幕直接显示 01——查询防盗 ECU 版本。

（5）按"→"键，进入功能菜单，屏幕显示：

Rapid data transfer Select function ××	HELP
快速数据传递 选择功能 ××	帮助

（6）在功能选择菜单屏幕下输入"08"进入读测量数据块功能，按 Q 键确认，屏幕显示：

Read measuring value block Enter display group number ××	HELP
读测量数据块 输入显示组号 ××	帮助

（7）输入显示组号 001，按 Q 键确认，屏幕显示：

Read measuring value block 001 3　　1　　1　　1	→
读测量数据块　001 3　　1　　1　　1	→

此时，屏幕上数字显示的是防盗系统的数据，这些数据含义如表 4-2 所示。

（8）按"→"键可结束输出。

（9）输入组号 002，按 Q 键确认，屏幕显示：

Read measuring value block 002 0.0 s　　3　　3　　0000	→
读测量数据块　001 0.0 s　　3　　3　　0000	→

这些数据含义如表4-3所示。

(10) 按"→"键可结束输出。

表4-2 数据块001组数据含义

显示数据	显示区含义	显示数据范围
3	1区：匹配完的钥匙数	0 = 最小 8 = 最大
1	2区：识读线圈	0 = 故障 1 = 正确
1	3区：钥匙状况	0 = 失效 1 = 无故障
1	4区：授权的钥匙	0 = No 1 = Yes

表4-3 数据块002组数据含义

显示数据	显示区含义	显示数据范围
0.0 s	1区：钥匙匹配时间	以秒为单位的配制时间
3	2区：额定钥匙数	0 = 最小 8 = 最大
1	3区：实际钥匙数	0 = 最小 8 = 最大
0000	4区：钥匙配制状况 ·故障状况 ·配制 ·实际钥匙 ·实际配制	0×××= 无故障 1×××= 故障 ×0××= 结束 ×1××= 正在运行中 ××0×= 正常 ××1×= 不正常 ×××0 = 正常 ×××1 = 不正常

二、丰田轿车防盗系统的故障自诊断

1. DLC3 的安装位置

丰田轿车电控系统的诊断故障代码（DTC）一般能够通过车辆的 3 号诊断连接器（DLC3）读取，DLC3 的安装位置如图 4-8 所示。

2. DLC3诊断端子的检查

丰田车辆 ECU 采用 ISO 15765-4 通信协议。DLC3 端子的排列符合 ISO 15031-03 标准，并与 ISO 15765-4 格式相匹配，DLC3 端子的排列如图 4-9 所示。在某些特定情况下（如智能测试仪与车辆通信联系失败）要进行诊断端子的检查，检查内容见表 4-4。

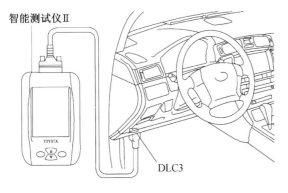

图 4-8　诊断仪的连接

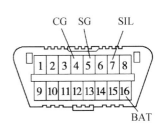

图 4-9　诊断连接器端子图

表 4-4　DLC3 诊断连接器端子的检查

符号（端子号）	端子说明	条　件	规定条件
SIL（7）-SG（5）	总线"+"连线	传输过程中	产生脉冲
CG（4）-车身接地	底盘接地	始终	小于 1.0 V
SG（5）-车身接地	信号接地	始终	小于 1.0 V
BAT（16）-车身接地	蓄电池正极	始终	11～14 V

3. 读取故障诊断代码（DTC）

丰田轿车智能测试仪读取防盗系统 DTC 的方法如下：

（1）将丰田智能测试仪 II 连接到 DLC3，如图 4-8 所示；

（2）打开点火开关（IG），按下测试仪电源开关；

（3）选择进入诊断模式；

（4）选择进入 OBD/M-OBD 菜单，选择防盗系统（Immobilizer），按确认键，如图 4-10 所示。

（5）进入防盗系统后，选择读取故障代码功能。如果防盗 ECU 存储有 DTC，则显示在智能测试仪 II 的屏幕上。表 4-5 所示为一汽丰田花冠轿车的防盗系统故障代码及其含义。

```
        OBD/MOBD MENU              OBD/MOBD 菜单

     1: CODES (ALL)              1: 故障代码
     2: ENGINE AND ECT           2: 发动机和变速器
     3: AIR SUSPENSION           3: 空气悬挂系统
     4: ABS/VSC                  4: 制动防抱死系统
     5: CCS                      5: 巡航系统
     6: AIR CONDITIONER          6: 空调系统
 ⇒   7: IMMOBILIZER         ⇒    7: 防盗系统
     8: SRS AIRBAG               8: 安全气囊系统
     9: GATEWAY                  9: GATEWAY 网关
```

图 4-10　测试仪菜单中英文对照图

表 4-5　一汽花冠轿车防盗系统故障代码表

故障代码	诊断仪显示内容	故障部位
B2795	钥匙码不匹配	1. 钥匙有故障 2. 以前插入过未注册的钥匙
B2796	停机系统内无通信	1. 钥匙有故障 2. 遥控器钥匙放大器有故障 3. 配线有故障 4. 发动机和 ECT ECU 有故障
B2797	1 号通信故障	1. 配线有故障 2. 遥控器钥匙放大器有故障 3. 以前插入过未注册的钥匙 4. 发动机和 ECT ECU 有故障
B2798	2 号通信故障	1. 钥匙有故障 2. 遥控器钥匙放大器有故障 3. 配线有故障 4. 发动机和 ECT ECU 有故障

4. 清除故障诊断代码

故障排除后要清除 DTC，前 4 步与读取 DTC 的方法相同，第 5 步在进入防盗系统诊断后，选择清除 DTC 功能，按屏幕上的提示操作，即可清除 DTC。

任务训练二　防盗匹配

一、捷达轿车点火钥匙的匹配

当钥匙丢失或需要增加新点火钥匙时，必须进行点火钥匙和防盗 ECU 的匹配。点火钥匙的匹配步骤如下。

（1）用齿形正确的点火钥匙插入点火锁中。

（2）将 V.A.G1551 故障诊断仪连接到车辆的诊断接口上。选择工作模式 1 "快速数据传递"。

（3）接通点火开关，输入防盗器地址码 "25"，V.A.G1551 显示控制单元识别码后，按 "→" 键确认。屏幕上显示：

Rapid data transfer	HELP
Select function ××	
快速数据传递	帮助
选择功能 ××	

（4）按 1 键 2 次（选择 11 为安全登录功能），屏幕上显示：

Rapid data transfer	Q
11-Login procedure	
快速数据传递	Q
11-安全登录	

（5）用 Q 键确认，屏幕上显示：

Login procedure	Q
Enter code number ××××	
安全登录	Q
输入密码 ××××	

（6）输入 5 位数的防盗匹配密码，用 Q 键确认。屏幕上显示：

Rapid data transfer	HELP
Select function ××	
快速数据传递	帮助
选择功能	

随后屏幕上短时间显示：

| Tester sends address word 25 |
| 测试仪发送地址码 25 |

进行防盗密码登录时应注意：

① 必须知道点火钥匙的匹配密码。如果密码丢失，借助 V.A.G1551 调出的防盗系统 14 位识别码，求助于大众公司的服务热线或汽车销售商。

② 将密码在4位数字前加"0",如08888并输入。
③ 按Q键确认,如正确,则可回到功能菜单进行下一步"匹配"。如屏幕显示如下:

| Function is unknown or |
| Cannot be carried out at moment |
| 功能不清或 |
| 此刻不能执行 |

则表明密码错误,必须重新输入正确的密码。如果连续两次输入错误,必须输入"06"退出防盗匹配程序,在点火开关接通的情况下等待30 min以后再进行。

(7) 输入"1"和"0"(输入"10"为选择了匹配功能),屏幕上显示:

Rapid data transfer	Q
10- Adaption	
快速数据传递	Q
10-匹配	

(8) 按Q键确认,屏幕上显示:

| Adaptation |
| Enter channel number ×× |
| 匹配 |
| 输入通道号 ×× |

(9) 输入"0"和"1"(用01选择通道1)。按Q键确认,屏幕上显示:

| Adaptation |
| Feed in channel number ×× |
| 匹配 |
| 输入频道号 ×× |

输入"21"频道号,按Q键确认,屏幕显示:

Channel 1 Adaptation 2	→
Old key number 2	
通道1 匹配2	→
已配钥匙数2	

存储于控制单元内钥匙数目的匹配值被显示于顶行,当前要配制的钥匙数被显示于底行。

(10) 按"→"键,屏幕显示:

Channel 1 Adaptation 2	→
Enter adaptation value ××××	
通道 1 匹配 2	→
输入匹配钥匙数 ××××	

按 4 次 0。然后输入想要配制的钥匙数，包括已存在的钥匙，最多可配 8 把。例如需匹配 5 把点火钥匙，则输入"00005"，并按 Q 键确认，屏幕上显示配 5 把钥匙。

（11）用 Q 键确认，屏幕上显示：

Channel 1 Adaptation 5	→
Store amended value 5	
通道 1 匹配 5	→
新配钥匙数 5	

（12）用 Q 键确认，防盗警报灯亮约 0.5 s 后熄灭，点火锁中的钥匙配制完成，关闭点火开关。

（13）插入另一把需要配制的钥匙，接通点火开关至少 1 s，防盗警报灯亮 0.5 s 后熄灭，立即关闭点火开关。

（14）重复该过程，直至最后一把钥匙插入点火锁中，等待防盗警报灯亮 0.5 s 后熄灭。屏幕上显示：

Channel 1 Adaptation 5	→
Amended value is stored	
通道 1 匹配 5	→
新值已被储存	

（15）按"→"键。然后输入"06"选择结束输出功能。

注意：

① 60 s 后点火钥匙的匹配被自动锁止，不记录点火开关关闭的时间。

② 所有配制的钥匙在终止时刻之前有效。

③ 终止时刻之后，再次开始配制钥匙程序，必须进入"安全登录"功能。

④ 这一钥匙配制程序必须对所有点火钥匙进行。

⑤ 对匹配好的点火钥匙都必须确认，或进入"02"故障查询功能检查一下以确认最终完成匹配。

二、发动机 ECU 及防盗 ECU 的匹配

1. 发动机 ECU 的匹配

更换发动机 ECU 后，防盗 ECU 和发动机 ECU 必须重新匹配。具体匹配程序如下。

（1）连接仪器 V.A.G1551，选择操作模式 1"快速数据传递"，输入防盗地址码"25"。

（2）使用一把原车合法点火钥匙，点火开关转至接通，在控制单元识别码显示后按"→"键，屏幕显示：

Rapid data transfer	HELP
Select function ××	
快速数据传递	帮助
选择功能 ××	

（3）输入"1"和"0"，选择防盗匹配功能后，屏幕显示：

Rapid data transfer	Q
10- Adaptation	
快速数据传递	Q
10-匹配	

（4）按 Q 键确认，屏幕显示：

| Adaptation |
| Enter channel number ×× |
| 匹配 |
| 输入通道号 ×× |

（5）输入"00"通道号并按 Q 键确认，屏幕显示：

| Adaptation |
| Erase learnt valve? |
| 匹配 |
| 删除记忆值？ |

（6）按 Q 键确认，屏幕上显示：

| Adaptation |
| Learnt values have been erased |
| 匹配 |
| 已知数值已被清除 |

(7) 按"→"键完成匹配程序，仪器 V. A. G1551 返回到功能选择状态。

注意：当再次打开点火开关时，发动机 ECU 的识别代码被防盗 ECU 读入并储存，原发动机 ECU 的识别代码被清除。

由于拆下原发动机 ECU 是在断电情况下操作的，新发动机 ECU 匹配后，还要使用车辆系统测试"01"地址的"04"基本数据设定功能进行一次基本设定。

2. 防盗 ECU 的匹配

更换防盗 ECU 必须用仪器 V. A. G1551 重新匹配，方可正常使用，匹配方法与发动机 ECU 更换后的匹配程序相同。此外，还必须把所有点火钥匙重新匹配。

任务训练三　防盗系统的故障检修

一、故障症状表

以一汽丰田花冠轿车为例，进行防盗系统的故障检修，防盗系统有故障时，可先按故障症状表检查与排除故障，花冠轿车的故障症状如表 4-6 所示。

表 4-6　花冠轿车防盗系统故障症状表

故障症状	故障部件
不能设置停机装置（用未注册的钥匙可以启动发动机）	发动机和 ECT ECU 有故障
发动机无法启动	（1）钥匙有故障 （2）配线有故障 （3）遥控器钥匙放大器有故障 （4）发动机和 ECT ECU 有故障
安全指示灯始终亮	（1）安全指示灯电路有故障 （2）配线有故障 （3）发动机和 ECT ECU 有故障
安全指示灯始终亮（虽然在自动注册模式中代码已经注册，但安全指示灯无法熄灭）	（1）配线有故障 （2）遥控器钥匙放大器有故障 （3）发动机和 ECT ECU 有故障
安全指示灯熄灭（当有停机系统故障代码输出时）	（1）配线有故障 （2）遥控器钥匙放大器有故障 （3）发动机和 ECT ECU 有故障
安全指示灯熄灭（当没有停机系统故障代码输出时）	（1）配线有故障 （2）发动机和 ECT ECU 有故障
安全指示灯不规则地闪烁	（1）配线有故障 （2）安全指示灯电路有故障 （3）发动机和 ECT ECU 有故障

二、防盗系统电路的故障诊断

(一) 电源电路的检测

当诊断仪与防盗系统无法通信联系或防盗系统工作不正常而又检测不到故障代码的情况下,需要检测防盗系统的电源电路,检查时参阅图 4-11 所示的防盗系统电源电路,检查步骤如下。

(1) 检查遥控器钥匙放大器(遥控防盗 ECU)的电源电压。将点火开关转至 OFF 位置,脱开遥控器钥匙放大器连接器,检测遥控器钥匙放大器连接器端子 1 (+B) 与 7 (GND) 之间的电压,应为 9～14V。如果电压正常,则按表 4-6 所示的方法和步骤进行电路检查;若不正常则进行下一步检查。

(2) 检查保险丝。从发动机继电器盒上拆下 EFI 保险丝,EFI 保险丝应导通。若保险丝烧断,应检查配线是否短路,然后更换保险丝;若正常,则进行下一步检查。

(3) 检查遥控器钥匙放大器与发动机和 ECT ECU 之间的配线和连接器。若不正常,修理或更换配线和连接器;若正常,则更换遥控器钥匙放大器。

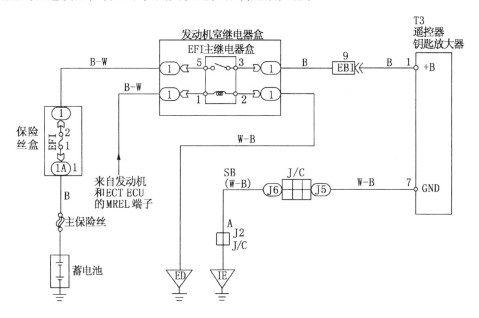

图 4-11 丰田花冠轿车防盗系统电源电路

(二) 安全指示灯电路的检测

安全指示灯电路如图 4-12 所示，电路检查步骤如下。

(1) 检查安全指示灯。拆下安全指示灯，将蓄电池正极与安全指示灯连接器端子 1 相连，负极与端子 2 相连，安全指示灯应亮。若不正常，更换安全指示灯灯泡；若正常，进行下一步检查。

(2) 检查安全指示灯的配线与连接器。用万用表欧姆挡检测发动机和 ECT ECU 与安全指示灯及安全指示灯与车身间的配线与连接器。若不正常，则修理或更换配线与连接器；若正常，则检查发动机和 ECT ECU。

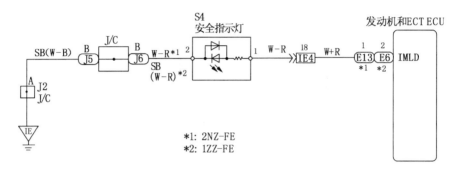

图 4-12 丰田花冠轿车安全指示灯电路

(三) 遥控钥匙放大器与发动机和 ECT ECU 通信电路的检测

1. 通信电路

当检测到防盗系统有故障代码 B2796（停机系统内无通信）时，需要检查遥控钥匙放大器与发动机和 ECT ECU 之间的通信电路，通信电路如图 4-13 所示。

2. 检查步骤

(1) 清除故障代码，插入所有当前可用的钥匙，检查发动机是否能启动。若所有的钥匙都能启动发动机，则表明系统无故障；若某把专用钥匙无法启动发动机，则此钥匙的遥控器芯片失效，应更换钥匙；若所有钥匙都不能启动发动机，则进行下一步检查。

(2) 测量通信电路。用万用表欧姆挡检查遥控器钥匙放大器与 ECT ECU 间的通信电路与连接器。若不正常，修理或更换配线和连接器；若正常，进行下一步检查。

(3) 检查遥控钥匙放大器。更换一个新的遥控器钥匙放大器，检查系统是否恢复正常。若系统正常，表明遥控器钥匙放大器损坏；若不正常，检查并更换发动机和 ECT ECU。

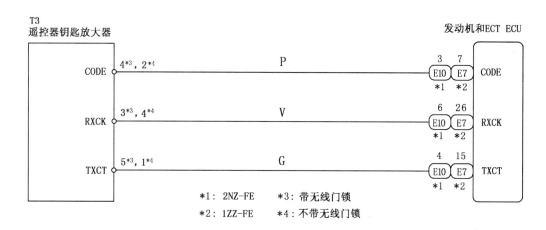

图 4-13 通信电路的检查

三、ECU 端子电压的检测

（一）发动机和 ECT ECU 端子电压的检查

1. 发动机和 ECT ECU 的连接器

发动机和 ECT ECU 连接器如图 4-14 所示，检测 ECU 端子电压时要参阅连接器图，找准测量端子，并将万用表表笔插到 ECU 连接器后部，以破坏连接器内部的接线端子。

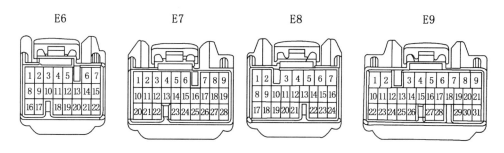

图 4-14 发动机和 ECT ECU 连接器图

2. 测量电压

按表 4-7 所示的方法检查发动机和 ECT ECU 端子间的电压，检查结果应符合表 4-7 所示的标准值，否则应检查相关传感器与电气配线。

表 4-7 发动机和 ECT ECU 端子电压

测试端子	配线颜色	测试条件	标 准 值
CODE（E10-3）—E1（E13-14）[①]	粉红色-棕色	点火开关打开	9～14 V
CODE（E7-7）—E1（E8-17）[②]			
RXCK（E10-6）—E1（E13-14）[①]	紫色-棕色	点火开关打开	9～14 V
RXCK（E7-26）—E1（E8-17）[②]			
TXCT（E10-4）—E1（E13—14）[①]	绿色-棕色	点火开关打开	9～14 V
TXCT（E7-15）—E1（E8-17）[②]			
IMLD（E13-1）—E1（E13-14）[①]	白红色-棕色	设置发动机停机系统	9～14 V
IMLD（E6-2）—E1（E8—17）[②]			

① 2NZ-FE 发动机。
② 1ZZ-FE 发动机。

（二）遥控器钥匙放大器端子电压的检查

1. 遥控器钥匙放大器的连接器

遥控器钥匙放大器的连接器如图 4-15 所示，检测端子电压时要参阅连接器图，找准测量端子，并将万用表表笔插到 ECU 连接器后部，以破坏连接器内部的接线端子。

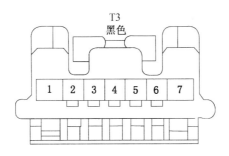

图 4-15 遥控器钥匙放大器连接器图

2. 测量电压

按表 4-8 所示的方法检查遥控器钥匙放大器端子间的电压，检查结果应符合表 4-8 中给出的标准值，否则应检查相关传感器与电气配线。

表 4-8 遥控器钥匙放大器端子电压

测试端子	配线颜色	测试条件	标准值
GND（T3-7）—车身①	绿红色-车身	—	小于 1 V
GND（T3-3）—车身②			
+B（T3-1）—GND（T3-7）车身①	黑色-绿红色	—	9～14 V
+B（T8-5）—GND（T3-3）车身②			

注：① 带无线门锁控制。
　　② 不带无线门锁控制。

思 考 题

1. 汽车防盗系统有几种类型？每种类型的防盗系统各有什么特点？
2. 汽车电子防盗系统由哪几部分组成？电子防盗系统有哪些功能？
3. 简述遥控式防盗系统的组成与工作原理。
4. 如何测定电子防盗系统的功能是否正常？怎样识读防盗系统安全指示灯？
5. 以桑塔纳 2000 型轿车为例，说明发动机防盗系统的特点与工作原理。
6. 如何查询与清除捷达轿车防盗系统的故障代码？
7. 如何读取与清除丰田轿车防盗系统的故障代码？
8. 如果捷达轿车（带发动机防盗系统）的点火钥匙丢失，怎样配制新钥匙？
9. 以丰田花冠轿车为例，分析遥控钥匙放大器与发动机和 ECT ECU 通信电路的检测过程。

任务五　汽车空调的故障检修

任务目标

1. 熟悉汽车空调的结构组成。
2. 理解空调制冷系统的组成与工作原理。
3. 学会识读、分析、测量空调系统的控制电路。
4. 能进行空调系统的检漏、抽真空及充注制冷剂。
5. 能检修与排除空调系统的常见故障。

任务资讯

任务资讯一　汽车空调概述

为提高在寒冷冬季和炎热夏季行车时的舒适性和安全性，现代汽车已经广泛装备了汽车空调系统。近几年，为提高操纵的方便性和系统的控制精度，汽车已采用自动空调系统取代传统的手动控制空调系统。

一、汽车空调的功能与组成

（一）汽车空调的功能

汽车空调是改善汽车舒适性的装置，它可对车内空气的温度、湿度、清洁度等进行控制，以改善行车时车内的空气质量。汽车空调主要有以下几个方面的作用。

（1）调节温度。可对车内的空气或者外部进入车内的空气进行冷却或加热，将车内的空气温度调节到使人体感觉舒适的温度。

（2）调节湿度。通过内、外循环的转换等措施，将车内空气湿度调节到人体感觉舒适的程度，并能防止风窗玻璃起雾或结霜。

（3）通风换气。将外部新鲜的空气吸入车内，调节车内的气流，并保持空气的清新。

（4）空气净化。使用空气滤清器过滤空气及对空气进行消毒。

（二）汽车空调的组成

为完成空气温度、湿度的调节及空气的净化，自动空调系统应该具备：制冷装置、暖风装置、通风装置、空气净化装置及电子控制系统。

二、汽车空调的特点

(1) 抗冲击能力强

制冷系统安装在运动的车辆上，承受剧烈频繁的震动和冲击，因此，要求各个零部件具有较强的抗震能力，接头牢固并防漏，空调压缩机、冷凝器和蒸发器之间都用软管连接。

(2) 动力源多样化

汽车空调系统不能用电力作为动力源，原因是设计上比较困难。轿车、轻型汽车及中型客车其制冷所需的动力来自汽车驱动用发动机，这种空调系统称为非独立式空调系统。对于大型客车、冷藏车，由于所需制冷量比较大，采用专用发动机驱动，故称为独立式空调系统。

(3) 制冷效果强

汽车在野外工作，直接受太阳的辐射，产生热量较多，为使汽车空调能迅速地降温，在最短时间内达到舒适的环境，要求制冷系统的制冷量特别大。这就导致压缩机输送的制冷剂流量变化大，但不能无限制放大，如果过大，会导致汽车空调设计困难，制冷效果不佳，而且会引起压力过高或压缩机产生液击现象，使得故障频繁。

(4) 控制方式多样化

由于车辆的性能要求不同，汽车空调的控制方式也就多样化。一般车辆采用手动控制，高级豪华型轿车则采用自动控制或气动控制。

(5) 结构紧凑、质量小

由于汽车车身结构的特点，要求汽车空调结构紧凑，能在有限的空间进行安装，而且安装了空调后不至于使汽车增重太多，影响其他性能。

(6) 车内风量分配不均匀

车内风量分配不均匀是由汽车车身的结构所造成的。汽车空调风道的设计是研制汽车空调最大的难点。

三、制冷剂和冷冻机油

（一）制冷剂

在制冷系统中用于转换热量并循环流动的物质称为制冷剂。汽车空调系统中常用的制冷剂有 R12、R134a 两种。

R12 进入大气会破坏地球的臭氧保护层，危害人类的健康和生存环境，引起地球的温室效应。从 1996 年起，我国开始使用汽车空调制冷剂 R134a，到 2000 年全部使用 R134a。

R134a对环境无害,即对大气臭氧层无破坏作用,不产生附加的温室效应。

1. 对制冷剂性能的要求

(1) 在适当蒸发温度下,蒸发压力不低于大气压。
(2) 在适当冷凝压力下,温度不能过高。
(3) 无色、无味、无毒、无刺激性,对人体健康无损害。
(4) 不易燃烧,不易爆炸。
(5) 对机件无腐蚀性。
(6) 价格合理,来源丰富。
(7) 性能系数较高。
(8) 与冷冻机油接触时,化学、物理安定性良好。
(9) 有较低的凝固点,能在低温状态下工作。
(10) 泄漏时容易检测。

2. 使用制冷剂的注意事项

(1) 装制冷剂的钢瓶要储存在阴凉、干燥、通风的地方,运输过程中要严防震动和撞击。
(2) 在充灌制冷剂时,对装制冷剂的容器加热,应在40℃以下的温水中进行,而不可将其直接放在火上烘烤;否则,会引起内储的制冷剂压力增大,导致容器发生爆炸。
(3) 制冷剂在大气环境下会急剧蒸发,当其液体落到皮肤上时,会从皮肤上大量吸热而蒸发,造成局部冻伤,所以要避免接触皮肤。
(4) 要避开明火。制冷剂不易燃烧和爆炸,但与明火接触时,会分解出对人体有害的气体(光气)。
(5) 在检查和添加制冷剂,或对制冷系统进行解体检查时,要在通风良好的地方进行操作;否则当制冷剂排到大气中超过一定量时,会使人窒息。

(二) 冷冻机油

冷冻机油又称冷冻润滑油,是制冷压缩机的专用润滑油,它能保证压缩机正常运转、可靠工作和延长使用寿命。它在空调制冷系统中有润滑、密封、冷却和降低压缩机噪声的作用。

1. 对冷冻机油的性能要求

(1) 在低温下具有良好的流动性。
(2) 冷冻机油的黏度要选择适当,黏温性要好,与制冷剂的溶解性要好。
(3) 冷冻机油的闪点要高,具有较高的热稳定性,即在高温下不易氧化、分解、结胶,不易产生积炭。
(4) 冷冻机油应不含水分。

2. 使用冷冻机油的注意事项

(1) 必须严格使用原车空调压缩机所规定的冷冻机油牌号,或换用具有同等性能的冷冻机油。

(2) 冷冻机油吸收潮气能力极强,加注或更换时,操作必须迅速,在加注完后应立即将油罐的盖子封紧储存,不得有渗漏现象。

(3) 不能使用变质的冷冻机油。

(4) 只允许加到规定的用量,绝不允许过量使用,以免降低制冷效果。

(5) 在排放制冷剂时要缓缓进行,以免冷冻机油和制冷剂一起喷出。

任务资讯二　制 冷 系 统

一、制冷系统的组成及制冷循环工作过程

(一) 制冷系统的组成

制冷系统的作用是将车内的热量通过制冷剂在循环系统中循环转移到车外,实现车内降温。目前,汽车上使用的空调制冷方式均为蒸气压缩式。蒸气压缩式制冷系统系统主要由压缩机、冷凝器、储液干燥器、膨胀阀、蒸发器和管路等组成。各部件之间采用铜管、铝管和高压橡胶管连接成一个密闭系统,工作时制冷剂以不同的物态在这个密闭的系统内循环流动。制冷循环工作过程如图5-1所示。

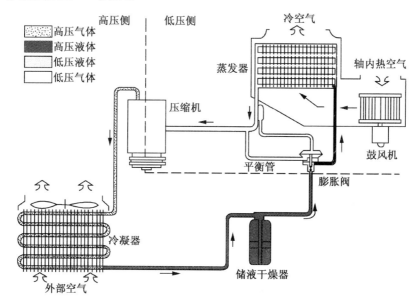

图 5-1　制冷系统的制冷循环工作过程

(二) 制冷循环的工作过程

1. 压缩过程

压缩机从蒸发器吸入低温低压气态制冷剂,并将其压缩成高温(约65℃)、高压(约1 500 kPa)气态制冷剂送往冷凝器冷却降温。

2. 冷凝过程

高温、高压气态制冷剂由发动机散热器前面的冷凝器散热,将其冷凝成高温(约55℃)、高压(约1 500 kPa)液态制冷剂。

3. 膨胀过程

冷凝后的高温、高压液态制冷剂经热力膨胀阀节流降压后,转变成低温(约-5℃)、低压(约200 kPa)的雾状液态制冷剂送入蒸发器。

4. 蒸发过程

低温、低压雾状液态制冷剂流经蒸发器时,不断吸收车内空气的热量而蒸发成低温(约为0℃)、低压(约200 kPa)气态制冷剂。从蒸发器流出的气态制冷剂又被压缩机吸入而进入下一次制冷循环。

二、制冷系统的组成部件

(一) 压缩机

非独立式汽车空调系统的压缩机安装在发动机前部,由发动机曲轴上的驱动带轮经传动带驱动旋转。压缩机是制冷循环系统的动力源,其功用是驱动制冷剂循环流动,将低温(约0℃)、低压(约200 kPa)的气态制冷剂压缩成高温(约65℃)、高压(约1 500 kPa)的气态制冷剂。

空调压缩机种类繁多,形式各异,常见的有斜盘式(翘板式)、曲柄连杆式、转子式、叶片式、螺杆式和涡旋式等。目前,曲柄连杆式压缩机主要用于大、中型客车空调系统,小轿车普遍采用斜盘式压缩机。此外,压缩机还可分为定排量压缩机和变排量压缩机两种形式,摇板式压缩机就属于变排量压缩机,变排量压缩机可根据空调系统的制冷负荷自动改变排量,使空调系统运行更加经济。

1. 斜盘式压缩机

(1) 结构特点

斜盘式压缩机又称为翘板式压缩机。各型斜盘式压缩机的结构大同小异,桑塔纳2000GSi型轿车空调系统用SE5H-14型斜盘式压缩机的结构如图5-2所示,主要由旋转斜盘、汽缸、活塞、吸气阀片、排气阀片以及缸体(壳体)等组成。

这种压缩机通常在机体圆周方向上布置6个或者10个汽缸,每个汽缸中安装一个双向活塞形成 6 缸机或 10 缸机，每个汽缸两头都有进气阀和排气阀。活塞由斜盘驱动在汽缸中往复运动，当活塞的一侧压缩时，另一侧则为进气。

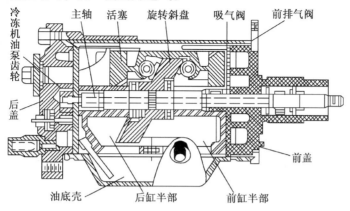

图 5-2　斜盘式压缩机结构图

（2）工作过程

斜盘式压缩机的工作过程如图 5-3 所示。压缩机轴旋转时，轴上的斜盘同时驱动所有的活塞运动，部分活塞向左运动，部分活塞向右运动。图 5-3（a）、(b)、(c) 所示为活塞向左运动过程中，活塞左侧的空间缩小，制冷剂被压缩，压力升高，打开左侧排气阀，向外排出，与此同时，活塞右侧空间增大，压力减小，右侧进气阀开启，制冷剂进入汽缸。图 5-3（d）、(e) 所示为活塞向右运动过程中，活塞右侧的空间缩小，压力升高，打开右侧排气阀，与此同时，活塞左侧空间增大，压力减小，左侧进气阀开启，制冷剂进入汽缸。图 5-3（f）所示为活塞重复向左运动，活塞照此过程循环往复。由于进、排气阀均为单向阀结构，所以保证制冷剂不会倒流。

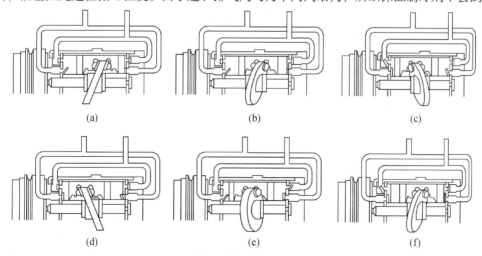

图 5-3　斜盘式压缩机的工作过程

2. 涡旋式压缩机

（1）结构特点

涡旋式压缩机的结构如图 5-4 所示，其关键部件是涡旋定子和涡旋转子。定子安装在机体上，转子通过轴承装在轴上，转子与轴有一定的偏心，定子与转子安装好后，可形成月牙形的密封空间，排气口位于定子的中心部位，进气口位于定子的边缘。

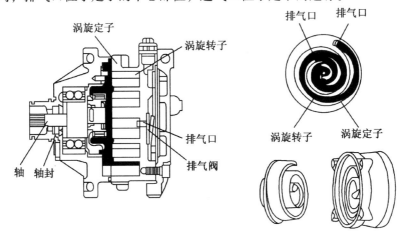

图 5-4　涡旋式压缩机结构图

（2）工作过程

涡旋式压缩机的工作过程如图 5-5 所示，当压缩机旋转时，转子相对于定子运动，使两者之间的月牙形空间的体积和位置都在发生变化，体积在外部进气口处大，在中心排气口处小，进气口体积增大使制冷剂吸入。当到达中心排口部位时，体积缩小，制冷剂被压缩排出。

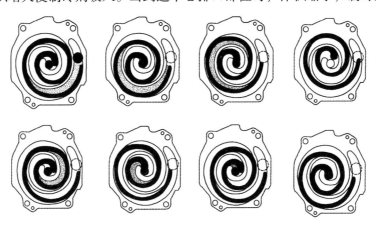

图 5-5　涡旋式压缩机的工作过程

3. 摇板式压缩机

（1）结构特点

摇板式压缩机是一种变排量的压缩机，其结构如图 5-6 所示，它的结构与斜盘式压缩机类似，通过斜盘驱动周向分布的活塞，只是将双向活塞变为单向活塞，并可通过改变斜盘的角度改变活塞的行程，从而改变压缩机的排量。压缩机旋转时，压缩机轴驱动与其连接的凸缘盘，凸缘盘上的导向销钉再带动斜盘转动，斜盘最后驱动活塞往复运动。

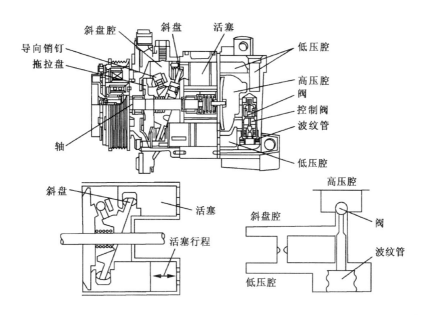

图 5-6 摇板式压缩机结构图

（2）工作过程

摇板式压缩机的工作过程与斜盘式压缩机类似，此处不再重复，这里主要介绍变排量的原理，如图 5-7 所示。这种压缩机可以根据制冷负荷的大小改变排量，制冷负荷减小时，可以使斜盘的角度减小，从而减小活塞的行程，使排量降低；负荷增大时，则相反。下面以负荷减小为例来说明压缩机排量如何降低。制冷负荷的减小会使压缩机低压腔压力降低，低压腔压力降低可使波纹管膨胀而打开控制阀，高压腔的制冷剂便会通过控制阀进入斜盘腔，使斜盘腔的压力升高。斜盘右侧的压力低于左侧压力，斜盘向右移动，使活塞行程减小，使排量得以降低。

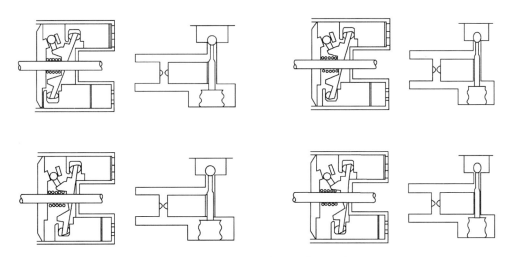

图 5-7 摇板式压缩机变排量的工作过程

(二) 冷凝器

1. 冷凝器的作用

冷凝器的功用是将空调压缩机送来的高温、高压气态制冷剂中的热量散发到车外,使制冷剂冷凝成高温、高压液体之后再进入储液干燥器。

冷凝器一般都安装在汽车发动机冷却液散热器的后面,以利车辆行驶中的迎面来风冷却散热。为了保证良好的散热效果和提高制冷能力,在冷凝器前面或后面还安装有电控风扇。当空调系统工作或发动机的冷却液温度上升到一定值时,温控开关自动接通风扇电路,增强冷凝器和散热器的散热效果。

2. 冷凝器的结构

冷凝器是一种由铜管(或铝管)与散热片(铝片或铁片)组成的热交换器,结构如图 5-8 所示。制冷剂在铜管或铝管中流动,散热片套装或焊接在管的周围以便散热。

按散热片结构不同,冷凝器可分为管片式和管带式两种。管片式冷凝器由铜管或铝管套装散热片而构成,其结构形状与家庭取暖用的新型热交换器相似,如图 5-8(a)所示。管带式冷凝器由 S 形的异形多孔扁管,焊接 S 形散热带而构成,结构如图 5-8(b)所示。管带式冷凝器的散热效率可比管片式冷凝器提高 10% 左右,但工艺复杂、成本较高,一般用于轿车空调系统。例如,桑塔纳 2000 系列轿车空调系统使用 R134a 制冷剂后,由于制冷系统压力升高,因此为了提高冷凝效果,已将原来的管片式冷凝器改为传热效果更好的全铝管带式冷凝器。

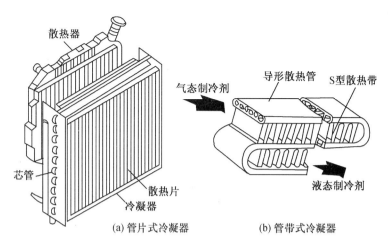

图 5-8 冷凝器的结构

(三) 储液干燥器和集液器

1. 储液干燥器

(1) 储液干燥器的作用

储液干燥器用于采用膨胀阀式的制冷系统,其作用是:

① 暂时存储制冷剂,使制冷剂的流量与制冷负荷相适应;

② 去除制冷剂中的水分和杂质,确保系统正常运行(如果系统中有水分,有可能造成水分在系统中结冰,堵塞制冷剂的循环通道,造成故障。如果制冷剂中有杂质,也可能造成系统堵塞,使系统不能制冷);

③ 部分储液干燥罐上装有观察玻璃,可观察制冷剂的流动情况,确定制冷剂的数量;

④ 有些储液干燥罐上装有易熔塞,在系统压力、温度过高时,易熔塞熔化,放出制冷剂,保护系统重要部件不被破坏;

⑤ 有些储液干燥罐上装有维修阀,供维修制冷系统时安装压力表和加注制冷剂之用;

⑥ 有些车型的储液干燥罐上装有压力开关,可在系统压力不正常时,中止压缩机的工作。

(2) 储液干燥器的结构

储液干燥器的结构如图 5-9 所示,储液干燥器由罐体、滤网、干燥剂、输液管、制冷剂进出口接头等组成,在罐的上方一般设有观察玻璃窗。储液器罐体分为铁罐和铝罐,为提高罐体的抗腐蚀能力,使用 R134a 制冷剂的空调系统一般采用铝罐。R134a 对水的亲和力强、脱水困难,对干燥剂性能要求比较高。R134a 使用沸石作为干燥剂,R12 使用硅胶作为干燥剂,所以两种储液干燥器不能互换。

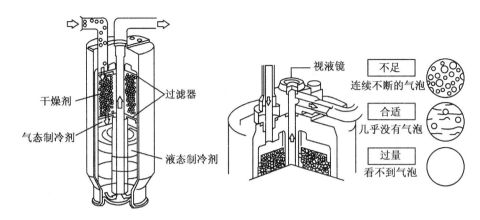

图 5-9 储液干燥器

2. 集液器

集液器用于膨胀管式的制冷系统,其安装在蒸发器出口处的管路中。由于膨胀管无法调节制冷剂的流量,因此蒸发器出来的制冷剂不一定全部是气体,可能有部分液体。为防止压缩机损坏,在蒸发器出口处安装一个集液器,一方面将制冷剂进行气液分离,另一方面起到与储液干燥器相同的作用,其结构如图 5-10 所示。

制冷剂进入集液器后,液体部分沉在集液器底部,气体部分从上面的管路出去进入压缩机。

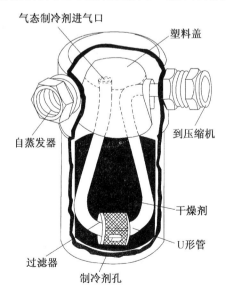

图 5-10 集液器结构图

（四）膨胀阀和膨胀管

1. 膨胀阀

膨胀阀安装在蒸发器的入口处，其作用是将储液干燥器的高温、高压的液态制冷剂从膨胀阀的小孔喷出，使其降压，体积膨胀，转化为雾状制冷剂，在蒸发器中吸热变为气态制冷剂，同时还可根据制冷负荷的大小调节制冷剂的流量，确保蒸发器出口处的制冷剂全部转化为气体。

膨胀阀的结构形式有3种，分别为外平衡式膨胀阀、内平衡式膨胀阀和H形膨胀阀，下面分别予以介绍。

（1）外平衡式膨胀阀

外平衡式膨胀阀的结构如图5-11所示。膨胀阀的入口接储液干燥器，出口接蒸发器。膨胀阀的上部有一个膜片，膜片上方通过一条细管接一个热敏管。热敏管安装在蒸发器出口的管路上，内部充满制冷剂气体，蒸发器出口处的温度发生变化时，热敏管内的气体体积也会发生变化，进而产生压力变化，这个压力变化就作用在膜片的上方。膜片下方的腔室还有一根平衡管通蒸发器出口。膨胀阀的中部有一个阀门，阀门控制制冷剂的流量，阀门的下方有一个调整弹簧，弹簧的弹力试图使阀门关闭，弹簧的弹力通过阀门上方的杆作用在膜片的下方。可以看出，膜片共受到3个力的作用，一个是热敏管中制冷剂气体向下的压力，另一个是弹簧向上的推力，还有一个是蒸发器出口制冷剂的压力，作用在膜片的下方，阀的开度是这3个力综合作用的结果。

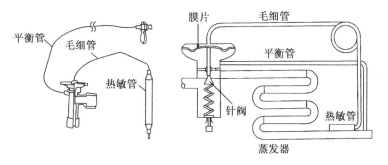

图5-11　外平衡式膨胀阀

当制冷负荷发生变化时，膨胀阀可根据制冷负荷的变化自动调节制冷剂的流量，确保蒸发器出口处的制冷剂全部转化为气体并有一定的过热度（指制冷剂气体的实际温度与制冷剂气液转化点温度的差值。过热度大，说明制冷剂的流量小，在距蒸发器出口处很远就已全部蒸发为气体，并被流过的蒸发器的空气加热的程度高）。当制冷负荷减小时，蒸发器出口处的温度就会降低，热敏管的温度也会降低，其中的制冷剂气体便会收缩，使膨胀阀膜片上方的压力减小,阀门就会在弹簧和膜片下方气体压力的作用下向上移动,减小阀门的开度,从而减小制冷剂的流量。反之,制冷负荷增大时,阀门的开度会增大,制冷剂的流量增加。当制冷负荷与制冷剂的流量相适应时,阀门的开度保持不变,维持一定的制冷强度。

(2) 内平衡式膨胀阀

内平衡式膨胀阀的结构与外平衡式膨胀阀的结构大同小异,如图 5-12 所示,不同之处在于,内平衡式膨胀阀没有平衡管,膜片下方的气体压力直接来自于蒸发器的入口。内平衡式膨胀阀的工作过程与外平衡式膨胀阀的工作过程完全相同。

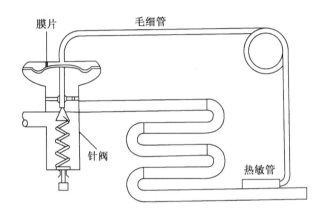

图 5-12　内平衡式膨胀阀

(3) H 形膨胀阀

采用内、外平衡式膨胀阀的制冷系统,其蒸发器的出口和入口不在一起,因此需要在出口处安装热敏管和管路,结构比较复杂。如果将蒸发器的出口和入口做在一起,就可以将热敏管的管路去掉,这就形成了所谓的 H 形膨胀阀,如图 5-13 所示。

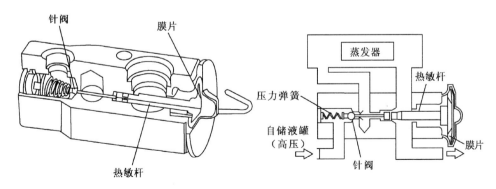

图 5-13　H 形膨胀阀

H形膨胀阀中也有一个膜片，膜片的左方有一个热敏杆，热敏杆的周围是蒸发器出口处的制冷剂，制冷剂温度的变化（制冷负荷变化）可通过热敏杆使膜片右方气体的压力发生变化，从而使阀门的开度变化，调节制冷剂的流量以适应制冷负荷的变化。H形膨胀阀具有结构简单、工作可靠的特点，现在汽车应用越来越广。

2. 膨胀管

膨胀管与膨胀阀的作用基本相同，只是将调节制冷剂流量的功能取消了，其结构如图 5-14 所示。膨胀管的节流孔径是固定的，入口和出口都有滤网。由于节流管没有运动部件，具有结构简单、成本低、可靠性高、节能等优点，因此美国、日本等国家有许多高级轿车采用膨胀管式制冷循环。

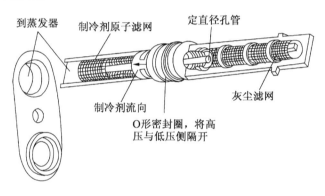

图 5-14　膨胀管

（五）蒸发器

1. 蒸发器的结构特点

如图 5-15 所示，蒸发器的结构与冷凝器相似，也是由铜管（或铝管）与铝片（或铁片）组成的一种热交换器，有所不同的是，冷凝器是通过散热片散热使制冷剂冷凝成高温、高压液体，而蒸发器则是通过铝片（或铁片）吸收其周围的热量使空气冷却降温变成冷气，故又称为冷却器。由于蒸发器的芯管管径较粗、管壁较薄，因此不能与冷凝器互换使用。

蒸发器也分为管片式和管带式两种。为了提高蒸发效率，目前的小轿车空调系统普遍采用全铝管带式蒸发器。

2. 蒸发器的工作过程

当热力膨胀阀节流降压后的低温、低压制冷剂在蒸发器内流动时，由于制冷剂蒸发气化吸热，并通过管壁和吸热片吸收风道中空气的热量，因此空气冷却降温变成冷气（即产生冷源），再用鼓风机将冷空气从各出风口送入车内（乘员室内），从而达到降温目的。

在蒸发器产生冷气的同时，空气中的水分由于温度降低而凝结在蒸发器表面变成水滴滴落到收集器中，从排水管排出，从而起到除湿作用。

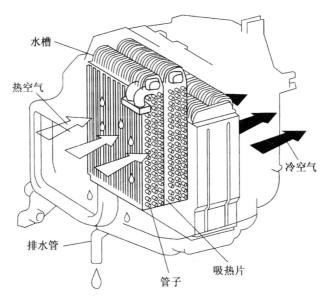

图 5-15　蒸发器

任务资讯三　暖 风 系 统

暖风是汽车空调的重要组成部分，可对车内空气或从车外吸入车内的空气加热，以提高车内的温度。近年来，汽车空调普遍使用冷暖一体化的装置，通过冷热风的混合，人为设定冷热风的混合比例，通过控制风门的开闭，实现车内温度的调节。

一、暖风系统的分类

（一）暖风的作用

（1）冬季天气寒冷时，汽车空调可以向车内提供暖风，提高车内温度，满足人们对舒适性的要求。

（2）冬季或雨雪天气，车内外温差较大，车窗玻璃会结霜或起雾，影响驾驶员的视线，不利于行车安全，可以采用暖风对前风窗进行除霜和除雾。

（二）暖风的类型

汽车暖风有许多类型，按使用的热源不同暖风可以分为以下几种形式。

（1）热水取暖系统，利用发动机冷却液热量采暖，一般用于轻型汽车。

（2）燃气取暖系统，装备有专门的燃烧供热装置，多用于大型客车。

（3）综合取暖系统，即利用发动机的冷却液热量，又装有燃烧供热装置，多用于大客车。

（4）废气取暖系统，利用发动机排出的废气采暖，因效果差、安全性低，目前较少使用。

（5）电热取暖系统，利用电热丝加热空气，并用风机吹向车内四周，以增大供热面积，因耗电量较大、安全性差，较少采用。

二、热水取暖系统

（一）热水取暖原理

热水取暖系统的热源通常采用发动机的冷却水，使冷却水流过一个加热器芯，再使用鼓风机将冷空气吹过加热器芯加热空气，使车内的温度升高，取暖过程如图5-16所示。

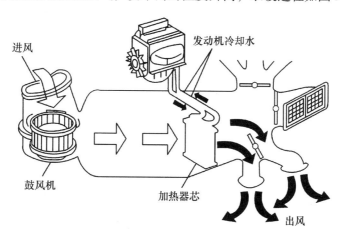

图 5-16　热水取暖原理

（二）热水取暖系统的组成

热水取暖系统主要由加热器芯、水阀、鼓风机、控制面板等组成，其在车上的安装位置如图5-17所示。

1. 加热器芯

加热器芯的结构如图 5-18 所示。它由水管和散热器片组成,发动机的冷却水进入加热器芯的水管,通过散热器片散热后,再返回发动机的冷却系统。

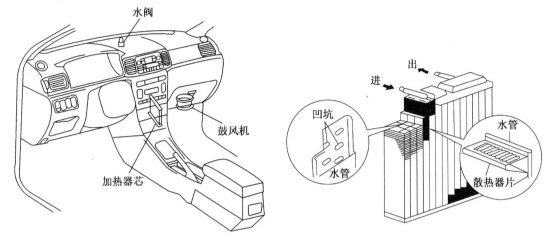

图 5-17　热水取暖系统部件安装位置　　　　　图 5-18　加热器芯

2. 水阀

水阀用来控制进入加热器芯的水量,进而调节暖风系统的加热量。调节时,可通过控制面板上的调节杆或旋钮进行控制,其结构如图 5-19 所示。

3. 鼓风机

鼓风机由可调节速度的直流电动机和鼠笼式风扇组成,其作用是将空气吹过加热器芯加热后送入车内。调节电动机的速度,可以调节对车厢内的送风量。鼓风机的结构如图 5-20 所示。

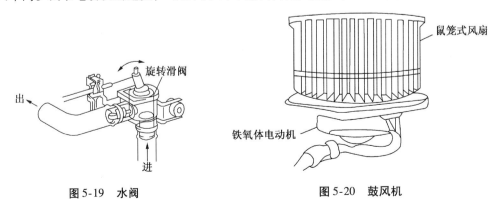

图 5-19　水阀　　　　　　　　　　　图 5-20　鼓风机

(三) 温度调节方式

暖风系统温度调节的方式有两种，一种是空气混合型，另一种是水流调节型。

1. 空气混合型

这种类型的暖风系统在暖风的气道中安装空气混合调节风门，这个风门可以控制通过加热器芯的空气和不通过加热器芯的空气的比例，实现温度的调节，目前绝大多数汽车均采用这种方式，如图5-21所示。

2. 水流调节型

这类暖风系统采用前述的水阀调节经加热器芯的热水量，改变加热器芯本身的温度，进而调节温度，如图5-22所示。

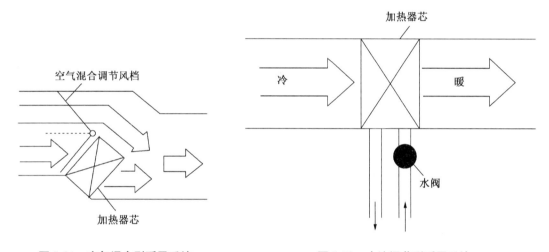

图 5-21 空气混合型暖风系统　　　　图 5-22 水流调节型暖风系统

三、燃气取暖系统

在大、中型客车上，仅靠发动机冷却水的余热取暖是远远满足不了要求的，为此，在大客车中常采用燃气取暖系统。燃气取暖系统的取暖原理如图5-23所示，燃油和空气在燃烧室中混合燃烧，加热发动机的冷却水，加热后的水进入加热器芯向外散热，降温后返回发动机再进行循环。

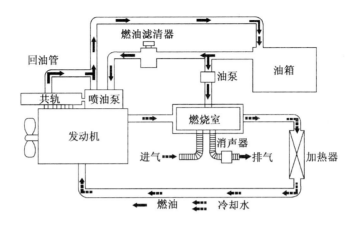

图 5-23 燃气取暖系统

任务资讯四　通风与空气净化系统

一、通风装置

通风装置的作用是将车外的新鲜空气引入车内，将车内的污浊空气排出车外，同时通风系统还具有风窗除霜的作用。汽车的通风方式有动压通风、强制通风和综合通风 3 种方式。

1. 动压通风

动压通风是利用汽车在行驶时各个部位所产生的不同压力进行通风。汽车在行驶时的压力分布如图 5-24 所示，在考虑通风时，只要将进风口设在正压区，排风口设在负压区即可。这种通风方式不需要另加动力，因此比较经济；但汽车在行驶速度较低时，通风的效果较差。

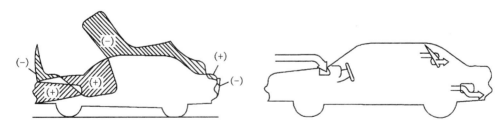

图 5-24　动压通风
（+）—正压；（-）—负压

2. 强制通风

强制通风是利用鼓风机进行通风，在进风口安装一台鼓风机将车外的空气吸入车内，车内的空气从排风口排出，如图5-25所示。这种通风方式不受车速的限制，通风效果较好。目前汽车通常都是利用空调系统的鼓风机进行强制通风。

3. 综合通风

综合通风是指在一辆汽车上同时采用动压通风和强制通风。汽车在低速行驶时采用强制通风，高速行驶时采用动压通风，这样就保证了汽车在各种工况下都能保持良好的通风效果，同时也降低了能耗。目前，小型汽车上基本上都采用了综合通风的方式。

二、空气净化装置

空气净化系统可以除去车内空气中的灰尘，保持车内空气清洁，部分车辆的空气净化系统还具备去除异味、杀灭细菌的作用，一些高级轿车上的空气净化系统还装备了负氧离子发生器，使车内的空气更加清新。空气净化装置通常有过滤式与静电集尘式两种。

1. 过滤式空气净化装置

目前，大多数车辆的空气净化系统采用的方法是在空调系统的进气系统中安装空气滤清器，如图5-26所示。它仅能滤除空气中的尘埃，结构简单，只需定期清理过滤网上的灰尘或更换空调滤清器，故广泛应用于各种汽车的空调系统中。

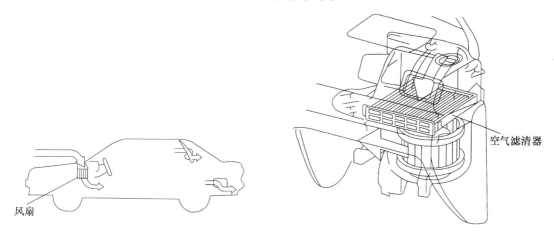

图 5-25　强制通风　　　　　图 5-26　空调系统的空气滤清器

有些车辆在空调系统空气滤清器中加入活性炭，可吸收空气中的异味；有些车辆在净化系统中设有香烟传感器，当传感器检测到车内存在烟气时，便通过放大器自动使鼓风机以高速挡运转，排出车内的烟气。

2. 静电集尘式空气净化装置

静电集尘式空气净化装置在空气进口的过滤器后再设置一套静电集尘装置或单独安装一

套用于净化车内空气的静电除尘装置。此外,系统中还有杀菌灯和离子发生器,它除具有过滤和吸附烟尘等微小颗粒的杂质作用外,还具有除臭、杀菌、产生负氧离子,以使车内空气更为新鲜洁净的作用。由于静电集尘式空气净化装置结构复杂、成本高,所以,只用于高级轿车和旅行车上。

静电集尘式空气净化装置结构示意图如图5-27所示。粗滤器用于过滤大颗粒的杂质。静电集尘器则以静电集尘方式把微小的颗粒尘埃、烟灰及汽车排出的气体中含有的微粒吸附在集尘板上。灭菌灯能杀死吸附在集尘板上的细菌,它是一只低压水银放电管,能发射出波长为353.7 nm的紫外线光,其杀菌能力约为太阳光的15倍。除臭装置用于除去车厢内的油料及烟雾等气味,一般是采用活性炭过滤器、纤维式或滤纸式空气过滤器来吸附烟尘和臭气等有害气体。它通常安装在制冷、采暖采用内循环方式的大客车上,采用这种装置净化后的空气清洁度很高,可以充分满足汽车对舒适性的要求。

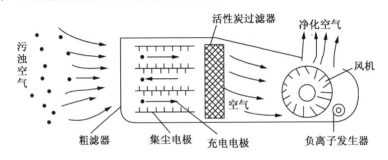

图 5-27 静电集尘式空气净化装置

任务资讯五 空调的操纵与控制系统

空调的操纵系统可以实现温度调节、出风位置调节、鼓风机转速调节和空气的内外循环调节等功能。空调的操纵系统是通过操纵空调控制面板上的拨杆或旋钮完成其调节功能的。

空调的控制系统的功能是保证空调制冷系统的正常工作,同时也要保证空调系统工作时发动机的正常运转。空调控制系统主要是通过控制压缩机电磁离合器的结合与分离实现温度控制与系统保护,通过对鼓风机的转速控制调节制冷负荷。

一、空调的操纵系统

(一)空调控制面板

1. 空调控制面板的类型

空调的操纵系统有手动调节和自动调节之分,现以手动调节为例来说明空调操纵系统的工作情况。手动空调的控制面板如图5-28所示。

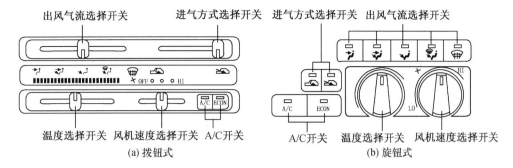

图 5-28　手动空调的控制面板

2. 空调控制面板的控制功能

空调控制面板上有温度调节、气流选择、鼓风机速度、空气进气选择（内外循环选择）、空调开关（A/C）和运行模式选择开关。其中，温度调节、气流选择、空气进气选择是通过气道中的调节风门实现的，如图 5-29 所示；空调开关和运行模式选择开关、鼓风机速度选择是通过电路控制来实现的。空调控制面板到调节风门的控制方式有拉线式和电动式，如图 5-30 所示。

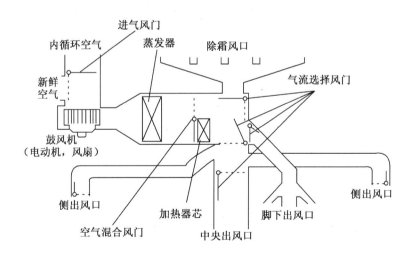

图 5-29　空调操纵系统的调节风门

（二）操纵系统的调节功能

1. 温度调节

目前小轿车的空调系统基本上都是冷气和暖风都采用一个鼓风机，温度调节采用冷暖风混合的方式，在空气的进气道中，所有的空气都通过蒸发器，用一个调节风门控制通过加热器芯的空气量，通过加热器芯的空气和未通过加热器的空气混合后形成不同温度的空气从出风口吹出，实现温度调节。在空调的控制面板上设有温度调节拨杆或旋钮，用来改变调节风门的位置。

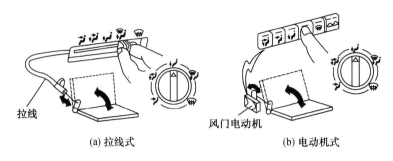

图 5-30　空调调节风门的控制方式

温度调节风门的位置如图 5-31 所示，当调节风门在中间位置时，经过蒸发器来的冷空气有一半经过暖风加热器芯，一半不经过加热器芯，混合后的空气为温暖的空气从出风口吹出；当调节风门在上方位置时，经过蒸发器来的所有冷空气都经过加热器芯，此时，从出风口吹出的是较热的空气；当调节风门在下方位置时，经过蒸发器来的冷空气不通过加热器芯，直接从出风口吹出，因此吹出的是温度较低的冷空气。

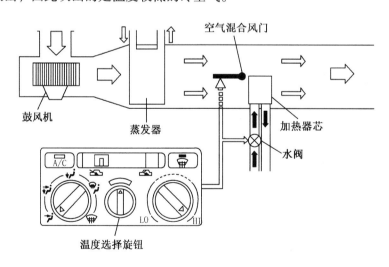

图 5-31　温度调节风门在中间的位置

2. 出风位置调节

现代轿车空调系统的出风口分别设置了中央出风口、侧出风口、脚下出风口和挡风玻璃除霜出风口等，其空调系统可以根据需要，选择不同的出风口出风，这种功能是通过控制面板上的出风位置调节拨杆或旋钮进行调节的。

（1）面部出风。操纵控制面板上的出风调节拨杆或旋钮可将出风位置调节到吹面位置，此时，中央出风口和两侧出风口的风门打开，其他出风口风门关闭，如图 5-32 所示。此出风位置，一般作为夏季行车时冷气的吹风位置，使驾驶员和乘员感觉舒适凉爽。

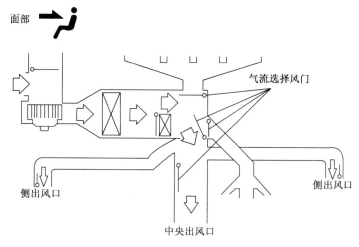

图 5-32　面部出风位置

（2）面部和脚下出风。操纵控制面板上的出风调节拨杆或旋钮可将出风位置调节到吹面和脚下位置，此时，中央出风口、两侧出风口和脚下出风口风门打开，其他出风口风门关闭。

（3）脚下出风。操纵控制面板上的出风调节拨杆或旋钮可将出风位置调节到脚下出风位置，此时，脚下出风口和两侧出风口的风门打开，其他出风口风门关闭。

（4）除霜出风。操纵控制面板上的出风调节拨杆或旋钮可将出风位置调节到挡风玻璃除霜出风口位置，此时，除霜出风口和两侧出风口的风门打开，其他出风口风门关闭。冬季冷车刚启动时，经常将暖风调到此出风位置，目的是防止前风挡玻璃上霜。当发动机水温达到正常温度后，可将暖风出风位置调到除霜和脚下位置，以提高乘坐的舒适性。

（5）除霜和脚下出风。操纵控制面板上的出风调节拨杆或旋钮可将出风位置调节到除霜和脚下出风口位置，此时，除霜出风口、脚下出风口和两侧出风口的风门打开，其他出风口风门关闭。此位置一般作为冬季行车时暖风的吹风位置。

3．内外循环调节

内外循环调节系统可以选择进入车内的空气是外部的新鲜空气还是车内的非新鲜空气。如果选择外部新鲜空气称为外循环，选择车内空气则称为内循环。这种选择可以通过控制面板上的内外循环选择开关或拨杆控制进气口处的调节风门实现，如图 5-33 所示。

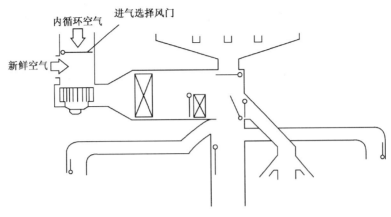

图 5-33　内外循环调节风门

4．鼓风机转速调节

鼓风机转速一般通过在鼓风机电路中串入不同的电阻来实现，如图 5-34 所示。在鼓风机电路中串入 3 个电阻，通过开关控制，实现 4 个转速档（空调控制面板上的 LO，2、3、HI）。如果将电阻改为电子控制，则可实现无极调速。

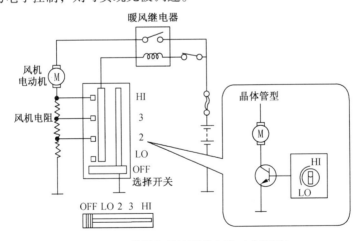

图 5-34　鼓风机转速调节电路（电阻型）

二、空调的控制系统

（一）电磁离合器

1．电磁离合器的结构

电磁离合器安装在压缩机前端，其功用是根据需要接通或切断发动机与压缩机之间的动力传递。电磁离合器主要由电磁线圈、驱动带轮、压盘、轴承等零件组成。电磁离合器的结构如图 5-35 所示，压盘与压缩机轴相连，皮带轮通过轴承安装在压缩机的壳体上，皮带轮通过皮带由发动机驱动，电磁线圈也安装在压缩机的壳体上。

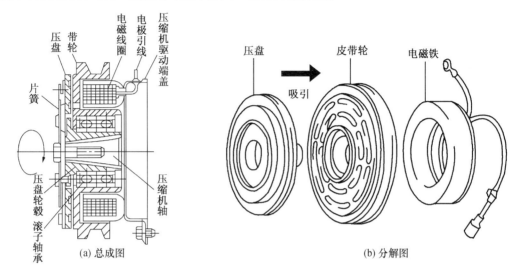

图 5-35 电磁离合器的结构

2. 电磁离合器的工作原理

当接通空调开关使空调制冷系统进入工作状态时，电磁离合器的定子线圈通电，线圈通电后产生磁力，将压盘吸向皮带轮，使两者结合在一起，发动机的动力便通过皮带轮传递到压盘，带动压缩机运转，如图 5-36 所示。

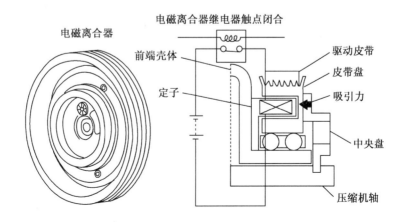

图 5-36 电磁离合器的结合状态

当空调制冷系统停止工作时,电磁离合器的定子线圈断电,磁力消失,压盘与皮带轮分离,此时,皮带轮通过轴承在压缩机的壳体上空转,压缩机停止运转,如图5-37所示。

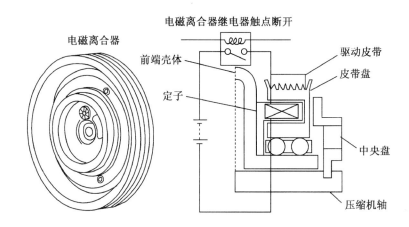

图5-37 电磁离合器的分离状态

(二)蒸发器的温度控制

蒸发器温度控制的目的是防止蒸发器结霜。如果蒸发器的温度低于0℃,凝结在蒸发器表面的水分就会结霜或结冰,严重时将会堵塞蒸发器的空气通路,导致系统制冷效果大大降低。为了避免这种情况的发生,就必须控制蒸发器的温度在0℃以上。控制蒸发器温度的方法通常有两种:一种是用蒸发压力调节器控制蒸发器的压力来控制蒸发器的温度;另一种是利用温度传感器或温度开关控制压缩机的运转来控制蒸发器的温度。

1. 蒸发压力调节器(EPR)

根据制冷剂的特性,只要制冷剂的压力高于某一数值,其温度就不会低于0℃(对于R134a,此压力大约为0.18MPa),因此,只要将蒸发器出口的压力控制在一定的数值,就可以防止蒸发器表面结霜或结冰。蒸发压力调节器可以根据制冷负荷的大小调节蒸发器出口处的压力,确保蒸发器出口的压力,使制冷剂不低于0℃。

蒸发压力调节器安装在蒸发器出口至压缩机入口的管路中,如图5-38所示。它主要由金属波纹管、活塞、弹簧等组成,在管路中形成了一个可调节制冷剂流量的阀门。当制冷负荷减小时,蒸发器出口处制冷剂的压力就会降低,作用在活塞上向左的力 P_0 减小,此力小于金属波纹管内弹簧向右的力 P_1,使活塞向右移动,阀门开度减小,制冷剂的流量也随之减小,并使蒸发器出口处的压力升高。反之,在制冷负荷增大时,活塞可向左移动,阀门开度增大,增加制冷剂的流量,以适应制冷负荷增大的需要。

任务五 汽车空调的故障检修

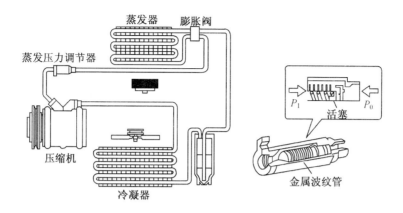

图 5-38 蒸发压力调节器

2. 温度控制器

蒸发器温度控制器简称温控器,又称为恒温器。温控器的作用就是根据蒸发器表面温度的高低,接通和切断空调压缩机电磁离合器线圈电路,使蒸发器表面温度保持在规定的范围(一般为 1~4℃)内。常用的温控器有波纹管式和热敏电阻式两种。

(1)波纹管式温度控制器

波纹管式温度控制器又称为压力式温度控制器,结构如图 5-39 所示,主要由感温管、波纹伸缩管、温度调节凸轮、弹簧、触点等组成。在感温管内充有制冷剂饱和液体,一端与温控器内的波纹伸缩管相连通,另一端插入蒸发器吸热片内 20~25 cm 左右。

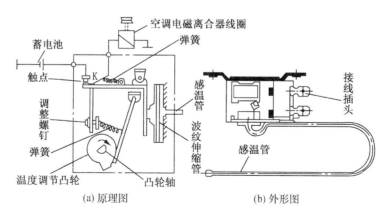

图 5-39 波纹管式温度控制器

当蒸发器温度较高时，插在其吸热片内的感温管的温度相应也较高，因此感温管内部制冷剂液体膨胀，压力相应较高而使波纹伸缩管伸长，推动传动杠杆放大机构使触点 K 闭合，接通电磁离合器线圈电路使压缩机运转制冷，蒸发器温度开始下降，感温管温度随之下降，其内部制冷剂压力下降而使波纹伸缩管逐渐收缩。

当蒸发器温度下降到某一设定值（一般为1℃）时，波纹伸缩管的收缩量通过传动杠杆放大机构使触点 K 断开，电磁离合器线圈切断，压缩机停止运转，制冷系统停止制冷，因此蒸发器温度开始上升。

当蒸发器温度升高到设定温度的上限值（一般为4℃）时，温控器触点 K 再次闭合，压缩机重新运转制冷，蒸发器温度又开始降低。温控器和制冷系统如此循环工作，便可使蒸发器温度控制在设定的温度范围内。

在使用过程中，转动温度调节凸轮可以改变弹簧的预紧力，从而便可改变蒸发器的温度调节范围。

（2）热敏电阻式温度控制器

热敏电阻式温度控制器将热敏电阻安装在蒸发器的表面，当蒸发器表面的温度低于某一设定值时，热敏电阻的阻值变化发送给空调 ECU 一个低温度信号，空调 ECU 控制空调压缩机继电器切断电磁离合器电路，使压缩机停止工作，从而控制蒸发器温度不低于 0℃，控制电路如图 5-40 所示。

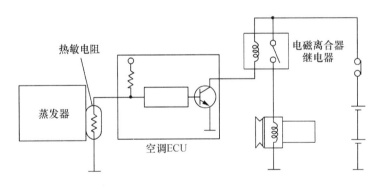

图 5-40　蒸发器温度控制电路

（三）冷凝器风扇控制

有些车辆的冷却系统采用电风扇冷却，同时空调系统的冷凝器也采用同一电风扇进行冷却。常见的风扇转速的控制有两种，一种是用一个电风扇串联电阻的方式调节风扇的转速，另一种是利用两个风扇电动机以串联和并联的方式调节风扇的转速。下面介绍后一种风扇转速的控制。

1. 风扇控制电路

如图 5-41 所示为风扇电动机以串、并联方式调速的控制电路，日本丰田和本田汽车经常采用此种控制电路。可以看出此电路用压力开关、冷却液温度开关和 3 个继电器控制冷凝器风扇和散热器风扇的转速，此电路可以实现风扇不转、低速运转、高速运转三级控制。3 号继电器为触点常开式继电器，只在空调制冷系统工作时起作用，使冷凝器风扇以低速或高速运转。2 号继电器为双触点继电器，用来控制冷凝器风扇的转速。1 号继电器为常闭式继电器，用于控制散热器风扇。压力开关在空调制冷系统压力高时断开，压力低时接通。冷却液温度开关在冷却液温度低时接通，温度高时断开。

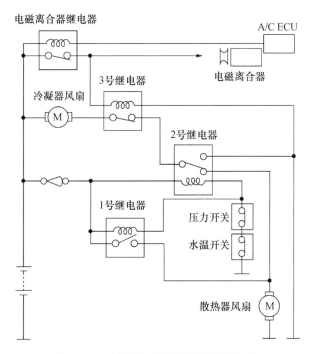

图 5-41　冷凝器和散热器风扇控制电路

2. 风扇控制过程

不开空调时，3 号继电器不工作，冷凝器风扇也不工作。如果冷却液温度过高，冷却液温度开关断开，1 号继电器线圈断电，触点闭合，散热器风扇运转，加强散热。

打开空调后，3 号继电器线圈通电，触点闭合。如果冷却液温度较低，空调系统内压力也较低，2 号继电器线圈也通电，使其下触点闭合，形成了冷凝器风扇和散热器风扇的串联电路，两个风扇都以低速运转。如果冷却水温升高或制冷系统内压力增大，压力开关或冷却液温度开关切断 2 号和 1 号继电器线圈电路，使 2 号继电器的上触点闭合，1 号继电器的常闭触点接通,将冷凝器风扇和散热器风扇连接成并联电路,两个风扇都以高速运转。

(四) 压力控制

空调系统采用压力开关对制冷系统进行压力控制。压力开关又称为制冷系统的压力继电器,安装在制冷系统的高压管路上,其功用是当制冷系统工作压力异常(过高或过低)时,自动切断电磁离合器线圈电路,使压缩机停止运转或接通冷凝风扇高速挡使冷凝风扇高速运转,从而防止制冷系统压力过高或过低而损坏压缩机和制冷部件。

1. 压力开关的类型

压力开关分为高压开关、低压开关和高、低压组合型开关3种。高压开关又分为触点常闭型和触点常开型两种。高、低压开关的结构与外形大同小异,如图5-42所示。

(1) 高压开关

触点常闭型高压开关的结构如图5-42(a)所示,其常闭触点串联在空调压缩机电磁离合器线圈电路中,当制冷系统压力升高到一定值时,作用在膜片上的制冷剂压力推动推杆使触点断开,切断电磁离合器线圈电路,从而使压缩机停止运转,避免制冷剂压力进一步升高而损坏压缩机或制冷部件。当高压管路的压力恢复正常值时,触点在复位弹簧作用下恢复闭合状态,压缩机又可正常工作。触点常闭型压力开关触点的断开压力和恢复闭合压力依车而异,断开压力一般为2.1~3.5MPa,恢复闭合压力一般为1.6~1.9MPa。

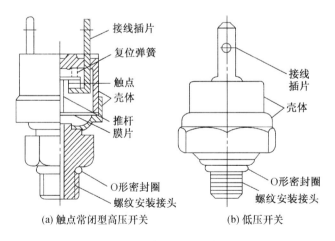

(a) 触点常闭型高压开关　　(b) 低压开关

图5-42　高低压开关的结构

触点常开型高压开关的功用是当制冷系统压力升高到一定值(一般为1.6MPa)时,接通冷凝风扇高速挡的电路,使风扇电动机高速运转,增强冷凝器的散热效果,降低制冷剂温度与压力。

(2) 低压开关

低压开关又称为制冷剂泄漏检测开关，其触点为常闭触点，并与空调压缩机电磁离合器线圈电路串联。低压开关的功用是在制冷系统严重缺少制冷剂，导致低压侧压力低于一定值（一般为0.2 MPa）时，触点断开切断电磁离合器线圈电路使压缩机无法运转，防止压缩机在没有润滑保障的情况下运转而损坏，因为车用小型压缩机是靠制冷剂将冷冻机油带入各润滑部位进行润滑的。

(3) 组合式压力开关

组合压力开关是将低压开关和高压开关制成一体，也称为多功能压力开关，可以实现低压切断离合器控制电路、高压接通冷凝器风扇高速挡或切断离合器控制电路的双重功能，还有部分压力开关将上述三种功能集于一身，形成三功能压力开关。

2. 压力开关控制的电路

压力开关控制的基本电路如图5-43（c）所示。图5-43（a）中所示压力开关为三功能压力开关，一般安装在储液干燥罐或高压管路，如图5-43（b）所示。压力开关中的双重压力开关用来控制低压和高压切断离合器控制电路；单压力开关用作高压接通冷凝器风扇高速挡。

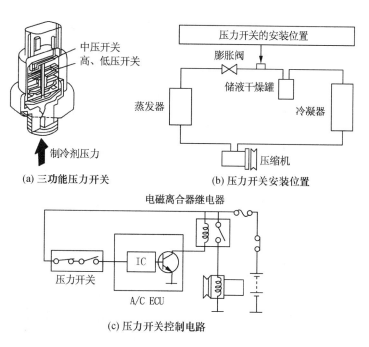

图 5-43 压力开关控制电路

(五) 发动机转速控制

1. 怠速提升控制

当发动机在怠速或低速时，冷却系散热器的散热主要靠风扇冷却，而低速时风压和风量不充足，散热效果差，发动机容易过热，影响发动机正常工作；同时在怠速或低速时，发电动机发出的电能严重不足，制冷系统还要大量消耗蓄电池的电能，这是一种很不利的工况；再加上发动机的热辐射增加，会使冷凝器的冷凝温度和冷凝压力异常升高，压缩机功耗迅速增大。这些可能会引起两方面问题：一是增加了发动机在怠速时的负荷，导致工作不稳定，甚至熄火；二是易引起电磁离合器打滑或传送带损坏。为保证汽车的怠速性能，在空调的控制系统中采用了带速提升装置，如图5-44所示为开空调时电控发动机怠速提升原理图。

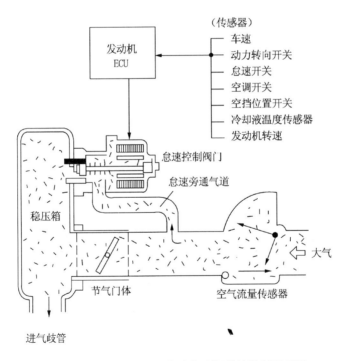

图5-44　开空调时电控发动怠速提升的控制原理图

在电控发动机带速控制电路中，空调信号是发动机电控单元（ECU）的重要开关信号之一，当接通空调开关（A/C）后，发动机ECU即可接收到空调开启信号，控制单元便控制怠速控制将怠速旁通空气道的通路增大，使发动机进气量增加，提高怠速。如果是节气门直供式空气供给系统，控制单元便控制节气门电动机将节气门开大，以提高怠速。

2. 加速控制

当汽车加速或超车加速，需要尽可能输出更多的发动机功率来提高车速，此时应切断电磁离合器的线圈电路，使压缩机停止工作。一般用节气门位置传感器检测加速的程度，当节气门开度达到90%时，发动机ECU给空调ECU一个信号，空调ECU便控制压缩机停止工作，发动机的输出功率用来克服加速时的阻力，使车速提升更快。当节气门开度小于90%或加速延时十几秒后，则接通电磁离合器线圈电路，使压缩机自动恢复工作。

3. 发动机失速控制

发动机带空调怠速运转时，一旦有其他影响因素使发动机转速下降，将造成发动机失速而熄火。为防止这种情况发生，空调控制电路中设有防止发动机失速的控制电路，空调的控制单元通过检测点火线圈的脉冲来计算发动机的转速。当发动机的转速低于一定值时，将压缩机电磁离合器切断，防失速控制电路如图5-45所示。

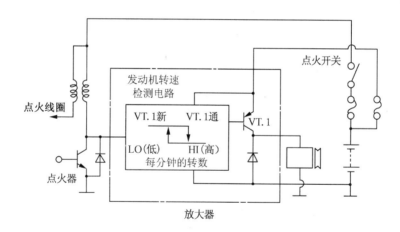

图5-45 防发动机失速控制电路

（六）其他控制

1. 皮带保护控制

当动力转向的油泵、发电动机等附件与空调压缩机采用同一皮带驱动时，如果压缩机出现故障而锁死，传动皮带将被损坏。为了防止这种情况的产生，有些空调的控制电路中采用了皮带保护控制装置。皮带保护控制装置的原理如图5-46所示。空调放大器（或ECU）同时接收发动机的转速信号和压缩机的转速信号，并对这两个转速进行比较，当这两个转速的信号出现的差异超过某一限值时，空调放大器便认定压缩机出现故障，随后就切断压缩机电磁离合器的电源，使压缩机停止工作，以保证其他附件的正常运转。

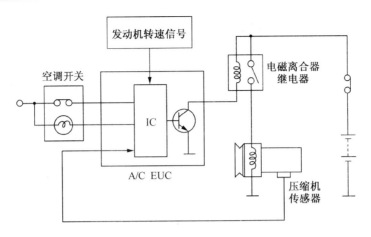

图 5-46 皮带保护控制电路

2. 双蒸发器控制

现在有些车辆在前排和后排都有蒸发器,且两个蒸发器都采用一个压缩机,这样就面临着前后蒸发器分别控制的问题。为此,在两个蒸发器的入口处,安装两个电磁阀,用来分别控制前排座位和后排座位的温度,其示意图如图 5-47 所示。

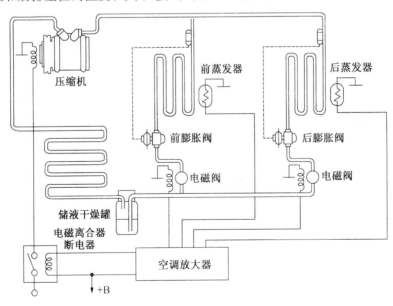

图 5-47 双蒸发器控制

3. 冷却液温度控制

为防止冷却液温度过高,有些空调控制电路中设有冷却液温度开关或传感器。当冷却液的温度高过一定值（一般为105℃）时，切断压缩机电磁离合器电路，使压缩机停止运转。在温度下降到某设定值（大约为95℃）时，再接通电磁离合器电路，使空调重新工作。

4. 压缩机过热控制

在部分叶片式压缩机和斜盘式压缩机上装有温度开关，防止压缩机温度过高而损坏。如图5-48所示，当制冷剂或压缩机的温度超过180℃时，此开关就断开，切断了压缩机电磁离合器的电路。

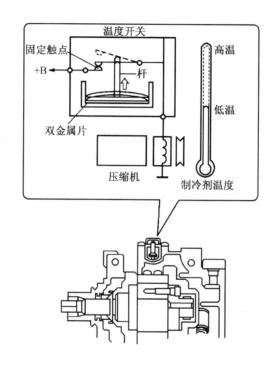

图5-48　制冷剂温度开关

5. 环境温度控制

部分车辆在控制电路中设有环境温度开关，在环境温度低于规定值（通常为4℃左右）时，环境温度开关断开，切断压缩机电磁离合器的电路，使空调的制冷系统不能工作。环境温度高于规定值（通常为4℃左右）时，制冷系统才能进入工作状态。

（七）空调系统的控制电路

图5-49所示为天津丰田威驰轿车空调系统的控制电路图，主要控制内容有：蒸发器温度控制、制冷循环压力控制、鼓风机转速控制、冷凝器风扇控制等。

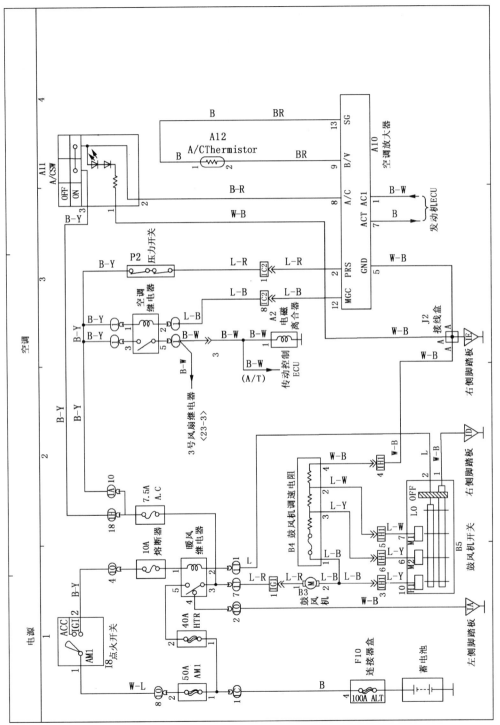

图5-49 丰田威驰轿车空调控制电路图

任务五　汽车空调的故障检修

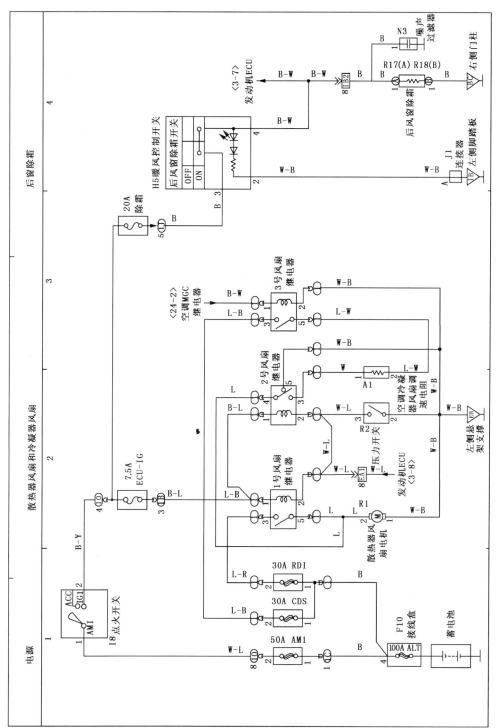

图5-49（续）

任务资讯六　自动空调系统

自动空调系统与普通空调采用相同的制冷系统基础部件，它们的根本区别在于自动空调具有恒温功能，即空调电子控制单元能检测到车内温度、环境温度、阳光强度、乘员人数的变化，通过控制鼓风机的转速、气流风门位置、进气模式风门等执行部件，使车内温度维持在设定温度不变。自动空调的舒适性、经济性、操控性要优于手动空调，系统结构要比手动空调复杂。

一、自动空调的组成与功能

（一）自动空调的组成

汽车自动空调系统一般由制冷系统、取暖系统、配气系统、空气净化系统、电气控制系统等四部分组成。自动空调的制冷系统、取暖系统、配气系统、空气净化系统的结构与工作原理与手动的基本相同，它与手动空调的主要区别在于，电气控制系统、自动空调的电气控制系统主要由传感器、执行器和空调 ECU 组成。

（二）自动空调的功能

自动空调系统具有以下几种功能。

（1）空调控制

包括温度自动控制、风量控制、运转方式给定的自动控制、换气量控制等，以满足车内人员对舒适性的要求。

（2）节能控制

包括压缩机运转控制，换气量的最适量控制以及随温度变化的换气切换，自动转入经济模式运行，根据车内温度自动切断压缩机电源等。

（3）故障诊断存储

汽车空调系统发生故障，空调 ECU 将故障部位用故障代码的形式存储起来，在需要修理时指示故障的部位。

（4）故障、安全报警

包括制冷剂不足报警、制冷压力过高或过低报警、离合器打滑报警、各种控制器元件的故障判断报警等。例如，空调装置工作时，空调 ECU 同时从发动机点火器及压缩机锁止传感器采集发动机转速与压缩机转速信号，并进行比较，若两种转速信号的偏差连续 3 s 超过 80%，ECU 则判定压缩机锁止，同时电磁离合器脱开，防止空调装置进一步损坏，并使操纵面板上的 A/C 指示灯闪烁，以提示驾驶员。

（5）信息显示

包括显示给定的温度、控制温度、控制方式、运转方式的状态等。

二、自动空调的电气控制系统

（一）自动空调电气控制系统的组成

自动空调的电气控制系统较复杂，各种不同类型的轿车自动空调系统差别较大，但其控制电路的组成仍有一定规律可循。

按功能模块划分，电气控制系统电路一般由温度自动控制电路、进气模式控制电路、送风模式控制电路、鼓风机控制电路、冷却风扇控制电路、压缩机控制电路等组成。

按电路的输入、输出及控制原则划分，自动空调的电气控制系统可分为3部分：传感器、执行器和空调ECU（控制面板），自动空调的电气控制系统组成如图5-50所示。

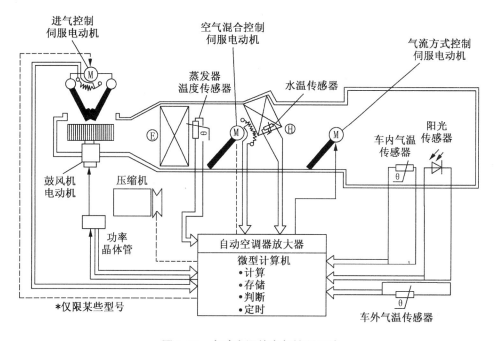

图5-50 自动空调的电气控制系统

1. 传感器

（1）车内温度传感器。安装在仪表板的下端，多采用电动吸入空气型，内有一个具有负温度系数的热敏电阻。当车内温度发生变化时，热敏电阻的阻值改变，从而向空调ECU输送车内温度信号。

（2）车外温度传感器。安装在前保险杠右下端，包在一个注塑料树脂壳内，以免对温度的突然变化做出反应，它也是一个热敏电阻，向空调ECU输送车外温度信号。

（3）蒸发器温度传感器。安装在蒸发器表面，用以检测其表面的温度变化，防止其结霜。当蒸发器周围温度发生变化时，传感器电阻的阻值也随之改变，并向空调ECU输出电信号。

（4）光照传感器。也称阳光强度传感器，安装在汽车前风窗玻璃下面。该传感器将阳光照射强度转变成电信号并输送给空调ECU。

（5）冷却液温度传感器。安装在发动机冷却液循环的水路上，检测冷却液温度。产生的冷却液温度信号输送给空调ECU，用于低温时的冷却风扇转速控制。有些自动空调器没有冷却液温度传感器。

（6）压缩机锁止传感器。它是一种磁电式传感器，安装在空调装置的压缩机内，检测压缩机转速。压缩机每转一圈，该传感器线圈产生4个脉冲信号输送给空调ECU。

2．执行器

（1）进气伺服电动机

该电动机控制空调的进气方式，电动机的转子经连杆与进气风门相连，该伺服电动机内装有一个电位计，向空调ECU反馈进气伺服电动机的位置情况。

当驾驶员使用进气方式控制开关选择"车外新鲜空气导入"或"车内空气循环"模式时，空调ECU即控制进气伺服电动机带动连杆顺时针或逆时针旋转，从而带动进气风门闭合或开启，达到改变进气方式的目的。

当按下"AUTO"开关时，空调ECU首先计算出所需要的送风温度，并根据计算结果自动改变进气伺服电动机的转动方向，从而实现进气方式的自动调节。

（2）空气混合伺服电动机

进行温度调节时，空调ECU控制空气混合伺服电动机连杆顺时针或逆时针转动，改变空气混合风门的开启角度，从而改变冷、暖空气的混合比例，调节送风温度。电动机内电位计的作用是向空调ECU输送空气混合风门的位置信号。

（3）出风方式控制伺服电动机

当按下操纵面板上某个出风方式开关时，空调ECU便将电动机上的相应端子搭铁，而电动机内的驱动电路据此使电动机连杆转动，将出风控制风门转到相应的位置上，打开某个出风门通道。

（4）暖风电动机

暖风电动机的转速可以通过操作空调控制面板上的"高速"、"中速"和"低速"开关设定。当按下"AUTO"开关时，空调ECU根据出风温度自动调整暖风电动机转速，若冷却液温度传感器检测到冷却液温度低于40℃时，ECU控制暖风电动机停止转动。

(5) 电磁离合器

电磁离合器接受空调 ECU 的指令,控制压缩机的停止或工作。

3. 空调 ECU

空调 ECU 一般与操作面板制成一体,它对输入的各种传感器信号和功能选择开关的输入指令进行计算、分析、比较后,发出指令控制各个执行元件动作,使车内温度、空气流动状况等始终保持在驾驶员设定的水平上,极大地简化了操作。

(二) 自动空调的控制面板

1. 自动空调的控制面板

自动空调控制面板上有各种各样的功能开关,但大多数轿车控制面板的功能开关基本相同。图 5-51 所示是两种典型的自动空调控制面板,主要由 AUTO 开关、OFF 开关、温度控制开关、送风模式开关、风速调节开关、A/C 开关、内循环/外循环选择开关等组成。

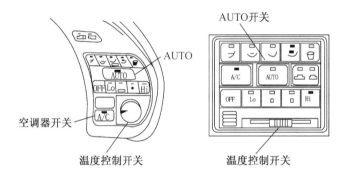

图 5-51 典型自动空调控制面板示意图

2. 自动空调面板开关的功能

下面以丰田轿车自动空调控制面板为例,介绍控制面板上各开关的操作功能,具体功能如表 5-1 所示。

表 5-1 丰田轿车空调控制面板开关的功能

开关名称	符　　号	功　　能
关闭开关	OFF	关闭鼓风机、空调压缩机、和温度显示。对于车后部装备有后空调的轿车,按此开关还可以关闭后电磁阀,并使之进入备用状态
自动开关	AUTO	设定鼓风机、气流控制、进气控制和压缩机控制的自动模式,对于车后部装备有后空调的轿车,按此开关还可以开启后电磁阀,并使之进入工作状态

续表

开关名称	符　号	功　能
温度控制开关	∧	按一下增加0.5℃温度设置。长时间按下可使设置温度上升至32℃（每0.4 s上升0.5℃）。鼓风机关闭后，该开关将不起作用
	∨	按一下降低0.5℃温度设置。长时间按下可使设置温度下降至18℃（每0.4 s下降0.5℃）。鼓风机关闭后，该开关将不起作用
进气控制开关	 （图标）	将进气模式设定在新鲜空气进入模式（外循环模式）
	 （图标）	将进气模式设定在内循环进气模式
面部出风开关	（图标）	设定气流出风口为面部出风模式
面部及脚下出风开关	 （图标）	设定气流出风口为面部及脚下出风模式
脚下出风开关	 （图标）	设定气流出风口为脚下模式
脚下与除霜	 （图标）	设定气流出风口为脚下与除霜模式
除霜	 （图标）	设定气流出风口为除霜模式
低风速	LO	把鼓风机风速设置在"低"、"中"、"高"模式。如果压缩机在备用状态，按下该开关将开启压缩机。如果空调系统在运行后空调状态，开启该开关后，电磁阀进入备用状态
中等风速	MID	
高风速	HI	
空调开关	A/C	关闭或开启压缩机（鼓风机在关闭状态时，该开关不工作），系统在运行后空调状态下，该开关将开启或关闭后电磁阀

（三）自动空调电气控制系统的工作过程

自动空调电气控制系统的工作过程如图5-52所示。

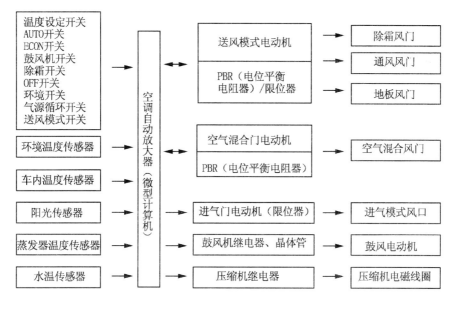

图 5-52 电气控制系统工作过程

任务训练

任务训练一　空调系统的正确使用与维护

一、空调系统的正确使用

（1）当夏季室外温度不是非常炎热时，将自动空调的 ECHO 开关接通，这时空调 ECU 通过控制压缩机电磁离合器的通断使蒸发器在较高的温度下工作，从而减少压缩机工作的时间，降低汽车的燃油消耗。

（2）当开空调行驶时，应将空气进气方式选择为内循环，以提高空调的制冷效果和降低燃油消耗。每行驶超过 1 个小时，要选择外循环进气方式 5~10 分钟，以保证车内空气的新鲜。

（3）当冬季室外温度低于 4℃时，不要使用空调制冷系统，因为温度较低时空调压缩机润滑油的流动性变差，此时压缩机工作润滑效果变差，易造成压缩机的非正常磨损。

（4）当发动机出现异常时，如水温超过正常工作温度时应将空调系统关闭，以降低发动机的负荷。

（5）当使用空调制冷时，一般将出风位置选择为面部吹风；当用暖风加热时，一般将出风位置选择为脚下和除霜出风位置，既可以保证行车安全，又提高了乘车的舒适性。

（6）经常检查空调滤芯的清洁情况，发现尘土和脏物，用压缩空气清理，如果滤芯太脏并有异味，则应及时更换。

（7）经常检查空调传动带的张紧度，查看传动带是否有老化和裂痕，如果发现异常，则应及时更换。

二、空调系统维修注意事项

1. 处理制冷剂时应注意的安全问题

（1）不要在密闭或靠近明火的空间处理制冷剂；

（2）必须戴防护眼镜；

（3）避免液体制冷剂进入眼睛或溅到皮肤上，如果液体制冷剂进入眼睛或碰到皮肤，不要揉，要立即用大量的冷水冲洗，然后立即到医院找医生进行专业处理；

（4）不要将制冷剂的罐底对着人，有些制冷剂罐底有紧急放气装置；

（5）不要将制冷剂罐直接放在温度高于40℃的热水中。

2. 注意区分R12与R134a的制冷系统

（1）使用正确的制冷剂，R134a与R12两种制冷剂的物理特性不同，两种制冷系统相关的功能部件及压缩机润滑油也不相同，所以不能随便互换；

（2）选用正确的压缩机润滑油，采用R134a制冷剂的空调系统压缩机要求使用ND8#压缩机专用润滑油，加错了少量的压缩机专用润滑油，会使制冷剂混浊；而加错了大量的专用润滑油，则会造成压缩机咬死；

（3）选用正确的O形密封圈。将用于R12空调系统的O形密封圈或密封件错装在R134a空调系统的连接处，会使O形密封圈和密封件发泡和膨胀，导致制冷剂泄漏。

3. 更换零件或管路时要注意的问题

（1）用制冷剂回收装置回收制冷剂，以便再次使用；

（2）未连接的管路或零件要插上塞子，以免潮气、灰尘进入系统；

（3）对于新的冷凝器、储液干燥器等零件不要拔去塞子放置；

（4）在拔出新压缩机塞子之前要从排放阀放出氮气，否则在拔塞子时，压缩机油将随氮气一起喷出；

（5）不要用火焰加热的方法进行弯管和管路拉伸。

4. 拧紧连接零件时应注意的问题

（1）滴几滴压缩机油到O形密封圈上容易紧固和防止漏气；

（2）使用两个开口扳手紧固螺母，防止管路扭曲；

（3）按规定的力矩拧紧螺母或螺栓。

5. 处理装有制冷剂的容器时应注意的问题

(1) 不要加热制冷剂容器；
(2) 容器要保持在40℃以下；
(3) 当用温水加热制冷剂容器时，不允许将容器顶部的阀门浸入水中，防止水渗入制冷管路；
(4) 使用过的一次性制冷剂容器，禁止再次使用。

6. 空调系统补充制冷剂时应注意的问题

(1) 如果制冷剂不足，有可能引起压缩机润滑不足，造成压缩机损坏，应注意避免这种情况发生；
(2) 空调系统在运转时，如果开启高压阀将引起制冷剂倒流入制冷剂容器，使制冷剂容器破裂，因此只允许开启低压阀；
(3) 如果将制冷剂容器倒置，制冷剂将以液态形式进入空调管路，造成压缩机液击，损坏压缩机，所以制冷剂必须以气态充入；
(4) 制冷剂不要充入过量，否则将造成制冷不良、发动机经济性变差、发动机过热等故障。

三、空调系统的基本检查

1. 直观检查

通过听觉、视觉或触觉等方法进行基本检查，如图5-53所示。检查内容如下：

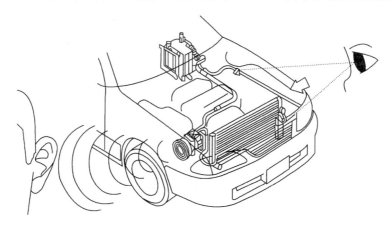

图5-53 直观检查

(1) 检查压缩机驱动皮带是否过松，如果皮带过松，则按标准调整；
(2) 检查空调出风口的出风量，如果出风量不足，则检查进风滤清器；如有杂物，则清除之；
(3) 听压缩机附近是否有异常的响声，如果有，则检查压缩机的安装情况；

（4）听压缩机内部是否有杂音，这种杂音通常都是由压缩机内部零件损坏所引起的；

（5）检查冷凝器散热片上是否有脏物覆盖，如果有，则需将脏物清除掉；

（6）检查制冷循环系统的各连接处是否有油渍，如果有油渍，则说明该处有泄漏，应紧固该连接处或更换该处的零件；

（7）将鼓风机开至低、中、高档，听鼓风机处是否有杂音，检查鼓风机是否运转正常，如果有杂音或运转不正常，则应更换鼓风机。（鼓风机进入异物或安装有问题也会引起杂音或运转不正常，所以在更换之前要仔细检查）

2. 检查制冷剂的数量

检查制冷剂的数量有两种方法：一种是通过系统中安装的视液镜检查；另一种是检查系统的压力。

（1）通过视液镜检查制冷剂的数量

检查条件：发动机转速为 1500 r/min；鼓风机速度控制开关处于高档位；空调开关接通；温度选择为最凉；完全打开所有车门。

检查结果：几乎没有气泡，说明制冷剂正常；有连续的气泡，说明制冷剂量不足；看不到气泡，说明制冷剂储藏罐是空的或制冷剂过量，如图5-54所示。

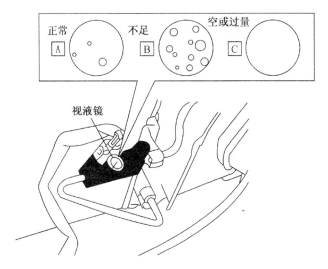

图5-54 通过视液镜检查制冷剂的数量

（2）通过检查系统压力检查制冷剂的数量

将压力表的高低压开关全部关闭，如图5-55所示；把加注软管的一端和压力表相连，另一端和车辆的空调维修阀门相连，注意蓝色软管接低压侧，红色软管接高压侧，如图5-56所示。启动发动机检查制冷系统的压力，在空调运行时检查压力表所显示的压力读数，低压侧压力应为：0.15～0.25 MPa，高压侧压力应为：1.4～1.6 MPa。

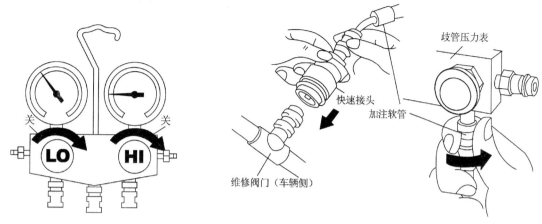

图 5-55　关闭压力表的高低压开关　　　　　图 5-56　连接压力表

（3）空调制冷功能的检查

车型不同，空调制冷功能的检查方法也有所差异，下面以丰田轿车为例来介绍检查的方法（不同车型的检查方法，可参照该种车型的修理手册）：

① 将车放在阴凉处；

② 预热发动机到正常温度，将车门全开，气流选择为面部出风，进风选择为内循环，鼓风机速度选择最大，温度选择最冷，在发动机转速为 1 500 r/min 的情况下开启 A/C 开关，5～6 min 后测试进风口的湿度和温度及出风口的温度。

③ 用进风口处的干、湿球温度按图 5-57（a）中的图表查出相对湿度，再算出进风口和出风口的温度差，检查是否在图 5-57（b）中的可接受范围内，如果在其范围内，则说明制冷性能良好。

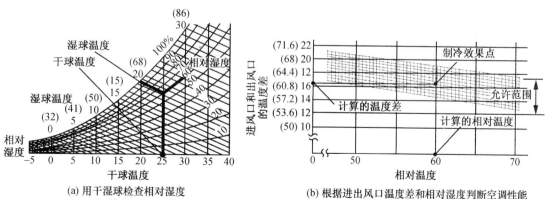

(a) 用干湿球检查相对湿度　　　　(b) 根据进出风口温度差和相对湿度判断空调性能

图 5-57　用干湿球温度检查湿度和判断空调性能

任务训练二 空调系统测漏与制冷剂的加注

一、空调系统检漏

1. 制冷系统常见泄漏部位

汽车空调系统工作条件比较恶劣，其制冷系统一直随汽车在震动的工况下工作，极易造成部件、管道损坏和接头松动，使制冷剂发生泄漏，其泄漏的常发部位如表 5-2 所示。

表 5-2 汽车空调系统泄露的常发部位

部　件	泄漏常发部位	部　件	泄漏常发部位
冷凝器	(1) 冷凝器进管和出管连接处 (2) 冷凝器盘管	制冷剂管道	(1) 高、低压软管 (2) 高、低压软管各接头处
蒸发器	(1) 蒸发器进气管和出口管连接处 (2) 蒸发器盘管 (3) 膨胀阀	压缩机	(1) 压缩机油封 (2) 压缩机吸排气阀处 (3) 前后盖密封处 (4) 与制冷剂管道接头处
储液干燥器	(1) 易熔塞 (2) 管道接头喇叭口处		

2. 检漏方法

制冷剂的检漏有目测检漏、肥皂水检漏、卤化物检漏仪检漏、电子检漏仪检漏、染料示踪检漏、加压检漏和真空检漏等方法。

(1) 目测检漏

可根据制冷系统及其连接软管等零件的表面和连接处是否出现油迹，从而判断制冷剂是否存在泄漏，并根据油迹的大小判断泄漏的程度。

(2) 肥皂水检漏

将有一定浓度的肥皂水涂抹在受检处。若零件表面有油迹，要事先擦净。若检查接头，要整圈均匀涂上。仔细全面地观察，若有气泡或鼓泡，则可判为有泄漏。在制冷系统低压侧管道检漏，必须使压缩机停止工作。方法比较经济、实用，适用于暴露在外表，人眼能看得到的部位，但精度较差，不能检查微漏，但对找出针眼大小的泄露最有效。

(3) 卤化物检漏仪检漏

卤化物检漏仪只能检测氟利昂类制冷剂（如 R12），不能检测 R134a。因汽车空调制冷剂现在普遍采用 R134a，所以此种检漏仪已很少使用。

(4) 电子检漏仪检漏

电子检漏仪灵敏度较高，使用方便、检漏速度快。电子检漏仪有 3 种，第 1 种适用于 R12 的；第 2 种适用于 R134a；第 3 种同时适用于 R12 与 R134a（可分两挡使用）。如图 5-58 所示的检漏仪即可检测 R12 与 R134a。

(5) 染料示踪检漏

染料示踪检漏方法适用于使用其他检漏方法都难以查出漏点的场合，特别适用于微小漏点。染料检漏有两种，一种是将空调系统允许的染色液注入制冷系统，使用一段时间，便可在泄漏处出现染色液痕迹，除非将其彻底清除，否则染色液将一直存留在泄漏处；另一种是将对紫外线反应灵敏的荧光染料加入制冷系统，然后用紫外线灯检漏。

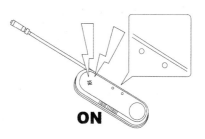

图 5-58 空调电子检漏仪

(6) 加压检漏（保压法）

如图 5-59 所示，将少量制冷剂及一定压力的氮气加入制冷系统，用上述的 (1)、(2)、(3)、(4)、(5) 中的某种方法检漏。若查不出泄漏，保压数小时（甚至可以一天以上），观察压力表的数值是否有下降。

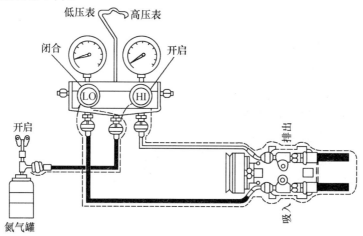

图 5-59 制冷剂系统加压检漏

(7) 真空检漏（负压法）

将制冷系统抽真空，保持若干时间，观察真空表针是否移动。

后两种方法只能查出系统是否有泄漏，不能确定漏点位置，还需结合其他方法查出泄漏点，以便排除。

二、压缩机油的检查与加注

(一) 压缩机润滑油的检查

1. 压缩机润滑油变质的原因

压缩机专用润滑油变质的主要原因有：润滑油中混入水分；润滑油被氧化；几种不同牌

号的压缩机专用润滑油混合使用。

2. 确认压缩机专用润滑油变质的方法

压缩机专用润滑油是否变质需通过一定的化验手段确认。日常使用时，有3种简单的方法来判断压缩机专用润滑油是否变质。

(1) 气味判断。从制冷系统放出的制冷剂或流出的压缩机专用润滑油若有味道，则说明压缩机专用润滑油变质。

(2) 颜色对比判断。压缩机专用润滑油正常颜色为淡黄色，虽然压缩机专用润滑油工作一段时间后，颜色一般都要变深，但若制冷系统中的压缩机专用润滑油为黑色，棕色等深颜色，则说明压缩机专用润滑油变质。

(3) 滴油法判断。将油滴在吸水性好的白纸上，若油滴中心部分没有黑色，则说明油没有变质，可以继续使用；若油滴中心部分呈现黑色斑点，说明油质已开始变坏，应换油了。若油中含有水分，油的透明度会降低，出现这种情况也需要换油。

3. 压缩机专用润滑油使用注意事项

(1) 压缩机专用润滑油应保存在干燥、密闭的容器里，放在阴凉处；

(2) 压缩机专用润滑油使用完要随时关闭好容器盖，以免空气中水分进入油中；

(3) 不同牌号的压缩机专用润滑油不能混装、混用；

(4) 变质压缩机专用润滑油不能继续使用；

(5) 应按制冷系统或压缩机的规定加入适量的压缩机专用润滑油。过多的压缩机专用润滑油将影响传热效率，降低系统制冷量；若压缩机专用润滑油过少，则会影响压缩机的润滑，使压缩机过热。

4. 压缩机专用润滑油的补充

更换制冷系统各元件时，应对系统补充压缩机专用润滑油，加注量如表5-3所示。

表5-3 更换空调制冷系统部件时压缩机润滑油的补充量

更换的零部件	冷凝器	蒸发器	储液干燥器	制冷剂管路	压缩机
补充量（mL）	40～50	40～50	10～20	10～20	80

5. 压缩机润滑油的加注方法

维修汽车空调制冷系统时通常不需加注压缩机专用润滑油，但在更换制冷系统部件及发现系统有严重泄漏时，必须补充压缩机专用润滑油。常用的补充压缩机专用润滑油的方法有以下4种。

（1）用压缩机本身抽吸作用，将压缩机专用润滑油从低压阀处吸入，这时发动机一定要保持低速运转。

（2）直接加注法。把所需的压缩机专用润滑油直接加注到制冷系统各元件内，再把制冷系统各元件装在车上。

（3）同制冷剂加注法。把所需的压缩机专用润滑油加注到压力表的中间软管，再把制冷剂罐接在此软管上，然后按加注制冷剂的方法操作即可。

（4）利用抽真空加注压缩机专用润滑油。其方法如下：

① 按抽真空的方法先对制冷系统抽真空；

② 选用一个有刻度的量筒，装入比要补充的压缩机专用润滑油还要多的油量；

③ 关闭压力表低压阀，将低压软管从压力表上拧下来，并将其插入盛有专用润滑油的量筒内，如图5-60所示；

④ 打开高压阀压缩机专用润滑油将在大气压力作用下进入空调系统内。

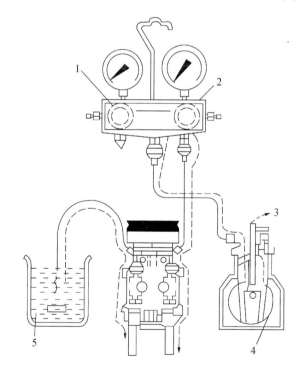

图5-60 抽真空方法加注压缩机润滑油

1—手动低压阀关闭；2—手动高压阀开启；3—排出空气；4—真空泵；5—压缩机专用润滑油

三、空调系统抽真空

1. 水分的危害

系统中存在空气，会造成压缩机排气压力增高、排气温度增加，导致压缩机负荷增加，制冷量减少；还将导致压缩机零件提前损坏，压缩机专用润滑油变质。

管路中的空气还会阻碍制冷剂及压缩机专用润滑油的循环，容易造成压缩机缺油。

更严重的是空气中一定含有水分，一旦空气进入系统，即带入了水分（湿气）。水分不仅容易诱发膨胀阀产生冰堵，还会使压缩机专用润滑油变质；还会腐蚀金属，导致储液干燥器、节流管或膨胀阀堵塞；若系统有铜制零件，还会在压缩机运动摩擦处发生镀铜现象，导致压缩机被咬死。此外，水分还会使干燥剂过饱和而失效。

因而，必须彻底排尽制冷系统中的空气和水分。抽真空是有效的除湿方法，所以是检修后的必要工序。

2. 排除水分的要领

系统中排除水分的办法是用真空泵反复抽真空。系统中的空气还比较容易被排除，只要真空抽到 -1 个大气压，空气就被完全排除，但留存在系统管壁上的水分却不是马上会被抽净的。系统中压力降低仅是让水分容易沸腾，若要完全蒸发（抽真空只能抽走气化了的水分）还需一定的时间。真空度越低，水分越容易沸腾；在这一真空度下，抽真空的时间越长，水分蒸发得越彻底，即除湿量越大。

注意：

（1）一旦空调系统内部暴露于空气中，就必须抽真空。

（2）更换一个制冷部件，必须将系统抽真空 15 min 以上；若系统经过修理，抽真空的时间要在 30 min 以上；对于大客车空调或管路较长的其他车用空调系统，抽真空时间应当在 4 个小时以上。

3. 制冷系统抽真空的方法

当基本确认系统没有泄漏和故障，压缩机也已补充好适量的压缩机专用润滑油，需要向系统加制冷剂时，应先将系统抽真空，以确保系统中没有空气和水分。

抽真空步骤如下。

（1）将空调压力表与压缩机、真空泵相连，如图 5-61 所示。

（2）打开高、低压手动阀，真空泵运转约过 10 min（对于轿车和一般小型车辆）之后，若低压表读数大于 79.8 kPa，应停止抽真空，检查系统是否有泄漏，并根据情况予以修理。

（3）抽真空直到抽真空度接近 100 kPa。

（4）关闭高、低压手动阀及真空泵，放置 5～10 min，如果低压表指针不能保持不动，而是缓慢上升，说明系统有泄漏，检查系统泄漏点，根据情况修理之。

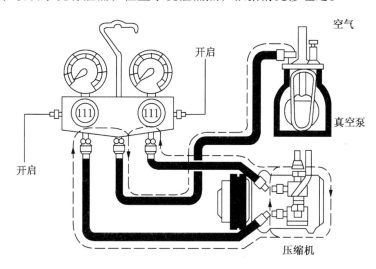

图 5-61　抽真空时压力表的连接

（5）如果低压表指针保持不动，则重复（2）、（3）工序 2～3 次。

（6）在抽真空过程中，可将真空泵出气管插入水中，待水中不再冒出气泡（约需 20～30 min），低压表真空指示稳定后，结束抽真空工序，可以加注制冷剂。

四、制冷剂的加注

当制冷系统抽真空达到要求，且经检漏确定制冷系统不存在泄漏后，即可向制冷系统充注制冷剂。充注前，先确定需注入制冷剂的数量，因为充注量过多或过少，都会影响空调制冷效果。压缩机的铭牌或发动机罩上一般都标有所用的制冷剂的种类及其充注量。

充注制冷剂的方法有两种，一种是从压缩机高压阀充注，称为高压端充注，充入的是制冷剂液体。其特点是安全、快速，适用于制冷系统的第一次充注，即检漏、抽真空后的系统充注。但用该方法时必须注意，充注时不可开启压缩机。另一种是从压缩机低压阀充注，称为低压端充注，充入的是制冷剂气体。其特点是充注速度慢，可在系统补充制冷剂的情况下使用。

1. 高压端充注制冷剂

（1）当系统抽真空后，关闭压力表上的高、低压手动阀。

（2）将中间软管的一端与制冷剂罐注入阀的接头连接起来，如图 5-62 所示，打开制冷剂罐开启阀，再拧开压力表软管一端的螺母，让气体溢出几秒钟，把软管中的空气赶走，然后再拧紧螺母。

（3）拧开高压侧手动阀至全开位置，将制冷剂罐倒立，以便从高压侧充注液态制冷剂。

(4) 从高压侧注入规定量的液态制冷剂。关闭制冷剂罐注入阀及压力表的手动高压阀,然后将仪表卸下。特别要注意,从高压侧向系统充注制冷剂时,发动机处于不启动状态(压缩机停转),更不可拧开压力表上的手动低压阀,以防产生液压冲击。

2. 低压端充注制冷剂

通过压力表上的手动低压阀,可向制冷系统的低压侧充注气态制冷剂。

(1) 将空调压力表与压缩机和制冷剂罐连接好,如图 5-63 所示。

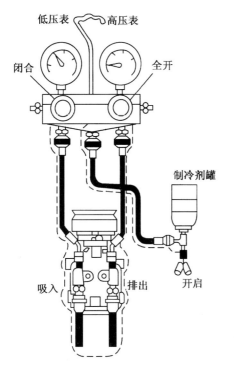
图 5-62 从高压端充注液态制冷剂

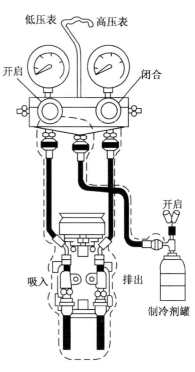
图 5-63 从低压端充注气态制冷剂

(2) 打开制冷剂罐,拧松中间注入软管在压力表上的螺母,直到听见有制冷剂蒸气流动的声音,然后拧紧螺母。目的是排出注入软管中的空气。

(3) 打开手动低压阀,让制冷剂进入制冷系统。当系统的压力值达到 0.4 MPa 时,关闭手动低压阀。

(4) 启动发动机,将空调开关(A/C)接通,并将鼓风机开关调至最大挡,设定温度调到最低。

(5) 再打开压力表的低压侧手动阀,让制冷剂继续进入制冷系统,直至充注量达到规定值。

(6) 在向系统中充注规定量制冷剂之后，从储液干燥器的观察窗观察，确认系统内无气泡、无过量制冷剂。随后将发动机转速调至 2 000 r/min，鼓风机风量调到最高挡，若环境温度为 30～35℃，系统内低压侧压力应为 0.147～0.192 MPa，高压侧压力应为 1.37～1.67 MPa。

(7) 充注完毕后，关闭压力表上的手动低压阀，关闭装在制冷剂罐上的注入阀，发动机停止运转，将压力表从压缩机上卸下，卸下时动作要迅速，以免过多制冷泄出。

任务训练三　自动空调的检修

一、自动空调故障代码的读取、检修与清除

不同品牌轿车自动空调故障代码的读取方法各不相同，大致分为利用空调面板开关读取故障代码和利用汽车故障诊断仪读取故障代码两种方法，下面以天津丰田花冠轿车为例进行故障代码的读取与清除实训。

(一) 故障代码的读取与清除

1. A/C 控制开关的操作

(1) 将点火开关转至 ON 位置，同时按下 AUTO 和 R/F 开关，进行指示灯检查。如果 AUTO 和 R/F 开关没有同时按下，则取消检查模式并开始 A/C 控制。

(2) 指示灯检查结束后，则自动进入故障代码检查（传感器检查）连续操作模式。在这种模式下，按下 R/F 开关，则进入执行器检查连续操作模式；按下 OFF 开关，则取消检查模式并能开始 A/C 控制；按下 DEF 开关，则进入故障代码检查（传感器检查）分步操作模式。

(3) 在故障代码检查（传感器检查）分步操作模式下，按下 R/F 开关，则进入执行器检查连续操作模式；按下 AUTO 开关，则返回到故障代码检查（传感器检查）连续操作模式；按下 DEF 开关，则进行分步操作；按下 OFF 开关，则取消检查模式并能开始 A/C 控制。

(4) 在执行器检查连续操作模式下，按下 AUTO 开关，则进入故障代码检查（传感器检查）连续操作模式；按下 OFF 开关，则取消检查模式并能开始 A/C 控制；按下 DEF 开关，则进入执行器检查分步操作模式。

(5) 在执行器检查分步操作模式下，按下 R/F 开关，则返回到执行器检查连续操作模式；按下 AUTO 开关，则返回到故障代码检查（传感器检查）连续操作模式；按下 DEF 开关，则进行分步操作；按下 OFF 开关，则取消检查模式并能开始 A/C 控制。

2. 指示灯的检查

同时按下 AUTO 和 R/F 开关，将点火开关转至 ON 位置，所有的指示灯在 1 s 内应亮灭 4 次。完成指示灯检查后，系统自动进入故障代码检查模式。

3. 故障代码的检查（传感器检查）

在结束指示灯检查后，系统自动进入到故障代码检查模式，这时可通过控制面板读取故障代码。如果要求显示变慢，则按下 DEF 开关，转换至分步操作模式，每按 DEF 开关一次，显示屏变化一次。故障代码如表 5-4 所示。

表 5-4 花冠轿车自动空调故障代码表

故障代码	故障诊断	故障说明
00	正常	—
11	车内温度传感器电路故障	（1）车内温度传感器有故障 （2）空调放大器有故障 （3）车内温度传感器与空调放大器间的配线和连接器有故障
12	环境温度传感器电路故障	（1）环境温度传感器有故障 （2）环境温度传感器与空调放大器间的配线和连接器有故障 （3）空调放大器有故障
13	蒸发器温度传感器电路故障	（1）蒸发器温度传感器有故障 （2）蒸发器温度传感器与空调放大器间的配线和连接器有故障 （3）空调放大器有故障
14	水温传感器电路故障	（1）水温传感器有故障 （2）水温传感器与发动机和 ECT ECU 间的配线和连接器有故障 （3）发动机和 ECT ECU 与仪表 ECU 间的配线和连接器有故障 （4）仪表 ECU 与空调放大器间的配线和连接器有故障 （5）空调放大器有故障
21	日光传感器电路短路 日光传感器电路断路	（1）日光传感器有故障 （2）日光传感器与空调放大器间的配线和连接器有故障 （3）空调放大器有故障
23	压力开关电路故障	（1）压力开关有故障 （2）空调放大器有故障 （3）压力开关与空调放大器间的配线和连接器有故障
31	空气混合风挡位置传感器电路故障	（1）空气混合风挡位置传感器有故障 （2）空调放大器有故障 （3）空气混合风挡位置传感器与空调放大器间的配线和连接器有故障
33	出风口风挡位置传感器电路故障	（1）出风口风挡位置传感器有故障 （2）空调放大器有故障 （3）出风口风挡位置传感器与空调放大器间的配线和连接器有故障
41	空气混合风挡控制伺服电动机故障	（1）空气混合风挡控制伺服电动机有故障 （2）空气混合风挡位置传感器有故障 （3）空气混合风挡控制伺服电动机与空调放大器间的配线和连接器有故障 （4）空调放大器有故障

续表

故障代码	故障诊断	故障说明
43	出风口风挡控制伺服电动机故障	（1）出风口风挡控制伺服电动机有故障 （2）出风口风挡位置传感器有故障 （3）出风口风挡控制伺服电动机与空调放大器间的配线和连接器有故障 （4）空调放大器有故障

注：1. 如果车内温度约为 −18.6℃ 或更低，即使 A/C 系统是正常的，故障代码 11 仍可能出现。
2. 如果环境温度约为 −52.9℃ 或更低，即使 A/C 系统是正常的，故障代码 12 仍可能出现。
3. 如果正在检查的车辆在黑暗处，则故障代码 21（日光传感器电路不正常）可能出现。

4. 故障代码的清除

故障代码清除方式有以下两种：

（1）在故障代码检查模式下，同时按下 DEF 开关和 Rr DEF 开关，即可清除故障代码；

（2）从发动机室中继线盒内拔出 DOME 保险丝至少 20 s 或更长时间，即可清除故障代码。

5. 执行器的检查

（1）进入故障代码检查模式后，按下 R/F 开关，便进入到执行器检查模式。

（2）由于每个风挡、电动机和继电器以 1 s 为时间间隔，在温度显示屏上从第 10 步开始按顺序显示，用手检查温度和空气流量。如果要求显示变慢，则按下 DEF 开关，转换至分步操作模式。每按 DEF 开关一次，显示屏变化一次。执行器检查方法如表 5-5 所示。

表 5-5 执行器的检查

显示代码	鼓风机电动机	出风口风挡	进气口风挡	电磁离合器	空气混合风挡
0	OFF	FACE	FRESH	OFF	冷侧（0% 开度）
1	1	FACE	FRESH	OFF	冷侧（0% 开度）
2	16	FACE	FRESH	ON	冷侧（0% 开度）
3	16	FACE	FRESH	ON	冷侧（0% 开度）
4	16	FACE	RECIRC	ON	冷/热（50% 开度）
5	16	BI − LEVEL	RECIRC	ON	冷/热（50% 开度）
6	16	FOOT	RECIRC	ON	热侧（100% 开度）
7	16	FOOT	RECIRC	ON	热侧（100% 开度）
8	16	FOOT/DEF	RECIRC	ON	热侧（100% 开度）
9	31	DEF	RECIRC	ON	热侧（100% 开度）

(二)故障代码的检修

1. 故障代码 11 的检修

故障代码 11 的检查电路如图 5-64 所示,检修步骤如表 5-6 所示。

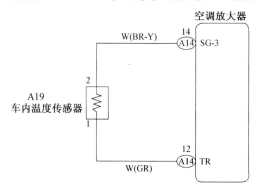

图 5-64 故障代码 11 的检查电路

表 5-6 故障代码 11 的检修步骤

(1) 检查空调放大器
拆下空调放大器,但连接器仍连着,将点火开关转至 ON 位置,检查空调放大器连接器端子 A14-12 (TR) 与 A14-14 (SG-3) 间的电压,20℃时应为 1.8～2.2 V,40℃应为 1.2～1.6 V。若正常,则按故障症状表进行下一个电路检查;若不正常,则进行下一步检查
(2) 检查车内温度传感器
拆下车内温度传感器,检查车内温度传感器连接器端子 1 与 2 间的电阻。20℃时应为 1.65～1.75 kΩ,40℃时应为 0.55～0.65 kΩ。若正常,则进行下一步检查;若不正常,则更换车内温度传感器
(3) 检查车内温度传感器与空调放大器间的配线和连接器
若正常,则检查并更换空调放大器;若不正常,则修理或更换配线和连接器

2. 故障代码 12 的检修

检修故障代码 12 时可参阅电路图 5-65,检修步骤如表 5-7 所示。

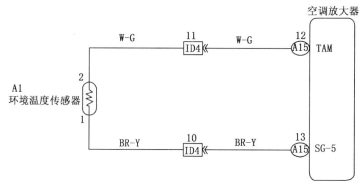

图 5-65 故障代码 12 的检查电路

表5-7 故障代码12的检修步骤

（1）检查空调放大器

拆下空调放大器，但连接器仍连着，将点火开关转至 ON 位置，检查空调放大器连接器端子 A15-12（TAM）与 A15-13（SG-5）间的电压，20℃时应为 1.4～1.8 V，40℃应为 0.9～1.3 V。若正常，则按故障症状表进行下一个电路检查；若不正常，则进行下一步检查

（2）检查环境温度传感器

拆下环境温度传感器，检测环境温度传感器连接器端子1与2间的电阻，25℃时应为 1.65～1.75 kΩ，40℃时应为 0.55～0.65 kΩ。若正常，则进行下一步检查；若不正常，则更换环境温度传感器

（3）检查环境温度传感器与空调放大器间的配线和连接器

若正常，则检查并更换空调放大器；若不正常，则修理或更换配线和连接器

3. 故障代码13的检修

检修故障代码13时可参阅电路图 5-66，检修步骤如表 5-8 所示。

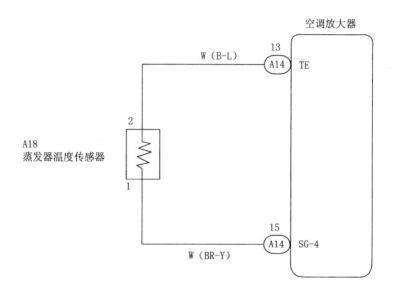

图 5-66 故障代码 13 的检查电路

表 5-8 故障代码 13 的检修步骤

（1）检查空调放大器

拆下空调放大器，但连接器仍连着，将点火开关转至 ON 位置，检查空调放大器连接器端子 A14-13（TE）与 A14-15（SG-4）间的电压，0℃时应为 2～2.4 V，15℃应为 1.4～1.8 V。若正常，则按故障症状表进行下一个电路检查；若不正常，则进行下一步检查

续表

（2）检查蒸发器温度传感器

拆下蒸发器温度传感器，检查蒸发器温度传感器连接器端子1与2间的电阻。温度与电阻的关系如图5-67所示。若正常，则进行下一步检查；若不正常，则更换蒸发器温度传感器

（3）检查蒸发器温度传感器与空调放大器间的配线和连接器

若正常，则检查并更换空调放大器；若不正常，则修理或更换配线和连接器

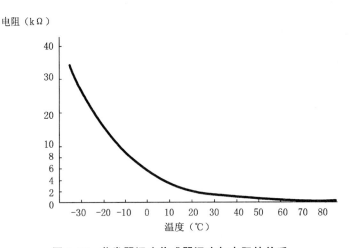

图5-67 蒸发器温度传感器温度与电阻的关系

4. 故障代码14的检修

检修故障代码14时可参阅图5-68所示的空调放大器与发动机ECU的通信电路，检修的步骤如表5-9所示。

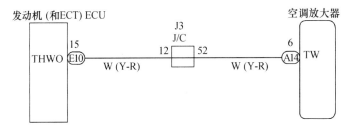

图5-68 故障代码14的检查电路

表 5-9 故障代码 14 的检修步骤

(1) 读取故障代码,应没有故障代码 P0115

若正常,则进行下一步检查;若不正常,则检查发动机控制系统

(2) 检查发动机和 ECT ECU 与空调放大器间的配线和连接器

若正常,则检查和更换空调放大器;若不正常,则修理或更换配线和连接器

5. 故障代码 21 的检修

检修故障代码 21 时可参阅图 5-69 所示的日光传感器工作电路,检修的步骤如表 5-10 所示。

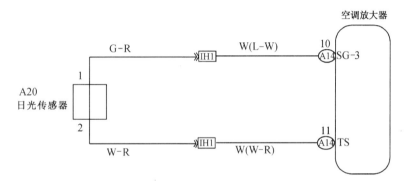

图 5-69 日光传感器工作电路

表 5-10 故障代码 21 的检修步骤

(1) 检查空调放大器

拆下空调放大器,但连接器仍连着,将点火开关转至 ON 位置,检查空调放大器连接器端子 A14-10(SG-3)与 A14-11(TS)间的电压,用灯光照射日光传感器时应小于 4 V,用布罩住日光传感器时应为 4～4.5 V。若正常,则按故障症状表进行下一个电路检查;若不正常,则进行下一步检查

(2) 检查日光传感器

拆下日光传感器,用布遮住日光传感器,检查日光传感器端子 1 与 2 间的导通性,应不导通。用灯光照射日光传感器,检查日光传感器端子 1 与 2 间的电阻,约为 10 kΩ。若正常,则进行下一步检查;若不正常,则更换日光传感器

(3) 检查日光传感器与空调放大器间的配线和连接器

若正常,则更换空调放大器;若不正常,则修理或更换配线和连接器

6. 故障代码23的检修

检修故障代码23时可参阅图5-70所示的双压力开关工作电路,检修的步骤如表5-11所示。

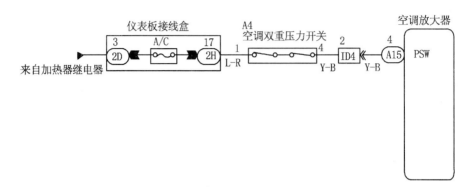

图5-70 双压力开关工作电路

表5-11 故障代码23的检修步骤

(1) 检查空调放大器
安装空调压力表,将点火开关转至ON,制冷剂压力变化时,检查空调放大器连接器端子A15-4(PSW)与车身间的电压。低压侧:压力降至196 kPa时,电压应为12 V;压力升至225 kPa时,电压应为0 V。高压侧:压力降至3 140 kPa时,电压应为12 V 若正常,则按故障症状表进行下一个电路检查,若不正常,则进行下一步检查
(2) 检查压力开关
将点火开关转至ON位置,制冷剂压力变化时,检查压力开关端子1与4间的导通性。低压侧:压力降至96 kPa时,应不导通;压力升至196 kPa时,应导通。高压侧:压力升至3 140 kPa时,应不导通;压力降至2 250 kPa时,应导通。若正常,则进行下一步检查;若不正常,则更换压力开关
(3) 检查压力开关与空调放大器间的配线和连接器
若正常,则检查并更换空调放大器;若不正常,则修理或更换配线和连接器

7. 故障代码31的检修

检修故障代码31时可参阅图5-71所示的空气混合风挡控制伺服电动机工作电路,检修的步骤如表5-12所示。

任务五　汽车空调的故障检修

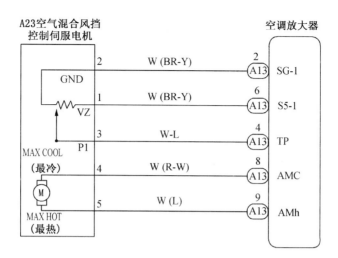

图 5-71　空气混合风挡控制伺服电动机的工作电路

表 5-12　故障代码 31 的检修步骤

（1）检查空调放大器
拆下空调放大器，但连接器仍连着，将点火开关转至 ON 位置，检查空调放大器连接器端子 A13-4（TP）与 A13-2（SG-1）间的电压，温度开关在最冷位置时应为 3.5～4.5 V，温度开关在最热位置时应为 0.5～1.8 V。若正常，则按故障症状表进行下一个电路检查；若不正常，则进行下一步检查
（2）检查空气混合风挡控制伺服电动机
① 拆下空气混合风挡控制伺服电动机，检查空气混合风挡控制伺服电动机连接器端子 1 与 2 间的电阻，应为 4.8～7.2 kΩ 　　② 检查空气混合风挡控制伺服电动机连接器端子 1 与 3 间的电阻，风挡在最冷位置时应为 3.8～5.8 kΩ，风挡在最热位置时应为 0.95～1.45 kΩ。若正常，则进行下一步检查；若不正常，则更换空气混合风挡控制伺服电动机
（3）检查空气混合风挡控制伺服电动机与空调放大器间的配线和连接器
若正常，则检查和更换空调放大器；若不正常，则修理或更换配线和连接器

8. 故障代码 33 的检修

检修故障代码 33 时可参阅图 5-72 所示的出风口风挡控制伺服电动机工作电路，检修的步骤如表 5-13 所示。

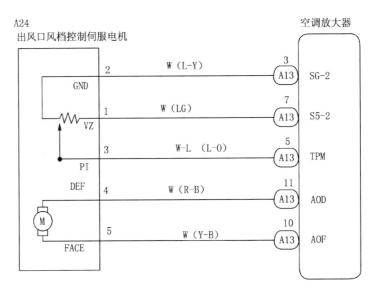

图 5-72 出风口风挡控制伺服电动机的工作电路

表 5-13 故障代码 33 的检修步骤

（1）检查空调放大器
拆下空调放大器，但连接器仍连着，将点火开关转至 ON 位置，检查空调放大器连接器端子 A13-5（TPM）与 A13-3（SG-2）间的电压，出风口在面部（FACE）位置时应为 3.5～4.5V，出风口在除雾位置时应为 0.5～1.5V。若正常，则按故障症状表进行下一个电路检查；若不正常，则进行下一步检查
（2）检查出风口风挡控制伺服电动机
① 拆下出风口风挡控制伺服电动机，检查出风口风挡控制伺服电动机连接器端子 1 与 2 间的电阻，应为 4.2～7.8kΩ。 ② 检查出风口风挡控制伺服电动机连接器端子 1 与 3 间的电阻，风挡在 FACE 位置时应为 0.5～1.1kΩ，风挡在 DEF 位置时应为 3.6～6.8kΩ。若正常，则进行下一步检查；若不正常，则更换出风口风挡控制伺服电动机
（3）检查出风口风挡控制伺服电动机与空调放大器间的配线和连接器
若正常，则检查和更换空调放大器；若不正常，则修理或更换配线和连接器

9. 故障代码 41 的检查

检修故障代码 41 时可参阅图 5-71 所示的空气混合风挡控制伺服电动机工作电路，检修的步骤如表 5-14 所示。

表5-14 故障代码41的检修步骤

（1）检查执行器

设定为执行器检查模式，按下DEF开关，转到分步操作模式，如表5-5所示，用手感觉空气温度。若正常，则按故障症状表进行下一个电路检查；若不正常，则进行下一步检查

（2）检查空气混合风挡控制伺服电动机

拆下空气混合风挡控制伺服电动机，将蓄电池正极与端子4相连，负极与端子5相连，控制杆应平稳转换到COOL（冷）侧；将蓄电池正极与端子5相连，负极与端子4相连，控制杆应平稳转换到WARM（暖）侧。若正常，则进行下一步检查；若不正常，则更换空气混合风挡控制伺服电动机

（3）检查空气混合风挡控制伺服电动机与空调放大器间的配线和连接器

若正常，则检查和更换空调放大器；若不正常，则修理或更换配线和连接器

10. 故障代码43的检查

检修故障代码43时可参阅图5-72所示的出风口风挡控制伺服电动机工作电路，检修的步骤如表5-15所示。

表5-15 故障代码43的检修步骤

（1）检查执行器

暖机，设定为执行器检查模式，按下DEF开关，转到分步操作模式，如表5-5所示，用手感觉出风情况。若正常，则按故障症状表进行下一个电路检查；若不正常，则进行下一步检查

（2）检查出风口风挡控制伺服电动机

拆下出风口风挡控制伺服电动机，将蓄电池正极与端子4相连，负极与端子5相连，控制杆应转至DEF（除雾）位置；将蓄电池正极与端子5相连负极与端子4相连，控制杆应转至FACE（面部）位置。

（3）检查出风口风挡控制伺服电动机与空调放大器间的配线和连接器

若正常，则检查和更换空调放大器；若不正常，则修理或更换配线和连接器

二、空调系统的检修

（一）故障症状表

以丰田花冠轿车为例进行空调系统的故障诊断与维修。丰田花冠轿车空调系统的故障诊断与维修可参阅故障症状表进行，故障症状如表5-16所示。

表 5-16 故障征兆表

故障症状	故障部件	故障症状	故障部件
空调系统的所有功能都失效	（1）IG电源电路有故障 （2）空调放大器有故障	鼓风机不工作	（1）加热器继电器电路有故障 （2）鼓风机电动机电路有故障 （3）空调放大器有故障
鼓风机失控	鼓风机电动机电路有故障	输出的空气流量不足	（1）鼓风机电动机电路有故障 （2）空调放大器有故障
无冷气	（1）制冷剂数量不足 （2）传动皮带有故障 （3）制冷剂压力不正常 （4）压缩机电路有故障 （5）压力开关电路有故障 （6）空气混合风挡控制伺服电动机电路有故障 （7）空气混合风挡位置传感器电路有故障 （8）车内温度传感器电路有故障 （9）车速信号电路有故障 （10）冷凝器电扇电路有故障 （11）空调放大器有故障	无暖风	（1）空气混合风挡控制伺服电动机电路有故障 （2）空气混合风挡位置传感器电路有故障 （3）环境温度传感器电路有故障 （4）车速信号电路有故障 （5）车内温度传感器电路有故障 （6）蒸发器温度传感器电路有故障 （7）空调放大器有故障 （8）加热器散热器有故障
输出空气的温度比设定温度更高、更低或反应慢	（1）车内温度传感器电路有故障 （2）环境温度传感器电路有故障 （3）车速信号电路有故障 （4）日光传感器电路有故障 （5）空气混合风挡位置传感器电路有故障 （6）空气混合风挡控制伺服电动机电路有故障 （7）水温传感器电路有故障 （8）空调放大器有故障	温度失控（仅有最冷或最热）	（1）空气混合风挡控制伺服电动机电路有故障 （2）空气混合风挡位置传感器电路有故障 （3）空调放大器有故障
无进气控制	（1）进气口风挡控制伺服电动机电路有故障 （2）空调放大器有故障	无出气控制	（1）出风口风挡位置传感器电路有故障 （2）出风口风挡控制伺服电动机电路有故障 （3）空调放大器有故障
发动机怠速转速不能升高或一直不变	（1）压缩机电路有故障 （2）空调放大器有故障	显示的温度与设定的温度不一致	空调放大器有故障

续表

故障症状	故障部件	故障症状	故障部件
灯控开关变化时照明灯亮度不变	(1) 照明系统有故障 (2) 空调放大器有故障	冷凝器风扇不能工作	(1) 冷凝器风扇电路有故障 (2) 发动机和 ECT ECU 有故障 (3) 空调放大器有故障
不能进入诊断模式	空调放大器有故障	故障代码没有被记录,点火开关关闭时设定模式被消除	(1) 备用电源电路有故障 (2) 空调放大器有故障

（二）空调系统电路的检修

1. IG 电源电路的检修

（1）IG 电源电路

IG 电源工作电路如图 5-73 所示,电路检修时可参阅此电路图。

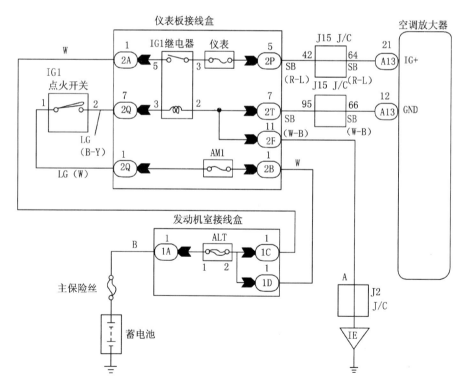

图 5-73　IG 电源电路

（2）电路检修过程

IG 电源电路的检修步骤如表 5-17 所示。

表 5-17　IG 电源电路的检修步骤

（1）检查仪表保险丝
拆下发动机室接线盒内的仪表保险丝，检查仪表保险丝的导通性。若正常，则进行下一步检查；若不正常，则更换仪表保险丝
（2）检查空调放大器
拆下空调放大器，但连接器仍连接着，检查空调放大器连接器端子 A13-21（IG+）与 A13-12（CND）间的电压，应为 10～14 V。若正常，则进行下一步检查；若不正常，则修理或更换配线和连接器
（3）检查空调放大器与车身间的配线和连接器
若正常，则进行下一步检查；若不正常，则修理或更换配线和连接器
（4）检查空调放大器与蓄电池间的配线和连接器：
若正常，则检查和更换空调放大器；若不正常，则修理或更换配线和连接器

2. ACC 电源电路的检修

ACC 电源电路如图 5-74 所示。拆下空调放大器但连接器仍连接着，将点火开关转至 ACC 位置，检测空调放大器连接器端子 A13-20（ACC）与车身间的电压，应为 10～14 V。若正常，则检查和更换空调放大器；若不正常，则修理或更换空调放大器与蓄电池间的配线和连接器。

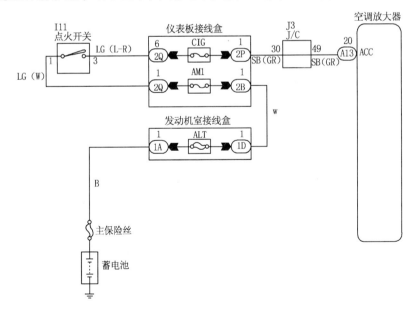

图 5-74　ACC 电源电路

3. 鼓风机电动机电路的检修

(1) 鼓风机电动机电路

鼓风机电动机电路如图 5-75 所示,检修时可参阅此电路。

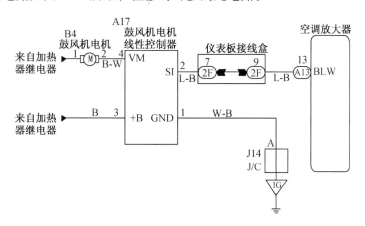

图 5-75 鼓风机电动机电路

(2) 电路检修过程

鼓风机电动机电路的检修过程如表 5-18 所示。

表 5-18 鼓风机电动机电路的检修步骤

(1) 检查鼓风机电动机
拆下鼓风机电动机,将蓄电池正极与鼓风机电动机端子 2 相连,负极与端子 1 相连,鼓风机电动机应平稳转动。若正常,则进行下一步检查;若不正常,则修理鼓风机电动机
(2) 检查蓄电池与鼓风机电动机线性控制器间的配线和连接器
若正常,则进行下一步检查;若不正常,则修理或更换配线和连接器
(3) 检查鼓风机电动机线性控制器与空调放大器间的配线和连接器
若正常,则检查并更换鼓风机电动机线性控制器;若不正常,则修理或更换配线和连接器

4. 压缩机电路的检修

(1) 压缩机电路

压缩机电路如图 5-76 所示,故障检修时可参阅此电路。

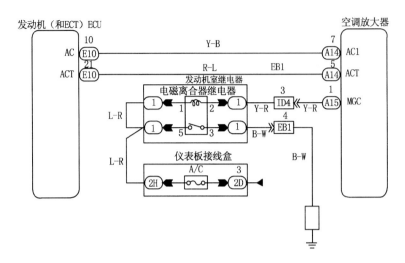

图 5-76 压缩机电路

(2) 电路检修过程

压缩机电路故障的检修过程如表 5-19 所示。

表 5-19 压缩机电路故障的检修步骤

(1) 检查空调放大器
拆下空调放大器但连接器仍连接着，启动发动机并按下 AUTO（自动）开关，检测空调放大器连接器端子 A15-1（MGC）与车身间的电压，打开空调时应小于 1 V，关闭空调时应为 10～14 V。若正常，则进行下一步检查；若不正常，则进行第（5）步检查
(2) 检查电磁离合器继电器
① 拆下发动机室继电器盒内的电磁离合器继电器，如图 5-77（a）所示，电磁离合器继电器端子 1 与 2 间的电阻应为 62.5～90.9 Ω，端子 3 与 5 应不导通 　　② 将蓄电池电压施加在电磁离合器继电器端子 1 与 2 间，端子 3 与 5 间应导通 　　若正常，则进行下一步检查；若不正常，则更换电磁离合器继电器
(3) 检查电磁离合器继电器
脱开压缩机电磁离合器连接器，如图 5-77（b）所示，将蓄电池正极与电磁离合器端子 1 相连，负极与车身相连，电磁离合器应啮合 　　若正常，则进行下一步检查；若不正常，则更换电磁离合器
(4) 检查电磁离合器继电器与压缩机间及压缩机与车身间的配线和连接器
若正常，则按故障症状表进行下一个电路检查；若不正常，则修理或更换配线和连接器

任务五 汽车空调的故障检修

续表

(5) 检查空调放大器

脱开空调放大器连接器 A14,将点火开关转至 ON 位置,检测空调放大器连接器端子 A14-7(AC1)与车身间的电压,应为 10～14 V。若正常,则进行下一步检查;若不正常,则检查并更换空调放大器

(6) 检查空调放大器

插回空调放大器连接器 A14,启动发动机,按下 AUTO(自动)开关,检测空调放大器连接器端子 A14-7(AC1)与车身间的电压,电磁离合器啮合时应小于 1 V,电磁离合器断开时应为 10～14 V。若正常,则进行下一步检查;若不正常,则检查并更换发动机和 ECT ECU

(7) 检查空调放大器

启动发动机,按下 AUTO(自动)开关,检测空调放大器连接器端子 A14-5(ACT)与车身间的电压,打开空调开关时应为 10～14 V,关闭空调开关时应小于 1 V。若正常,则进行下一步检查;若不正常,则修理或更换发动机和 ECT ECU 与空调放大器间的配线和连接器

(8) 检查空调放大器与发动机和 ECT ECU 间的配线和连接器

若正常,则更换空调放大器;若不正常,则修理或更换配线和连接器

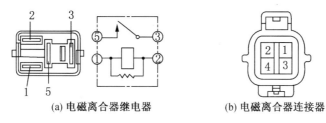

(a) 电磁离合器继电器　　　(b) 电磁离合器连接器

图 5-77　电磁离合器继电器

思 考 题

1. 汽车空调有哪些功能？汽车空调由几部分组成？
2. 对汽车空调用制冷剂和冷冻机油有什么要求？
3. 汽车空调制冷系统由哪些部件组成？简述制冷循环的工作过程。
4. 汽车空调系统常用的压缩机有几种类型？试分析斜盘式压缩机的结构特点与工作过程。
5. 试分析摇板式压缩机是如何改变排量的？
6. 简述储液干燥器和集液器的作用。
7. 常见的膨胀阀有几种形式？为什么现代汽车空调系统更多地采用 H 形膨胀阀？

8. 热水取暖系统由哪些部件组成？又是如何调节温度的？
9. 汽车通风的方式有几种？综合通风是怎么控制的？
10. 试分析静电集尘式空气净化装置的工作原理？
11. 汽车空调操纵系统有哪些调节功能？
12. 汽车空调控制系统有哪些控制功能？
13. 汽车空调控制系统对发动机转速进行控制的目的是什么？
14. 汽车自动空调系统有哪些功能？自动空调电气控制系统由哪些控制电路组成？
15. 试分析自动空调电气控制系统的工作过程。
16. 如何正确使用汽车空调？
17. 怎样对汽车空调进行基本检查？
18. 汽车空调系统检漏的方法有哪些？
19. 加注制冷剂前是否需要加注压缩机油？说明加注制冷剂的操作流程。
20. 以天津花冠轿车为例，说明如何读取与清除自动空调的故障代码？
21. 花冠轿车自动空调系统读出故障代码13后，如何检修？
22. 如何检修花冠轿车自动空调系统压缩机电路的故障？

任务六　汽车安全气囊的故障检修

任务目标

1. 了解安全气囊系统的作用与类型。
2. 掌握安全气囊系统的组成及主要组成部件的结构特点。
3. 理解安全气囊的工作原理与工作过程。
4. 学会拆装与检测安全气囊系统主要组成部件。
5. 学会读取与清除安全气囊系统的故障代码。
6. 掌握安全气囊系统的检修方法,并能诊断与排除安全气囊系统的常见故障。

任务资讯

任务资讯一　安全气囊系统的组成与控制原理

一、安全气囊的作用与类型

安全气囊系统(Supplemental Restraint System,SRS),即辅助防护系统,是一种被动安全措施,是坐椅安全带的辅助装置,只有在使用安全带的条件下,该系统才能充分发挥保护驾驶员和乘员的作用。由于SRS在汽车发生碰撞时能起到安全防护作用,因此,通常将其称为安全气囊系统。

(一)安全气囊的作用

1. 汽车碰撞

当汽车发生碰撞时,汽车与汽车或汽车与障碍物之间的碰撞称为一次碰撞。一次碰撞后,汽车速度将急剧变化,驾驶员和乘员就会受到惯性力的作用而向前运动,并与车内的转向盘、挡风玻璃或仪表台等构件发生碰撞,这种碰撞称为二次碰撞。在车辆事故中,导致驾驶员和乘员遭受伤害的主要原因是二次碰撞。

碰撞分为正面碰撞和侧面碰撞两种。当汽车发生正面碰撞时,在惯性力的作用下,驾驶员面部或胸部可能与转向盘和挡风玻璃发生二次碰撞,前排乘员可能与仪表台发生二次碰撞,后排乘员可能与前排坐椅发生二次碰撞;当汽车遭受侧面碰撞时,驾驶员和乘员可能与车门、车门玻璃或车门立柱发生二次碰撞。车速越高,惯性力就越大,遭受伤害的程度也就越大。

2. 安全气囊的作用

安全气囊的功用是在车辆受到意外撞击时,能极快地在驾驶员和乘员面前形成一个充气的保护垫,利用气囊排气节流的阻尼作用来吸收人体惯性力产生的动能,并与安全带配合,可以减少车内乘员受伤害的程度,提高汽车的安全性。

正面安全气囊的主要作用是保护驾驶员和乘员的面部和胸部,如图 6-1 所示。侧面安全气囊的主要作用是保护驾驶员和乘员的头部侧面、肩部和腰部。据统计:安全气囊在汽车相撞时,可以使头部受伤的概率减少 25%,面部受伤的概率减少 80% 左右。

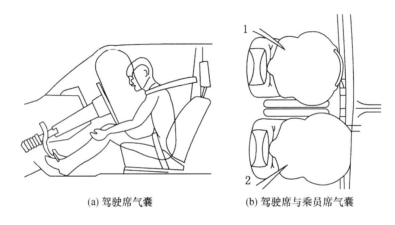

(a) 驾驶席气囊　　(b) 驾驶席与乘员席气囊

图 6-1　汽车受正面碰撞时 SRS 的作用情况

1—驾驶员；2—前排乘员

(二) 安全气囊的类型

1. 按总体结构分类

按总体结构来分,安全气囊可分为机械式安全气囊系统和电子式安全气囊系统两大类。

(1) 机械式安全气囊系统。机械式安全气囊系统不需要使用电源,没有电子电路和电路配线,全部零件组装在转向盘装饰盖板下面,检测碰撞动作和引爆点火剂都是利用机械装置动作来完成的。最早采用机械式安全气囊系统的是日本丰田汽车公司。

(2) 电子式安全气囊系统。电子式安全气囊系统是机械式安全气囊系统和电子技术发展的产物。它是利用传感器检测碰撞信号并送往 SRS ECU,ECU 根据传感器信号并利用内部预先设置的程序不断进行数学计算和逻辑判断。当判断结果为发生碰撞时,ECU 立即发出点火指令引爆点火剂；点火剂引爆时产生大量热量使充气剂(叠氮化钠药片)受热分解,并产生大量氮气向 SRS 的气囊充气。目前，汽车采用的安全气囊系统普遍都是电子式安全气囊系统。如日本本田公司的雅阁、市民；丰田公司的雷克萨斯、皇冠；瑞典沃尔沃公司的 850、960；美国福特公司的林肯城市等轿车采用的均为电子式安全气囊系统。

2. 按气囊数量分类

按气囊的数量来分，安全气囊可分为单安全气囊系统、双安全气囊系统和多安全气囊系统。

（1）单安全气囊系统只装备有驾驶席气囊。20 世纪 90 年代以前车辆上装备的基本上都是单安全气囊系统。

（2）双安全气囊系统装备有驾驶席和前排乘员席两个气囊，近几年生产的轿车大多数采用了双安全气囊系统，如丰田佳美、马自达 626、929 型轿车和美国福特林肯城市轿车用的安全气囊系统等。

（3）多安全气囊系统装备有 3 个或 3 个以上气囊，除了在乘员正面装有安全气囊外，在侧面也装有安全气囊，使车辆的安全性进一步得到提高。如瑞典沃尔沃 850、960、S70、S80 型轿车装备的安全气囊系统。无论安全气囊系统数量多少，均可采用一个 SRS 专用电脑控制。

3. 按控制功能分类

按控制功能来分，安全气囊可分为智能型安全气囊系统和二级式安全气囊系统。

（1）智能型安全气囊系统。这种安全气囊系统在车辆碰撞达到气囊引爆程度时，首先判断哪个坐椅上有乘员，并引爆相应的安全气囊，而没有乘员侧的安全气囊则不引爆，从而节约维修成本，减少资源浪费。

（2）二级式安全气囊系统。二级式安全气囊在气囊引爆时，通过碰撞传感器检测碰撞的严重程度，碰撞程度较轻时只让安全气囊充气 70%，剩下 30% 安全气囊的容量不充气或延时后充气；碰撞程度较重时一次 100% 充气，以充分保护驾驶员和乘员的安全。如 07 款的宝马和凯美瑞就采用二级式安全气囊。

二、安全气囊系统的组成与控制原理

（一）安全气囊系统的组成

各类型汽车安全气囊系统采用控制部件的结构、数量和安装位置各有不同，但其基本组成大致相同，主要由碰撞传感器、安全气囊电子控制单元（SRS ECU）、气囊组件、螺旋电缆和 SRS 指示灯等组成。控制部件的安装位置如图 6-2 所示。

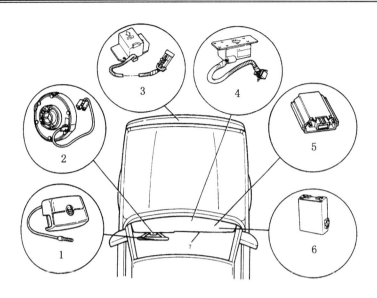

图6-2 汽车安全气囊系统的组成

1—气囊组件；2—螺旋电缆；3—前置碰撞传感器；4—内置传感器；5—减速度传感器；
6—安全气囊控制模块；7—仪表板

（二）安全气囊系统的控制原理

1. 安全气囊系统的控制原理

当汽车遭受正面碰撞和侧面碰撞时，安全气囊系统的控制原理完全相同。正面碰撞时安全气囊的控制原理如图6-3所示。

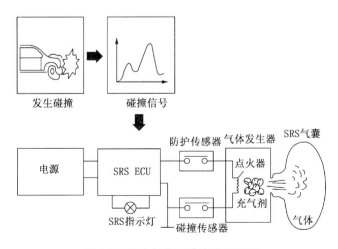

图6-3 安全气囊系统的控制原理

当汽车遭受前方一定角度范围内的碰撞时，安装在汽车前部和 SRS ECU 内部的碰撞传感器都会检测到汽车突然减速的信号，并将信号输入 SRS ECU，以便判断是否发生碰撞。当汽车遭受碰撞且减速度达到设定阈值时，SRS ECU 发出控制指令将气囊组件中的点火器（电热丝）电路接通，电热丝通电发热引爆点火剂（引药）。点火剂引爆时，迅速产生大量热量，使充气剂（叠氮化钠固体药片）受热分解并释放出大量氮气充入气囊，气囊便冲开气囊组件上的装饰盖板鼓向驾驶员和乘员，使驾驶员和乘员面部和胸部压靠在充满气体的气囊上，在人体与车内构件之间铺垫一个气垫，将人体与车内构件之间的碰撞变为弹性碰撞，通过气囊产生变形和排气节流来吸收人体碰撞产生的动能，从而达到保护人体之目的。

2. 安全气囊系统的控制过程

根据德国博世公司在奥迪轿车上的试验研究表明：当汽车以车速 50 km/h 与前面障碍物碰撞时，安全气囊的动作时序如图 6-4 所示。

（1）碰撞发生约 10 ms 后，SRS 达到引爆极限，点火器引爆点火剂并产生大量热量，使充气剂（叠氮化钠药片）受热分解，驾驶员尚未动作，如图 6-4（a）所示；

（2）碰撞发生约 40 ms 后，气囊完全充满，体积最大，驾驶员向前移动，安全带斜系在驾驶员身上并拉紧，部分冲击能量已被吸收，如图 6-4（b）所示；

（3）碰撞发生约 60 ms 后，驾驶员头部及身体上部压向气囊，气囊的排气孔在气体和人体压力作用下排气节流吸收人体与气囊之间弹性碰撞产生的动能，如图 6-4（c）所示；

（4）碰撞发生约 110 ms 后，大部分气体已从气囊逸出，驾驶员身体上部回到坐椅靠背上，汽车前方恢复视野，如图 6-4（d）所示；

（5）碰撞发生约 120 ms 后，碰撞危害解除，车速降低直至为零。

由此可见，从开始充气到完全充满约为 40 ms；从汽车遭受碰撞开始到气囊收缩为止，所用时间仅为 120 ms 左右，而人们眨眼睛所用时间约为 200 ms 左右。因此，安全气囊在碰撞过程中动作时间极短，气囊动作状态和经历时间无法用肉眼确认。

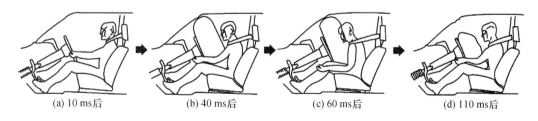

(a) 10 ms后　　　　(b) 40 ms后　　　　(c) 60 ms后　　　　(d) 110 ms后

图 6-4　安全气囊动作时序

3. 安全气囊的有效范围

汽车 SRS 并非在所有碰撞情况下都能起作用。如图 6-5 所示,正面 SRS 只有在汽车正前方或斜前方 ±30° 角范围内发生碰撞,纵向减速度达到设定阈值,且防护传感器和任意一只前碰撞传感器接通时,才能引爆气囊充气。在下列条件之一的情况下,正面气囊不会引爆充气。

(1) 汽车遭受侧面碰撞超过斜前方 ±30° 角时;
(2) 汽车遭受横向碰撞时;
(3) 汽车遭受后方碰撞时;
(4) 汽车发生绕纵向轴线侧翻时;
(5) 纵向减速度未达到设定阈值时;
(6) 所有前碰撞传感器都未接通或 SRS ECU 内部的防护传感器未接通时;
(7) 汽车正常行驶、正常制动或在路面不平的道路条件下行驶时。

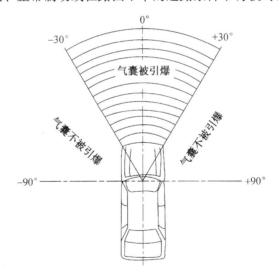

图 6-5 正面碰撞时 SRS 的有效范围

4. 减速度阈值的设定

减速度阈值根据 SRS 的性能设定,不同车型 SRS 的减速度阈值有所不同。在美国,因为 SRS 是按驾驶员不佩戴坐椅安全带来设计的,气囊体积大、充气时间长,所以 SRS 应在较低的减速度阈值时引爆气囊,即汽车以较低车速(20 km/h 左右)行驶而发生碰撞时,且减速度达到设定阈值,SRS 就应引爆。在日本和欧洲,由于 SRS 是按驾驶员佩戴坐椅安全带来设计的,气囊体积小、充气时间短,所以设定的减速度阈值较高,汽车以较高车速(30 km/h

左右）行驶而发生碰撞时，且减速度达到设定阈值，SRS 才能引爆气囊充气。

侧面气囊只有在汽车遭受侧面碰撞且横向加速度达到设定阈值时，才能引爆气囊充气，且不会给正面气囊充气。

任务资讯二　安全气囊系统部件的结构与原理

一、碰撞传感器

（一）碰撞传感器的类型

安全气囊系统的传感器按其功能来分，有碰撞式传感器和安全式传感器两大类。

1. 碰撞式传感器

碰撞式传感器是安全气囊系统中主要的控制信号输入装置。碰撞式传感器安装在车辆的前部，也叫前方碰撞传感器，在前左、右挡泥板各装一个，有的前面保险杠中间还装有一个，其作用是在汽车发生碰撞时，由碰撞传感器检测汽车碰撞的强度信号，检测的范围一般是前方左右两侧纵向 30°内的撞击。并将信号输入 ECU，ECU 根据碰撞传感器的信号来判定是否引爆充气元件使气囊充气。有些车辆还装有中央式碰撞传感器，安装在车辆的安全气囊系统 ECU 内部，用来检测高速碰撞的信息，提高系统工作的安全可靠性，也叫做中央碰撞传感器。

2. 安全传感器

安全传感器又称为碰撞防护传感器，安全传感器的主要功用是用来防止安全气囊系统在非碰撞状况下引起气囊的误动作，它通常也安装在 ECU 内。防护传感器与碰撞传感器的结构原理完全相同，其唯一区别在于设定的减速度阈值有所不同。所以一只碰撞传感器既可以用作碰撞传感器，也可以用作碰撞防护传感器，但是必须重新设定其减速度阈值。设定减速度阈值的原则是，碰撞防护传感器的减速度阈值比碰撞信号传感器的减速度阈值稍小。当汽车以 40 km/h 左右的速度撞到一辆静止或同样大小的汽车上或以 20 km/h 左右的速度迎面撞到一个不可以变形的障碍物上时，减速度就会达到碰撞信号传感器设定的阈值，传感器就会动作。

（二）惯性开关式传感器

如图 6-6（a）所示为丰田车系所采用的惯性开关式碰撞传感器的内部结构。传感器由壳体、偏心转子、偏心重块、固定触点、旋转触点等部分组成，在传感器外还固定有一个电阻 12，如图 6-6（c）所示，电阻 12 的功用是对系统进行自检时，检测 ECU 与前气囊碰撞传感器之间的连接导线是否断路或短路。

传感器工作原理如图 6-6（b）所示。在正常情况下，偏心转子和偏心重块在螺旋弹簧弹力的作用下，顶靠在与外壳相连的止动块上，此时，旋转触点与固定触点不接触，开关"OFF"，当汽车发生碰撞时，偏心重块由于惯性力将带动偏心转子克服弹簧弹力产生偏转。当碰撞强度达到设定值时，偏心转子偏转角度将使旋转触点与固定触点接触而闭合，此时碰撞传感器向ECU输入一个"ON"信号。ECU只有收到碰撞传感器输入的"ON"信号时，才会去引爆充气元件。

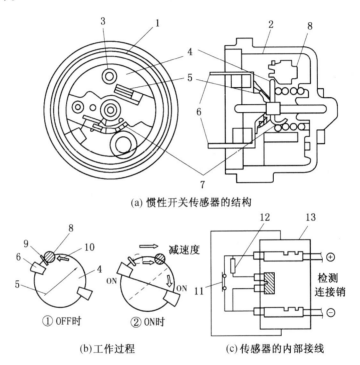

图 6-6 惯性开关式传感器

1—传感器总成；2—壳体；3—偏心重块轴；4—偏心转子；5—旋转触点；6—固定触点；
7—螺旋弹簧；8—偏心重块；9—限位器；10—螺旋弹簧恢复力作用方向；
11—传感器触点；12—检测电阻；13—插座

（三）磁性阻尼式传感器

磁性阻尼式碰撞传感器如图6-7所示，是在福特等车辆上使用的BREED公司生产的黏性阻尼式传感器。这种传感器是将一个球体安装在圆筒中，正常情况下，球体受磁铁吸引，位于壳体内侧，碰撞时，球体克服磁铁的磁力，移动到触点处，使触点闭合，输出电信号。

（四）水银式安全传感器

汽车安全气囊系统通常设置2个安全传感器，用来防止系统在非碰撞状况引起气囊的误动作。它们装在安全气囊电子控制器内，它实际上是个水银常开开关，如图6-8所示。当发生碰撞时，惯性力将水银抛向上方接线触头，使接线端子之间电路闭合，将点火器电路接通引爆。只有当前方的碰撞传感器和ECU内的安全传感器同时被接通之后，ECU才会控制气囊充气，防止安全气囊意外打开。

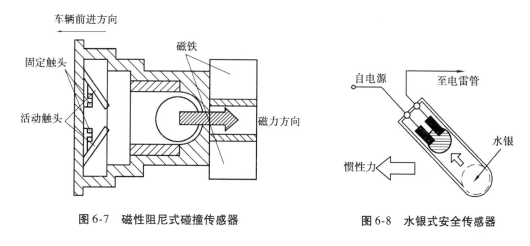

图6-7 磁性阻尼式碰撞传感器　　　　图6-8 水银式安全传感器

二、气囊组件

气囊组件按功用分为正面气囊组件和侧面气囊组件。按安装位置分为驾驶席、副驾驶席、后排乘员席组件和侧面气囊组件四种。驾驶席与乘员席气囊组件的组成部件与工作原理基本相同，只是结构尺寸有所不同，而且驾驶席气囊组件需配用螺旋电缆。气囊组件都是由气体发生器、气囊、饰盖和底板等组成。

（一）气体发生器

气体发生器是气囊组件中非常重要而又复杂的一部分。该装置最突出的特点是燃爆品，在极短的时间内可使环境发生剧烈变化。气体发生器通常分为固体燃料式和混合式两种。固体燃料式气体发生器所产生的气体全部来自气体发生剂（即汽化剂）的燃烧，所以气体灼热。混合式气体发生器则是在储汽缸中储有压缩气体和一小部分火药，工作时火药将储汽缸阀门炸开，压缩气体冲击。使用混合式气体发生器时的气囊温度比使用固体式气体发生器时的温度低。

气体发生器主要由外壳、引发器或引燃器、增压充剂、气体发生剂、过滤器等组成。如图6-9所示。

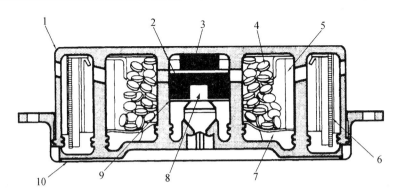

图 6-9 安全气囊气体发生器内部结构
1—外壳；2—点火剂；3—增压充剂；4—气体发生剂；5—隔膜；6—滤网总成；
7—支撑盘；8—引信；9—硫化密封剂层；10—标牌

1. 气体发生器外壳

气体发生器外壳一般采用铝合金或钢板冲压成型。目前，铝合金外壳已逐步取代钢板外壳。铝合金外壳底部采用惰性气体保护焊接，出气口处用铝箔黏接封严。

2. 引信（引燃器）

引燃器由引爆筒总成和尼龙壳体组成。引爆筒又由电热丝、药托、药筒等组成。在传感器动作时，引燃器响应来自电源的低电平信号使气囊点火系统触发。它的作用过程是，引燃器引线端有电，电流通过电热丝，电热丝产生热量，引燃火药，生成的压力和热量冲破药筒将增压充剂引燃。与引燃器相接的连接器中设有短路条，当连接器摘下或未完全接合时，短路条将引线短接搭铁，防止因静电、感应电或误通电造成气囊误膨胀。

3. 增压充剂

增压充剂装于引燃器与气体发生剂之间。当引燃器引燃后，引燃增压充剂，冲撞（或粉碎）气体发生剂，促进气体发生剂的快速燃烧。

4. 气体发生剂（气化剂）

目前，气体发生器使用的气体发生剂主要是叠氮化钠合剂，该合剂燃烧后产生氮气。为使叠氮化钠充分燃烧，需加入助燃剂。叠氮化钠合剂的优点是，在高温时化学性能稳定，而且可以通过调整助燃剂的比例，较容易地调整火药的燃烧速度和燃烧后的杂质。在使用过程中，它通常制做成片状，这是因为这种工艺比较成熟并且便于通过改变片剂厚度来调节气体发生器的特性。但叠氮化钠合剂具有毒性，所以用其他无毒化合物做燃料的气体发生器应运而生。由于大多数这类无毒化合物几乎不需要催化剂，产生所需体积气体的剂量也很小，所以该气体发生器可以设计得很小。但是，在环境温度升高时，这类气体发生剂的化学性能不够稳定，很难控制其燃烧速度，而且它的爆炸力也比叠氮化钠大得多。在长时间较高环境温度下，这类气体发生剂的爆炸力将大大超过设计要求，使得气体发生器非常危险。因此，采用非叠氮化钠化合物作为气体发生剂还有待于完善。

5. 过滤器

过滤器具有两方面的作用：一是冷却生成的气体；二是滤出燃烧后产生的杂质。一般采用金属纤维毡加陶瓷纤维纸作为过滤介质。

（二）螺旋电缆

1. 结构特点

螺旋电缆的功用是把电信号输送到安全气囊引信（装在转动的方向盘内）的接线上。由于驾驶员侧气囊是安装在方向盘上的，而方向盘需要转动，为了实现这种静止端与活动端的可靠连接，因此采用螺旋形电缆，如图6-10所示。螺旋电缆安装在托盘内，托盘则通过螺栓固定在转向轴顶部，它是以顺逆两个方向的盘绕来实现做旋转运动的一端与固定端的可靠连接的。电缆内侧是固定端，用键与转向轴固定在一起；外侧是活动端，通过连接器与引燃器连在一起。

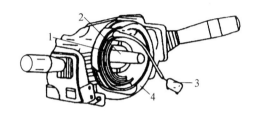

图6-10 驾驶员气囊组件中的螺旋形电缆
1—电缆；2—转向轴；3—连接器；4—壳体

2. 螺旋电缆的电阻

螺旋形电缆的电阻取决于其本身材料和长度。电缆材料为复合膜铜带，一面是铜，一面是聚酯薄膜。长度由方向盘最大转向圈数和转向轴安装毂的最小内径决定，一般电缆长约为4.8 m。转向轴处于中间位置，可分别向左右作2.5圈转动。由于与电缆连接的引燃器阻抗很小，故对电缆阻抗的偏差要严格控制，否则会影响ECU对引燃器故障的诊断。

（三）气囊

气囊按布置可分为司机侧气囊、乘员侧气囊、后排气囊、侧面气囊等；按大小分为保护整个上身的大型气囊和保护面部或膝部的小型气囊。护面气囊成本较低，但一定要和坐椅安全带配合使用才有保护作用。由于欧洲（尤其是德国）普遍使用安全带，所以欧洲汽车多使用小型气囊。美国则针对未使用安全带而设计，采用了大型气囊。

如果使气囊以爆炸速度直接展开，则有可能撞击到驾驶员，使之受到伤害。为此，气囊的后部和侧向带有缝隙或排气口，从而实现气囊可控的展开。理想的情况是：气囊应在汽车发生碰撞之后，驾驶员或乘员开始前扑之前瞬时展开，此时，驾驶员或乘员头部移动须小于15 cm。接着驾驶员或乘员扑向气囊，而气囊也立即冷却和泄漏，在气囊收缩的同时吸收冲击能量，保护驾驶员或乘员免受伤害。安全气囊的性能要求如表 6-1 所示。

表 6-1 对气囊的性能要求

特　　性	要　　求
抗拉伸性能	连接处和孔眼大于 2.5 kN
最大延展性	22%～32%
抗热能力	难燃，耐 373 K 高温
抗冷能力	在 243 K 下可折叠和弯曲
抗老化能力	在 373 K 的环境温度和最大拉力下存放 7 天，在 313 K 和 92% 的相对湿度下存放 6 天不得有任何变化
抗弯折能力	对带涂层织物而言，为 10 万次弯折
更换期	15 年

三、ECU

ECU（电子控制单元）主要由 SRS 逻辑模块、信号处理电路、备用电源电路、保护电路和外接电路等组成。安全传感器一般与 SRS ECU 一起被制作在 SRS 控制组件中。如图 6-11 所示。

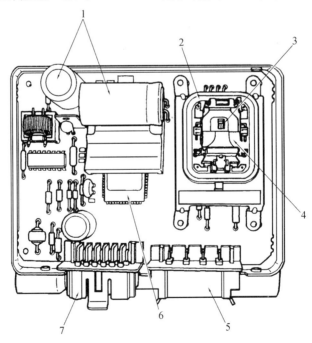

图 6-11　SRS ECU

1—储电电容；2—中央传感器；3—传感器触点；4—惯性配重；5—4 脚接头；
6—逻辑模块；7—SRS ECU 连接器

1. SRS 逻辑模块

SRS 逻辑模块主要用于判断汽车纵向减速度或惯性力是否达到设定值，控制气囊组件中的点火器引燃点火剂。

2. 信号处理电路

信号处理电路主要由放大器和滤波电路组成，用于对传感器检测的信号进行整形、放大和滤波，以便 SRS ECU 能够接受、识别和处理外部传感器送来的信号。

3. 备用电源电路

安全气囊系统自身备有备用电源，在应急的情况下也能确保系统正常的工作，备用电源一般由两个大容量的电容作为储电元件。在车辆上的电源断路之后，备用电源能保证 6 s 内为 SRS 提供电能。

4. 保护电路和外接电路

为了防止安全气囊系统的元件受到电路异常电压的损害，电控单元上都设有保护电路。为了防止意外引爆气囊，系统要测外围的多个传感器电路。

为了保证 SRS 系统工作可靠，防止误引爆，系统大多设有碰撞传感器、中央传感器和安全传感器等多个传感器。三者之中，安全传感器闭合所设置的减速度值最小，其相互间的连接关系如图 6-12 所示。

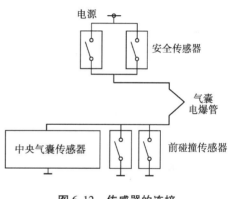

图 6-12 传感器的连接

安全气囊的触发条件是：当车辆发生正面碰撞时，若某个安全传感器和某个碰撞传感器或中央传感器同时闭合，或者三种传感器同时闭合，则安全气囊引爆。

任务训练

任务训练一　安全气囊故障代码的读取与清除

一、读取故障代码

丰田汽车安全气囊系统的故障代码，可用一根跨接线跨接诊断连接器上的 Tc 和 E_1 两个端子，通过仪表板上 SRS 警告灯的闪烁规律读取；也可以通过诊断仪器读取和清除故障代码，诊断仪器操作简便，按照诊断仪屏幕提示操作即可。本节主要介绍利用跨接线的方法。

（1）检查 SRS 警告灯。将点火开关转到 ON 或 ACC 位置，如 SRS 警告灯亮 6 s 后熄灭，说明 SRS 警告灯及其线路正常，可以读取故障代码。若 SRS 警告灯不亮，则说明警告灯或其线路有故障，应检修后才能读取故障代码。

（2）将点火开关转到 ON 或 ACC 位置，并等待 20 s 以上。

（3）用跨接线将 TDCL 诊断连接器的 Tc 和 E_1 两个端子短接。

（4）根据仪表板上的 SRS 警告灯闪烁情况读取故障代码，故障代码的闪烁规律如图 6-13 所示。

若安全气囊系统功能正常，则仪表板上的 SRS 警告灯每秒钟将闪烁两次，每次警告灯亮与灭的时间均为 0.25 s，高电平时警告灯亮，低电平时警告灯灭；若安全气囊系统有故障，SRS 警告灯闪烁显示故障代码，故障代码为两位数字，SRS 警告灯先显示十位数字，后显示个位数字。同一数字灯亮与灯灭时间均为 0.5 s，十位数字与个位数字之间间隔为 1.5 s。若有多个故障代码，则故障代码与故障代码之间间隔 2.5 s，并按由小到大的顺序显示故障代码。故障代码全部输出后，间隔 4 s 再重复显示。

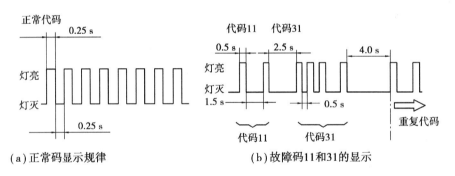

图 6-13　故障代码的闪烁规律

当点火开关接通 ON 或 ACC 位置后，SRS 警告灯一直亮，读取故障代码时显示代码又正常，说明蓄电池电压过低或 SRS ECU 的备用电源电压过低，SRS ECU 设计时未将此故障编成代码存入存储器，当电源电压恢复正常后约 10 s，SRS 警告灯自动熄灭。

当 SRS 警告灯线路断路时不能显示故障代码，所以在断路故障排除之前，SRS 警告灯无法显示故障代码。

当安全气囊系统发生故障时，SRS ECU 将故障编成代码 11 至 31 存入存储器中。如果 SRS 警告灯显示出表 6-2 以外的代码，说明 SRS ECU 有故障。丰田雷克萨斯 LS400 轿车的故障代码及含义如表 6-2 所示。

表 6-2 LS400 安全气囊故障代码表

故障代码	故障原因	故障部位	警告灯状态
正常	安全气囊系统正常		OFF
	安全气囊系统电源电压过低	① 蓄电池 ② SRS ECU	ON
11	① 气囊点火器线路搭铁 ② 前碰撞传感器线路搭铁	① 气囊组件 ② 螺旋电缆 ③ 前碰撞传感器 ④ SRS ECU	ON
12	① SRS 点火器引线与电源线搭铁 ② 前碰撞传感器引线与电源线搭铁 ③ 前碰撞传感器引线断路 ④ 螺旋电缆与电源线搭铁	① 气囊组件 ② 螺旋电缆 ③ 传感器线路 ④ SRS ECU	ON
13	SRS 点火器线路短路	① 气囊点火器 ② 螺旋电缆	ON
14	SRS 点火器线路断路	① 气囊点火器 ② 螺旋电缆 ③ SRS ECU	ON
15	前碰撞传感器线路断路	① 气囊系统线束 ② 前碰撞传感器 ③ SRS ECU	ON
22	SRS 警告灯线路断路	① 气囊系统线束 ② SRS 警告灯 ③ SRS ECU	ON
31	① SRS 备用电路失效 ② SRS ECU 故障	SRS ECU	ON
41	SRS ECU 曾记忆过故障代码	SRS ECU	ON

二、故障代码的清除

根据故障代码的含义和指示的故障部位进行检修，之后要清除 ECU 内存中的故障信息。SRS 警告灯只有在存储器中的故障代码全部清除后，才能恢复正常显示。读取故障代码时，如 SRS 警告灯显示有故障代码，说明安全气囊系统发生过故障，但是无法显示故障是发生在现在还是过去。因此，每当排除故障后，必须清除故障代码，并在清除故障代码之后，再次读取故障代码，确认故障代码已经全部清除。

安全气囊系统故障代码的清除方法与其他电控系统故障代码的清除方法有所不同。当故障代码 11 至 31 代表的故障被排除并清除故障代码之后，SRS ECU 将代码 41 存入存储器中，使 SRS 警告灯一直发亮，直到代码 41 清除后，SRS 警告灯才恢复正常。因此，清除安全气囊系统的故障代码需要分两步进行。第一步清除代码 41 以外的故障代码，第二步清除代码 41。

1. 清除代码 41 以外的故障代码

（1）清除方法。关闭点火开关，拔下熔断器盒内的。ECU-B 熔断器或拆下蓄电池负极电缆 10 s 或更长时间后，代码 41 以外的故障代码即可被清除。

（2）注意事项。在清除故障代码后接上蓄电池负极电缆时，必须关闭点火开关。若点火开关处于接通状态，会导致诊断系统工作失常；拆卸蓄电池负极电缆清除故障代码之前，应先将音响和防盗等系统的密码记录下来。否则，蓄电池负极电缆端子拆下后，音响和防盗等系统以及时钟存储的内容将会丢失。

2. 清除代码 41

安全气囊系统的代码 41 必须采用如下特定程序才能清除：

（1）取两根跨接线，将其分别与 TDCL 诊断连接器的 Tc、AB 端子连接，如图 6-14 所示；

（2）接通点火开关并等待 6 s 以上，先将连接 Tc 端子的跨接线端子搭铁（1.0 ±0.5）s，然后离开搭铁部位，并在端子离开搭铁部位后 0.2 s 内，将连接 AB 端子的跨接线端子搭铁（1.0 ±0.5）s；

（3）再将 AB 端子离开搭铁部位之前 0.2 s 内，将 Tc 端子第二次搭铁（1.0 ±0.5）s；再将 Tc 端子第二次离开搭铁部位之后 0.2 s 内，将 AB 端子第二次搭铁（1.0 ±0.5）s；

（4）再将 AB 端子第二次离开搭铁部位之前 0.2 s 内，将端子 Tc 第三次搭铁；再将 Tc 端子第三次搭铁 0.2 s 内，将 AB 端子离开搭铁部位，并将 Tc 端子保持搭铁、AB 端子保持离开搭铁部位，直到数秒钟之后，SRS 提示灯以亮 64 ms、灭 64 ms 的闪烁周期闪烁时，代码 41 即被清除，此时再将 Tc 端子离开搭铁部位。

清除代码 41 需要注意以下事项：一是清除代码 41 时，必须按照上述规定的时间间隔进行操作，才能清除代码 41，否则当时间间隔超出规定时，代码 4l 就不能清除；二是用上述方法清除代码 41 的同时，其他故障代码也将立即被清除。因此，只有在调取故障代码、排除故障、清除代码 41 以外的故障，并再次读取故障代码，确认安全气囊系统故障已经全部排除之后，才能进行排除故障代码 41 的操作。

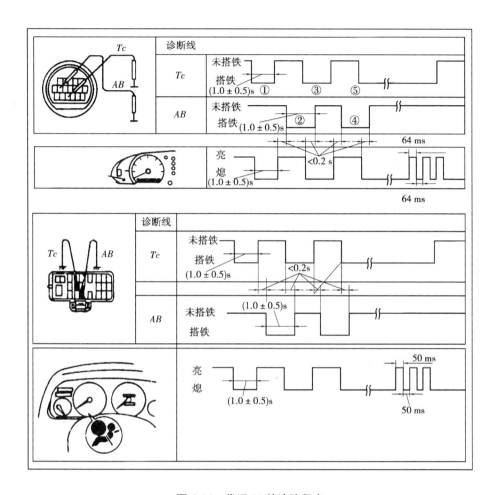

图 6-14　代码 41 的清除程序

任务训练二　安全气囊系统的检修

一、安全气囊系统检修注意事项

（一）安全气囊检修注意事项

安全气囊内有火药及电引信等易爆品，在维修操作时必须按正确顺序进行，否则可能会使安全气囊系统在维修中发生意外，从而导致严重事故，或在需要安全气囊充气起保护作用时却不起作用。因此，检修应注意以下几点。

（1）气囊系统只能工作一次，发生事故被引爆后的气囊必须更换，为安全起见，气囊系统的所有元件也需更换。气囊系统经过十年后必须送维修厂更换，更换日期一般贴在工具箱的标签上或在遮阳镜的下面。

（2）故障代码是安全气囊系统故障诊断的重要信息源，在系统故障诊断时应首先读取故障代码，然后再脱开蓄电池。检修操作前，务必将点火开关关闭，因为安全气囊系统有备用电源，在蓄电池负极端子拆下电缆 90 s 以后方可开始工作。若点火开关在 ON 或 ACC 位置检修，则会出现故障代码。

（3）由于车内时钟和音响系统的存储内容随蓄电池的脱离而被消除，所以在开始检修前，应将各存储系统的内容做好记录，在检修结束后，应将音响系统和时钟重新设置或调准。具有方向盘电动倾斜和伸缩的转向系统、电动座位、电动车外后视镜和电动安全肩带系紧装置，由于它们都有存储参数的记忆功能，在检修后都必须重新设置。所以在检修结束后必须告知用户，需按其个人的需要和习惯进行调整并重新设置存储器内容。

（4）若车辆发生轻微碰撞，即使 SRS 没有触发，也应检查方向盘衬垫、前座乘客安全气囊总成、座位安全带收紧器和安全气囊传感器。

（5）若碰撞车辆的 SRS 系统已经触发，除需更换已经引爆的气囊与安全带预紧装置外，还必须同时更换全部碰撞传感器和中央气囊传感器总成，并检查线束与接头状况。拆卸和修理后被更换下的碰撞传感器、中央气囊传感器总成、方向盘衬垫、前座乘客安全气囊总成或座位安全带收紧器不允许重新使用。

不允许使用其他车辆的 SRS 零件，只能使用原厂所设计的零件，包括接线。不允许乱拉线或随意换线，以免影响安全气囊的可靠性。凡需要更换零件时，应装用新零件。

（6）如发现碰撞传感器、SRS 电脑或方向盘衬垫、前座乘员安全气囊总成或座位安全带收紧件等系统部件在外壳、托架或连接器有裂纹、凹陷或其他缺陷，应换装新品。在修理过程中，如果会对传感器产生冲击作用，则在修理前应先拆下安全气囊传感器，严禁机械撞击传感器和安全气囊。

（7）不要让碰撞传感器、SRS 电脑、方向盘衬垫、前座乘员安全气囊总成或座位安全带收紧器直接暴露在热空气中或接近火源。在使用喷灯或焊接设备时，不得靠近充气装置，以防引起安全气囊自动充气。宜用高阻抗万用表检测电路。维修工作完成后，应检查 SRS 警告灯。

（8）发生过碰撞且 SRS 系统已触发的碰撞传感器不可重复使用。所有传感器应同时更换，安装碰撞传感器时，传感器上的箭头应朝向车辆前方。

（9）拆卸方向盘安全气囊总成时，应将方向盘衬垫顶面向上正置，不可翻转倒置。在搬动新的方向盘衬垫时也务必注意将其顶面朝上。方向盘衬垫上不得涂润滑脂，不得用任何类型的洗涤剂清洗。方向盘衬垫总成应放在环境温度低于 93℃、湿度不高且远离电场干扰的地方。车辆报废或仅报废方向盘衬垫机构时，在废弃前用专用工具使气囊触发张开，且操作时应选择在远离电场干扰的地方进行。

(10) 切不可用万用表去测量安全气囊电雷管的电阻，因为微小电流即可引爆电雷管，使安全气囊充气。安装螺旋接线器时，必须将其预置在中间位置，使方向盘由中间位置向左右两个方向各转 2.5 圈时不致拉断螺旋导线或引起其他故障。

(11) 存放拆下的或新的安全带时，双锁式连接器锁柄应处于锁定位置，务必注意不能损坏连接器。切不可用万用表测量座位电动安全带收紧器的电阻，以防收紧器被触发。安全带上不得沾油或水，不得用任何类型的洗涤剂清洗。必须先脱开连接器后才可使用电弧焊。该连接器安装在前车门框板下和地毯下面。车辆报废或仅报废安全带时，在报废前应使安全带收紧器起作用，此项操作应在远离电场干扰的地方进行。已发生过碰撞且 SRS 已经触发的 SRS ECU 不可重复使用。拆卸 SRS 电脑前，务必将点火开关转到 LOCK 位置，并在拆下蓄电池搭铁线 90 s 后才可开始操作。

注意：在对汽车安全气囊系统进行检修操作时，用户的生命掌握在技师的手中！维修人员应做到细心与彻底；应随时观察不安全的隐患，并向用户汇报这些问题。当你向用户证明你关心汽车的安全时，你将可能拥有一个稳定的用户。

(二) 汽车报废前安全气囊的处理

汽车在报废之前要将安全气囊展开，展开安全气囊要按照下面的步骤进行。

(1) 确保点火开关关闭，断开蓄电池负极，等待 2 min 以上或按汽车制造商的规定等待一段时间。

(2) 断开位于转向柱下面的接线端子。

(3) 从接口的导线束侧的接口处剪下两根 6 in（1 in = 0.025 4 m）的断开导线。

(4) 在 6 in 导线上附接两根 20 ft（1 ft = 0.304 8 m）的导线，再接到接口上，并将导线靠外部的末端短接在一起。

(5) 再将位于转向柱基部的两线接口连接上。

(6) 检查充气组件是否紧固地附接在转向盘上。

(7) 将前座位的所有松动物体移走，并确保车内无人。

(8) 将两根导线展直，使导线端末尽可能离汽车远些。

(9) 将 20 ft 导线靠外部的端末彼此分开，将这两根导线连接到带电充足的 12 V 电池的接线端上。

(10) 充气组件在展开以后会发热；在 20 min 之内不要触摸该元件。

(11) 在处理气囊时要戴手套和安全保护目镜，穿长袖衬衣或工作服。在处理完安全气囊之后，要用中性肥皂和水洗手。

如果是从汽车中拆下充气组件，可以采用同样的过程将其展开。在展开充气组件之前，将充气组件放在道路以外的停车场地，确保离该充气组件 20 ft 之内没有任何东西。

二、前安全气囊传感器的检修

前安全气囊传感器的检修,可以使用万用表进行下列的检查。

1. 测量导线间的电阻

如图6-15所示,拔下传感器连接线,用万用表的欧姆挡分别测量左、右传感器的+SR与-SR、+SL与-SL端子之间的电阻值,其正常值大小应为755～885Ω。

2. 测量导线与搭铁线之间的电阻

如图6-16所示。测量+SL与搭铁(接地)、+SR与搭铁(接地)之间的电阻值,在点火开关关闭(LOCK)的情况下,其正常电阻值应该为无穷大(∞)。

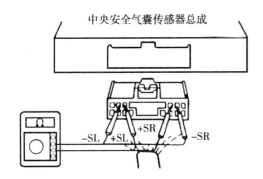

图6-15 测量连接线端子之间的电阻

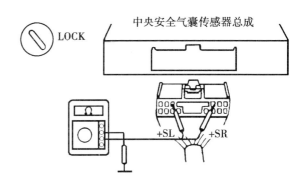

图6-16 测量连线端子与搭铁之间的电阻

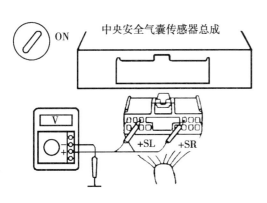

图6-17 测量端子与接地之间的电压

3. 测量各导线端子与接地之间的电压

在点火开关接通的情况下,用万用表的电压挡测量+SR与搭铁、+SL与搭铁之间的电压值,电压都应为0 V。如图6-17所示。

4. 受碰撞汽车的检查

如果轿车的前翼子板或外围损坏,即使安全气囊没有膨开也要用肉眼检查有无下述的损坏:托架变形;油漆从托架上的剥落;传感器壳体上的裂纹、凹陷或碎片;连接器上的裂纹、凹陷或碎片和划痕;标签的剥离或系列编号的损坏。此外还要参照车身图,检查前安全气囊传感器部位的尺寸和车身的表面角度。如果传感器的安装尺寸或角度不正确,安全气囊就有可能失效，或根本不能工作。在下列情况下，更换前安全气囊传感器。

（1）如果在碰撞中安全气囊已经膨开，更换左右两个前安全气囊传感器；

（2）如果在进行项目检查故障排除中发现前安全气囊传感器失效，更换前安全气囊传感器；

（3）如果前安全气囊已脱落，更换前安全气囊。

三、安全气囊 ECU 的检修

先将点火开关置于 ACC 或 ON 位置，并等待 20 s 后查看安全气囊警告灯的亮灭情况；若警告灯熄灭，系统工作正常；若警告灯不熄灭或闪亮，表明系统工作不正常。安全气囊系统工作不正常后，应该查看故障代码，根据故障代码进行检查。而一些早期的车辆没有自诊断功能，其故障诊断是通过对 ECU 检测插座各端子的电压进行测量来判断的。

汽车发生碰撞，安全气囊爆开后要求更换安全气囊 ECU，其机理是：安全气囊 ECU 内安装有碰撞传感器、中央传感器和安全传感器，而这些传感器在气囊爆开后要求更换。

四、气囊系统电路的检修

（一）引爆器电路的检修

1. 检查电阻

如图 6-18 所示。脱开引爆管与螺旋电缆间的连接器，测量靠近螺旋电缆一侧的连接器端子与搭铁间的电阻，正常情况下，D+ 与搭铁、D- 与搭铁之间的电阻应为无穷大（∞）。若安上中央安全气囊传感器总成（ECU），再测量 D+ 与 D- 间的电阻，其正常值应大于 1 kΩ，如图 6-19 所示。

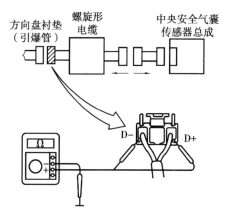

图 6-18 端子与搭铁之间电阻的测量

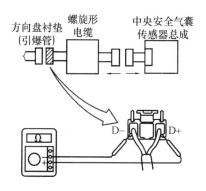

图 6-19 端子之间的电阻测量

2. 检测电压

接通点火开关,用万用表的电压挡测量靠螺旋电缆一侧端子 D+ 与搭铁间的电压,其正常值为 0 V。如图 6-20 所示。

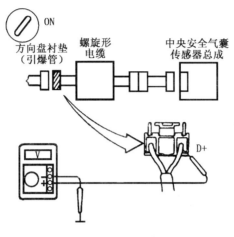

图 6-20　电压的检测

(二) 螺旋电缆的检修

如图 6-21 (a) 所示,脱开螺旋形电缆与中央安全气囊传感器总成 (ECU) 连接接线头、测量螺旋形电缆连接端子 D+ 与接地、D- 与接地之间的电阻,其正常值应该为无穷大 (∞),否则应该修理或更换螺旋形电缆。

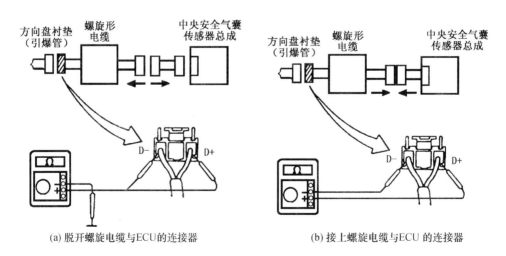

(a) 脱开螺旋电缆与ECU的连接器　　　　(b) 接上螺旋电缆与ECU的连接器

图 6-21　螺旋电缆检测

如图 6-21（b）所示，将螺旋形电缆与中央安全气囊传感器总成连接器的防启动机构解开，插进 ECU 连接器，测量螺旋电缆一侧连接器 D+ 与 D- 间的电阻，正常情况下，阻值应该为无穷大（∞），否则应该修理或更换螺旋电缆。

思 考 题

1. 安全气囊有什么作用？有几种形式的安全气囊系统？
2. 安全气囊由那些部件组成？简述惯性开关式传感器的工作原理。
3. 安全气囊 ECU 的内部电路由哪几种电路组成？每种内部电路有什么作用？
4. 利用跨接线如何读取和清除安全气囊系统故障代码？
5. 如何检修安全气囊传感器？检修安全气囊系统应注意些什么？
6. 汽车报废前怎样处理安全气囊？

任务七　汽车车载网络系统的故障检修

任务目标

1. 了解车载网络系统的类型、作用及应用情况。
2. 明确汽车 CAN 局域网的基本组成、结构特点及工作原理。
3. 能找到典型车载局域网系统元器件在车上的安装位置。
4. 学会使用诊断仪、示波器等诊断仪器检测车载局域网系统。
5. 能试验典型车载局域网系统的工作过程，并能排除典型车载局域网系统的常见故障。

任务资讯

任务资讯　车载网络系统的结构与原理

一、车载网络概述

（一）车载网络系统的作用

1. 车载网络的概念

车载网络又称汽车数据传输总线，就是指在一条数据线上或同一通道上传递多种信息，传递的信息可以被多个系统共享，从而最大程度地提高系统的整体效率，充分利用有限的资源。

2. 车载网络系统的优点

汽车常规线路如图 7-1 所示，每一个控制开关与用电设备之间都有相应的控制电路，线路比较繁琐。图 7-2 为汽车多路传输线路，可以通过不同的编码信号来表示不同的开关动作，信号解码后，根据指令接通或断开对应的用电设备。这样，就能将过去一线一用的专线制改为一线多用制，大大减少了汽车上导线的数目，缩小了线束的直径。由于传输可以通过一根线（数据总线）执行多个指令，因此可以增加许多功能装置，数据总线使计算机技术融入整个汽车系统之中，加速汽车智能化的发展。

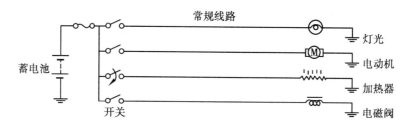

图 7-1　汽车常规线路

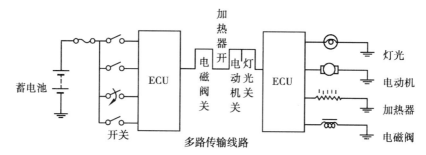

图 7-2　汽车多路传输线路

（二）车载网络系统的分类

目前存在的多种汽车网络标准，其侧重的功能有所不同，为方便研究和设计应用，SEA 车辆网络委员会将汽车数据传输网划分为 A、B、C 三种类型。

1. A 类网络

A 类网络主要面向传感器、执行器控制的低速网络，传输速率一般在 1 kbit/s～10 kbit/s，网络协议种类主要有 LIN、UART、CCD 等，适用于对实时性要求不高的场合。主要应用于车身控制，如电动门窗、中央门锁、后视镜、坐椅调节、灯光照明及早期的汽车动力系统故障诊断。图 7-3 为典型 A 类网络系统应用实例。

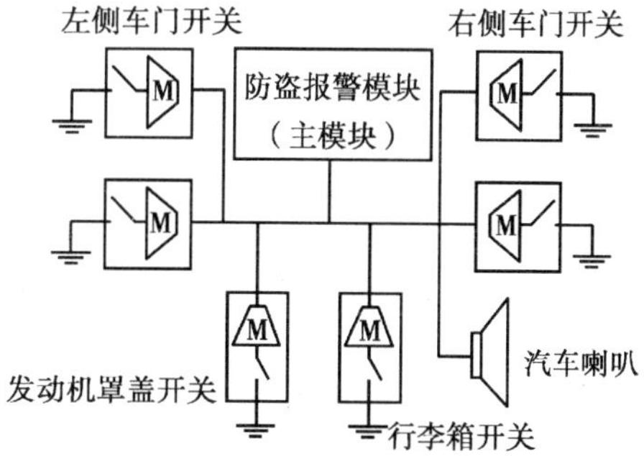

2. B 类网络

面向独立模块间数据共享的中速网络，适用于对实时性要求不高的场合，传输速率一般为 10 kbit/s～100 kbit/s，网络协议主要有 ISO 11898-3（容错 CAN：Controller Area Network）、J2248、VAN（Vehicle Area Network）和 J1850（OBDII）等。该类网络主要应用于电子车辆信息中心、故障诊断、仪表显示、安全气囊等系

图 7-3　汽车防盗 A 类网络系统

统，以减少冗余的传感器和其他电子部件。从目前汽车网络技术的使用和发展来看，B 类网络主流协议是 CAN（ISO 11898-3）。B 类网络系统的应用实例如图 7-4 所示。

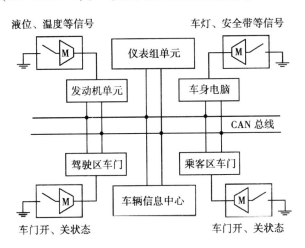

图 7-4　CAN 总线的 B 类网络系统

3．C 类网络

主要面向高速、实时闭环控制的多路传输网，最高传输速率可达 1 Mbit/s 以上，网络协议种类主要有 ISO 11898-2（高速 CAN）、TTP（Time-Triggered Protocol）/C 和 Flex Ray 等主要用于悬架控制、牵引控制、先进发动机控制、ABS 等系统，以简化分布式控制和进一步减少车身线束。到目前为止，C 类网络中广泛应用于动力与传动系统控制及通信的协议标准是高速 CAN。三类网络功能均向下涵盖，即 B 类网支持 A 类网的功能，C 类网能同时实现 B 类和 A 类网的功能。

二、车载网络系统的结构

在汽车内部采用基于总线的网络结构，可以达到信息共享、减少布线、降低成本以及提高总体可靠性的目的。汽车网络的种类较多，本节以 CAN 网络系统为例，介绍网络系统的结构及工作原理。CAN 网络系统主要由数据传输终端、数据传输线、控制单元、收发器等构成，如图 7-5 所示。

1．数据传输终端

数据传输终端是一个终端电阻，防止数据在导线终端被反射产生反射波，反射波会破坏数据。在驱动系统中，它接在 CAN-High 和 CAN-Low 低线之间。标准 CAN-BUS 的原始形式中，在总线的两端接有两个终端电阻。大众车型将负载电阻分布在各个控制单元内，如图 7-5 所示。

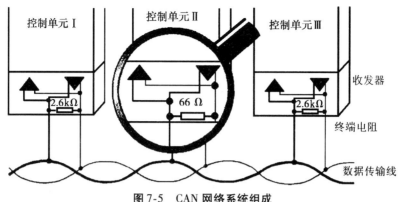

图 7-5　CAN 网络系统组成

2. 数据传输线

(1) 双绞线结构特点

为了减少干扰，CAN 总线的传输线多采用双绞线，其绞距为 20 mm，如图 7-6 所示，截面积为 0.35 mm² 或 0.5 mm²，数据传输线是双向的。这两条线传输相同的数据，分别称为 CAN 高线（CAN-High）和 CAN 低线（CAN-Low）。

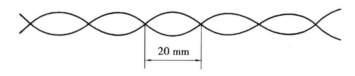

图 7-6　CAN 数据传输线

(2) 总线上的电压

数据总线的连线被指定为 CAN-High（BUS+）和 CAN-Low（BUS-），电脉冲在 0～5.0 V 之间变化，代表数字逻辑"1"或"0"。没有信息时，CAN-High 为 5.0 V，而 CAN-Low 为 0 V；传递信息时，读数相反。

3. 控制单元

作为整车网络的基本单位，一个控制器最基本的功能是作为一个微处理器，它得到传感器、使用者的操作、其他控制器的信息，使用相应的程序进行运算或评价，并且以此次运算结果来控制执行器的运作，乃至将有关信息发送给其他控制器。微处理器带有输入存储器、输出存储器和程序存储器。控制单元接收到的传感器数值会被定期查询并按顺序存入输入存储器。这个过程在原理上就相当于一个带有旋转式输入选择开关的选择器，如图 7-7 所示。微控制器按事先规定好的程序来处理输入值，处理后的结果存入相应的输出存储器内。

4. CAN 收发器

CAN 收发器安装在控制器内部,如图 7-7 所示。同时兼具接收和发送的功能,将控制器传来的数据转化为电信号并将其送入数据传输线,同样也为 CAN 控制器接收和转化数据。CAN 收发器用来将接收和发送功能分离开来,从而使用一根导线,确切地说是一对导线上能同时传递两个信号。

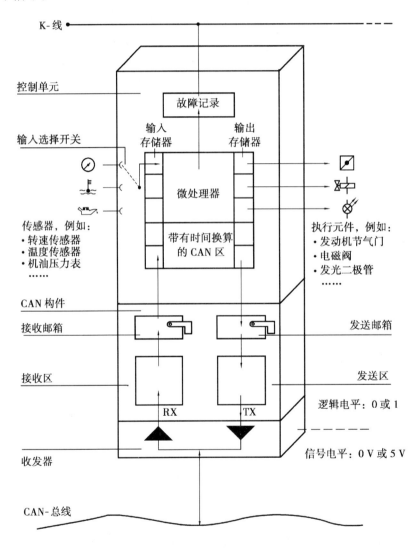

图 7-7 控制器结构图

三、车载网络的基本工作原理

（一）数据总线上的信息

CAN-BUS 上的数据又称为信息，它是以二进制值（一系列 0 和 1）来表现的，其中包含着要传递的物理量。例如：发动机转速为 1 800 r/min 时可表示成 00010101，如图 7-8 所示。也就是说，控制单元要将信息转换成二进制，然后由发送器转换成一串电平信号发送到 BUS 上，接收控制单元将电平转换成二进制数据，再将二进制数据转换成正常数据。

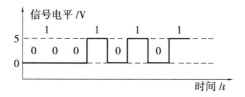

图 7-8 CAN 总线上的二进制信号

（二）数据传递过程

以发动机转速信息交换过程为例讲述数据传递的过程。

1. 发送过程

（1）发动机控制单元的传感器接收到转速值，该值以固定的周期（循环往复地）到达微控制器的输入存储器内。因为瞬时转速值还用于其他控制单元，如组合仪表，所以该值应通过数据传输总线来传递。

（2）转速值被复制到发动机控制单元的发送存储器内。

（3）转速值信息从发送存储器进入数据传输总线构件的发送邮箱内。如果发送邮箱内有一个实时值，那么该值会由发送特征位（举起的小旗示意有传输任务）显示出来，并将发送任务委托给数据传输总线构件，发动机控制单元就完成了此过程中的任务。

（4）发动机转速值按协议被转换成数据传输总线的特殊格式。格式包括："标识符"11 位、"信息内容"最大 64 位、"CRC 校验"16 位、"应答确认"2 位，如图 7-9 所示。例如发动机信息包括：标识 = 发动机_1，内容 = 转速数值，也可包括其他值，如怠速、扭矩等。

（5）数据传输总线构件通过 RX 线来检查总线是否有源（是否正在交换别的信息），必要时会等待，直至总线空闲下来为止。某段时间内的电平一直为 1（处于无源）状态，表示总线空闲，如图 7-10 所示。当总线空闲下来，发动机信息就会被发送出去。

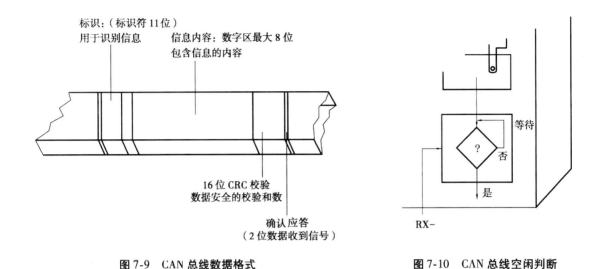

图 7-9　CAN 总线数据格式　　　　图 7-10　CAN 总线空闲判断

2．接收过程

信息接收过程分为以下两个过程。

（1）检查信息的正确性

网络总线上连接的所有装置都接收由发动机控制单元发送的信息。该信息是通过 RX 线到达数据传输总线构件各自的接收区中。可以通过监控层内的 CRC（Cycling Redundancy Check，循环冗余码校验）校验和数来确定是否有传递错误。在发送每个信息时，所有数据位会产生并传递一个 16 位的校验和数，接收器按同样的规则，从所有已经接收到的数据位中计算出校验和数。随后接收到的校验和数与计算出的校验和数进行比较。如果确定无传递错误，那么连接的所有装置会给发射器一个确认回答，这个回答就是所谓的"信息收到符号"（Acknowledge，Ack），它位于校验和数后，如图 7-11 所示。经监控层确认后的正确数据到达 CAN 构件的接受区，如图 7-12（a）所示。

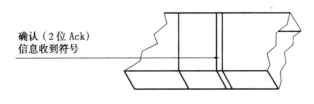

图 7-11　确认信息位

（2）检查信息的可用性

已接收到的正确信息会到达相关数据传输总线构件的接收区，并决定该信息是否用于完成各控制单元的功能。如果不是，该信息就被拒收；如果是，该信息就会进入相应的接收邮箱。连接的组合仪表根据接收信号（升起的"接收小旗"）就会知道：现在有一个信息（如转速）在排队等待处理，如图 7-12（b）所示。

组合仪表调出该信息并将相应的值复制到它的输入存储器内，至此通过数据传输总线构件发送和接收信息的过程结束。在组合仪表内，转速经过微控制器处理后到达执行元件并最后到达转速表。以上的信息交换过程按设定好的循环时间（例如 10 ms）持续地重复进行。

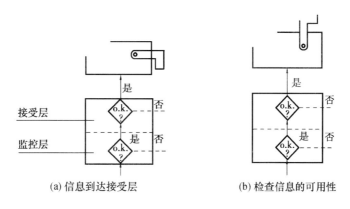

图 7-12　信息的接收与判断

任务训练　车载网络系统的故障检修

一、诊断方法与步骤

（一）车载网络控制系统的基本诊断

1. 车载网络系统的故障原因

根据车载网络系统的结构特点可知汽车多路传输系统的故障原因一般有三种：一是汽车电源系统引起的故障；二是车载网络系统的链路故障；三是车载网络系统的节点故障。

2. 基本诊断步骤

车载网络系统的一般诊断步骤如下：

（1）了解本车型车载网络传输系统的特点（包括传输介质、几种子网及车载网络传输系统的结构形式等）。

（2）了解车载网络系统的功能，如：有无休眠功能和唤醒功能等。如果在休眠状态，应首先将其唤醒。

（3）检查汽车电源系统是否存在问题，如：交流发电动机输出电压和输出波形等是否正常，若发电动机输出波形不正常将导致信号干扰等故障。

（4）检查车载网络系统的链路是否存在故障，可以采用替换法或跨线法进行检测。

（5）检查车载网络系统的节点是否有故障，一般只能采用替换法进行检测。

（二）利用诊断流程检修车载网络系统

车载网络系统产生故障可以采用诊断流程进行检修。下面以丰田轿车为例介绍车载网络系统的故障诊断流程（如图7-13所示）。

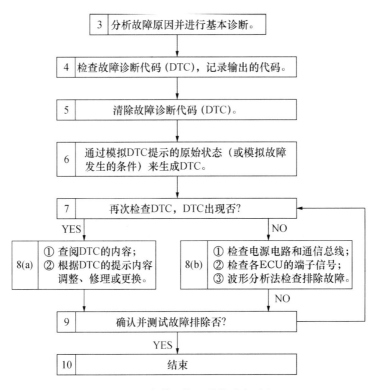

图7-13　车载网络系统的诊断流程

二、车载网络控制系统故障自诊断

（一）皇冠轿车故障自诊断

1. DLC3 诊断连接器

网关 ECU 控制车辆上多路通信系统（MPX），可以经由网关 ECU 和各种多路传输通信线路连通各 ECU。由此，可以输出故障诊断代码，进行数据监控（ECU 数据确认等）、主动测试（执行器的动作测试）、定制功能的设定（改变控制程序的设定）等。MPX 数据和诊断故障代码（DTC）能够通过车辆的 3 号数据链路连接器（DLC3）读取。

（1）DLC3 的安装位置

DLC3 诊断连接器的安装位置如图 7-14 所示。

（2）DLC3 诊断端子的检查

丰田车辆 ECU 采用 ISO 15765-4 通信协议。DLC3 端子的排列符合 ISO 15031-03 标准，并与 ISO 15765-4 格式相匹配。DLC3 端子的排列如图 7-15 所示。在某些特定情况下（如智能测试仪与车辆通信联系失败）要进行诊断端子的检查。检查内容参阅表 4-4。

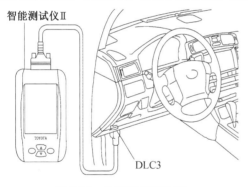

图 7-14　诊断连接器位置

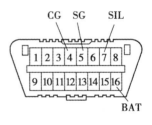

图 7-15　诊断连接器端子图

2. 读取故障诊断代码（DTC）

丰田车型的故障代码诊断可通过人工诊断读取，也可以通过仪器诊断，但 2000 年以后的车型多数不能人工读取，需要使用诊断仪操作，故在此介绍仪器诊断。智能测试仪读取 DTC 的方法如下：

（1）将智能测试仪 II 连接到 DLC3，如图 7-14 所示；

（2）打开点火开关（IG），按下测试仪电源开关；

（3）选择进入诊断模式；

（4）选择进入 OBD/MOBD 菜单，选择网关，按确认键，如图 7-16 所示；

（5）读取智能测试仪 II 屏幕上的 DTC，故障代码见表 7-1。

```
OBD/MOBD MENU              OBD/MOBD 菜单
1: CODES (ALL)             1: 故障代码
2: ENGINE AND ECT          2: 发动机和变速器
3: AIR SUSPENSION          3: 空气悬挂系统
4: ABS/VSC                 4: 制动防抱死系统
5: CCS                     5: 巡航系统
6: AIR CONDITIONER         6: 空调系统
7: IMMOBILISER             7: 防盗系统
8: SRS AIRBAG              8: 安全气囊系统
⇒ 9: GATEWAY              ⇒ 9: GATEWAY 网关
```

图 7-16 测试仪菜单中英文对照图

表 7-1 诊断故障代码表

DTC 号	检测项目	故障可能发生部位
B1200	车身 ECU 通信中断	·线束 ·仪表板接线盒总成（前乘员侧接线盒 ECU）
B1203	后空调 ECU 通信中断	·线束 ·1 号空调放大器总成（后空调 ECU）
B1206	P/W 主开关通信中断	·线束 ·多路传输网络主开关
B1207	智能 ECU 通信中断	·线束 ·进入钥匙 ECU
B1210	电源控制 ECU 通信中断	·线束 ·电源控制 ECU 总成
B1211	驾驶员门 ECU 通信中断	·线束 ·左前多路传输网络车门 ECU（驾驶员门 ECU）
B1212	前乘员门 ECU 通信中断	·线束 ·右前多路传输网络车门 ECU（前乘员门 ECU）
B1213	倾斜伸缩式转向柱 ECU 通信中断	·线束 ·复合倾斜伸缩式转向柱 ECU
B1214 B1215	·车门系统通信总线故障（+B 短路） ·车门系统通信总线故障（接地短路）	·收发器钥匙 ECU ·滑动天窗驱动齿轮控制总成（滑动天窗 ECU） ·右前多路传输网络车门 ECU（前乘员门 ECU） ·左后多路传输网络车门 ECU（左后门 ECU） ·左前多路传输网络车门 ECU（驾驶员门 ECU） ·右后多路传输网络车门 ECU（右后门 ECU） ·各车门网络传输开关总成 ·网关 ECU ·电源控制 ECU* ·进入钥匙 ECU* ·线束

续表

DTC 号	检测项目	故障可能发生部位
B1216	右后门 ECU 通信中断	·线束 ·右后多路传输网络车门 ECU（右后门 ECU）
B1217	左后门 ECU 通信中断	·线束 ·左后多路传输网络车门 ECU（左后门 ECU）
B1262	空调 ECU 通信中断	·线束 ·2 号空调放大器总成（空调 ECU）
B1263	行李箱接线盒 ECU 通信中断	·线束 ·行李箱接线盒总成（行李箱接线盒 ECU）
B1266 B1267	·仪表板系统通信总线故障（+B 短路） ·仪表板系统通信总线故障（接地短路）	·网关 ECU ·1 号空调放大器总成（后空调 ECU） ·空调（后）开关 ·2 号空调放大器总成（空调 ECU） ·中央气囊传感器总成 ·组合仪表总成（仪表 ECU） ·线束
B1271	组合仪表 ECU 通信中断	·线束 ·组合仪表总成（仪表 ECU）
B1272	电动坐椅 ECU 通信中断	·线束 ·位置控制 ECU 和开关总成（驾驶员坐椅 ECU）
B1273	滑动天窗 ECU 通信中断	·线束 ·滑动天窗驱动齿轮控制总成（滑动天窗 ECU）
B1278	组合开关 ECU 通信中断	·线束 ·组合开关总成（风挡玻璃刮水器开关）
B1280	左侧接线盒 ECU 通信中断	·线束 ·仪表板接线盒总成（驾驶员侧接线盒 ECU）
B1281	空气囊 ECU 通信中断	·线束 ·中央气囊传感器总成
B1286	后控制 ECU 通信中断	·线束 ·空调（后）开关
B1291 B1292	·照明系统通信总线故障（+B 短路） ·照明系统通信总线故障（接地短路）	·网关 ECU ·仪表板接线盒总成（前乘员侧接线盒 ECU） ·复合倾斜伸缩式转向柱 ECU ·仪表板接线盒总成（驾驶员侧接线盒 ECU） ·位置控制 ECU 和开关总成（驾驶员坐椅 ECU） ·组合开关总成（风挡玻璃刮水器开关） ·2 号发动机室继电器盒（前控制器） ·行李箱接线盒总成（行李箱接线盒 ECU） ·线束

续表

DTC 号	检测项目	故障可能发生部位
B1294	停机 ECU 通信中断	・线束 ・收发器钥匙 ECU 总成
B1296	前照明灯 ECU 通信中断	・2 号发动机室继电器盒（前控制器） ・线束

读取故障诊断代码时只有网关电脑正常的情况下，才能够完成系统故障代码的读取。将智能测试仪 II 的电缆连接到 DLC3，打开电源开关尝试使用测试仪时，屏幕不能出现在测试仪上，将测试仪连接到其他车辆的 DLC3，如果仍然不能通信，则故障可能出现在测试仪上。如果能够通信，则检查蓄电池电压和 DLC3 端子状况。

3. 清除故障诊断代码（DTC）

维修过程中或修理结束需要清除故障代码时，建议不采用断电源的方法清除 DTC。因为各种电控系统 ECU 的内存（RAM）中存储大量有用的信息，断电后这些有用的信息会丢失，需要重新自学习或系统设定，给维修工作带来不必要的麻烦。采用测试仪清除可避免这种情况的发生，测试仪清除 DTC 方法如下：

（1）将智能测试仪 II 连接到 DLC3；
（2）打开点火开关（IG），按下测试仪电源开关；
（3）选择进入诊断模式；
（4）选择进入 OBD/MOBD 菜单，选择网关，按确认键，如图 7-16 所示。
（5）根据测试仪屏幕上的提示选择清除 DTC。

（二）大众车系 CAN 网络的故障自诊断

以舒适系统 CAN 数据总线故障诊断为例介绍大众 CAN 网络的故障自诊断。各种最新版本的专用故障诊断仪，均能够进行该车种的 CAN 数据总线系统的故障检测。例如，可以用 V. A. G1551、V. A. G1552 或 V. A. S5051 电脑诊断仪调取舒适系统控制单元的自诊断结果。

1. 读取故障代码

（1）将专用仪器的诊断接头连接到车上的诊断接口，打开点火开关；
（2）输入地址码 46（选择舒适系统控制单元）；
（3）进入功能码 02，查询舒适系统中央控制单元是否储存故障代码。

若读出故障代码，可通过故障代码表查询故障代码的确切含义。表 7-2 为宝来轿车舒适系统中央 ECU 数据传输故障代码。

表 7-2 舒适系统数据总线故障代码表

故障代码	含 义	可能原因
01328	舒适系统数据总线或控制单元存在故障	如果两个或多个控制单元间数据传递出现故障,便存储该故障记忆。可能的故障原因有:控制单元故障,两条数据线断路,插头和插座连接故障
01329	舒适系统数据总线处于紧急模式	该故障记忆表明 CAN 数据总线系统已经进入应急运转模式,某一根数据总线断路或插头和插座连接故障

2. 清除故障代码

故障检修完成后,或需要再次确认故障代码,可清除故障代码,方法如下:
(1) 将专用仪器的诊断接头连接到车上的诊断接口,打开点火开关;
(2) 输入地址码 46(选择舒适系统控制单元);
(3) 进入功能码 05,清除舒适系统中央控制单元储存的故障代码。

3. 读取数据流

(1) 将专用仪器的诊断接头连接到车上的诊断接口,打开点火开关;
(2) 输入地址码 46(选择舒适系统控制单元);
(3) 输入功能码 08,读取舒适系统中央控制单元数据流,输入通道 012,显示出与 CAN 数据总线相关的 4 组数据区域,见图 7-17。
① 数据区域 1 检测传递数据。该区域显示数据传递正确与否(比如单根数据线故障)。
② 数据区域 2 前排装备情况。该区域显示前排车门控制单元传递数据过程中是否匹配。
③ 数据区域 3 后排装备情况。该区域显示后排车门控制单元传递数据过程中是否匹配。
④ 数据区域 4 其他附件情况。该区域显示座椅与后视镜调整记忆系统是否合适;舒适系统与记忆系统是否交换数据。

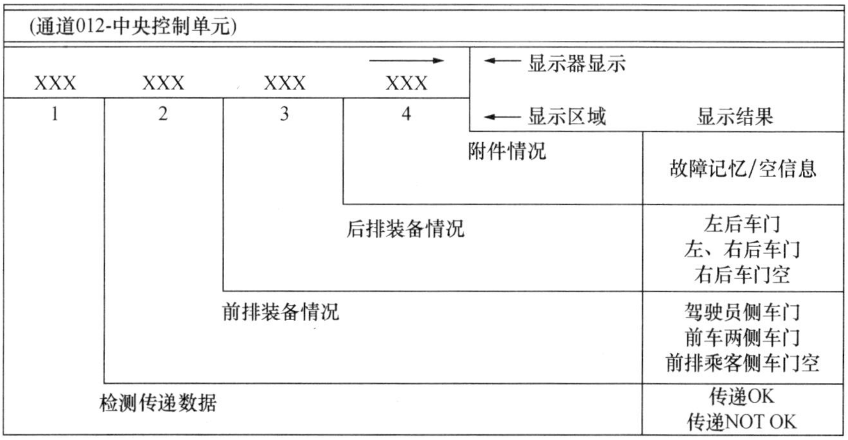

图 7-17 第 12 组数据流

三、用波形法诊断通信总线

大众 CAN 总线可以利用诊断仪对系列地址码进行自诊断,在自诊断和查询故障过程中,所有交换信息的控制单元都被看成一个完整的系统。如果 ECU 间传递的数据被打乱,控制单元内将存有一个故障记忆:一条或两条数据线断路、数据线对地或正极短路、一个或多个控制单元有故障。此时,通过波形分析可以进一步判断故障点。

1. 检测电路的连接

为了在 DSO(数字存储式示波器)功能下分析 CAN 总线的电压,要求采用无干扰功能下的 DSO 显示,如图 7-18 所示,连接 DSO 主机、检测盒与测试线。

通道 A,用红色测量线连接 CAN-High,黑色测量线接地;通道 B,用红色测量线连接 CAN-Low,黑色测量线接地。两条 CAN 总线的每一条线都通过一个示波器通道进行测量。通过 DSO 波形的分析可以较容易地发现总线故障。

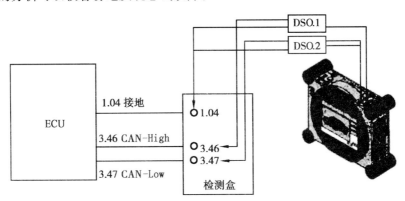

图 7-18 DSO 示波器的连接

2. DSO 示波器的设定

(1) 时间单位的设定。时间单位值尽可能选择得小一些。最小的时间单位为 0.02 ms/格。DSO 没有更小的时间单位,要显示总线上的单一比特(2 μs)是不可能的。

(2) 电压单位的设定。通道 A 和通道 B 在 0.5~2 V/格的设定下,DSO 的显示便于电压值的读取。

(3) 触发点的设定。它位于被测定信号的范围内,CAN-High 信号为 2.5~3.5 V 之间,CAN-Low 信号为 1.5~2.5 V 之间。

3. 舒适系统和信息系统 CAN 的典型波形

(1) CAN 总线的正常波形,波形如图 7-19 所示。

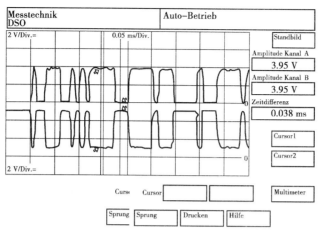

图 7-19　CAN 总线的正常波形

（2）CAN-High 线对地短路。CAN-High 线对地短路时的波形如图 7-20 所示，CAN-High 线的电压置于 0 V，CAN-Low 线的电压正常。在该故障情况下，所有舒适 CAN 和信息 CAN 变为单线工作。

（3）CAN-High 线对正极短路。波形如图 7-21 所示，CAN-High 线的电压约为 12 V 或者蓄电池电压，CAN-Low 线的电压正常。

（4）CAN-High 与 CAN-Low 之间短路。波形如图 7-22 所示，CAN-High 与 CAN-Low 的波形趋于一致。

CAN-Low 线的一些故障波形类似于 CAN-High 线，不再详细叙述。通过故障波形与正常波形的对比，比较容易分析出故障部位，尤其在利用基本诊断和故障自诊断排除故障遇到困难时，效果比较好。

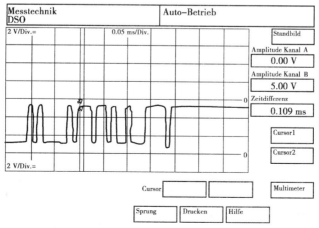

图 7-20　CAN-High 对地短路波形

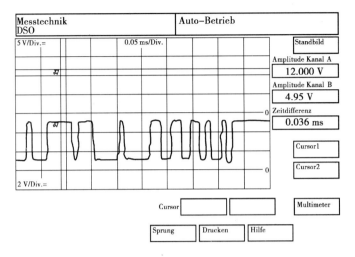

图 7-21　CAN-High 对正极短路波形

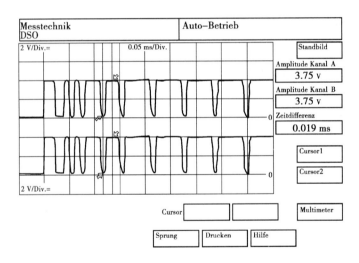

图 7-22　CAN-High 与 CAN-Low 之间短路波形

四、故障检修实例

1. 故障机理

车载网络系统的核心部分是含有通信 IC 芯片的电控模块（ECM）。ECM 的正常工作电压要求在 10.5～15 V 的范围内，如果汽车电源系统提供的工作电压低于该值，会造成一些对工作电压要求高的 ECM 出现短暂的停滞工作故障，从而使整个车载网络系统在短时间内无法通信。

2．故障现象

一辆上海别克轿车，行驶中时常出现发动机转速表、里程表、燃油表和水温表指示为零。

3．故障检测过程

故障检测时，用 TECH2 扫描工具（微机故障诊断仪）读取故障代码，发现各个 ECM 均没有当前故障代码，而在历史故障代码中出现多个故障代码。

其中：SDM（安全气囊控制模块）中出现 U1040——失去与 ABS 控制模块的对话，U1000——二级功能失效，U1064——失去多重对话，U1016——失去与 PCM 的对话；

IPC（仪表控制模块）中出现 U1016——失去与 PCM 的对话；

BCM（车身控制模块）中出现 U1000——二级功能失效。

4．故障分析与排除

经过故障代码的读取可以知道，该车的多路信息传输系统存在故障，因为 OBDII 规定 U 字头的故障代码为汽车多路信息传输系统的故障代码。通过查阅上海别克轿车的电源系统的电路图（如图 7-23 所示）可知，上面故障代码涉及的 ECM 共用一根电源线，并且通过前围板。由于故障代码为间歇性的，由此断定可能是这根电源线发生间歇性断路故障。

经检查发现，此根电源由于磨损导致接触不良，经过处理后故障排除。

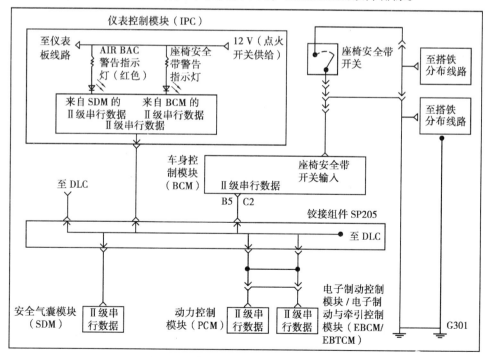

图 7-23　上海别克轿车仪表模块等多路传输电路

思 考 题

1. 什么是车载网络系统？
2. 车载网络系统是如何分类的？
3. 叙述车载网络系统的工作原理。
4. 试画出车载网络系统的诊断流程，分析按诊断流程检修有什么优点。
5. 丰田车载网络系统故障代码的提取方法是什么？无故障代码时应该如何检修车载网络系统？
6. 怎样应用大众车系车载网络自诊断功能检修车载网络系统故障？
7. 示波器对检修车载网络系统有什么帮助？没有诊断仪和示波器是不是可以检修车载网络系统？

任务八 汽车巡航控制系统的故障检修

任务目标

1. 了解汽车巡航控制系统的组成与结构特点。
2. 理解巡航控制系统各组成部件的结构与工作原理。
3. 掌握汽车巡航控制系统的控制原理与控制过程。
4. 掌握并熟练运用汽车巡航控制系统的故障自诊断方法。
5. 能分析并检测汽车巡航控制系统的控制电路。
6. 能排除汽车巡航控制系统的常见故障。

任务资讯

任务资讯 汽车巡航控制系统的组成与结构特点

一、汽车巡航控制系统的作用

（一）巡航控制系统的作用

汽车巡航控制系统（Cruise Control System，CCS），又称巡航行驶装置、速度自动控制系统、巡行控制系统和恒速行驶系统。

CCS 是利用电子控制技术，根据驾驶员的意愿和车辆的运行状态，使汽车工作在发动机有利转速范围内，对汽车行驶速度进行自动调节，控制汽车以恒速或接近于恒速行驶。装有 CCS 装置的汽车在良好路面（尤其是高速公路）上行驶时，驾驶员的脚可以离开加速踏板（油门踏板），尤其是装有自动变速器的汽车，因无需使用离合器，驾驶员只要手握转向盘就可轻松地驾驶，可以减轻驾驶员驾驶操纵的劳动强度。而当路况变化时，驾驶员又能迅速重新操纵汽车，保证车辆行驶的安全。

（二）巡航控制系统的优点

装有巡行控制系统的汽车主要具有以下优点。

（1）减轻驾驶员的疲劳强度。汽车在郊外或高速公路上行驶时，CCS 可以自动控制车速，驾驶员不需频繁地用脚踏踩油门，故疲劳强度大大减轻。

（2）提高汽车行驶时的平顺性。CCS 可以控制车辆以恒定的速度行驶，车辆行驶得更为平稳，使乘员感觉更为舒适。

（3）提高车辆的经济性和排放性。CCS 使发动机工作在其最佳的转速范围上，发动机的运行工况变化平稳，从而改善汽车的经济性和降低发动机的排放。一个有经验的驾驶员，合理利用巡航控制系统可节省燃油 15%。这是因为在巡行控制系统中使用速度稳定器后，可使发动机燃料的供给与功率之间处于最佳的配合，降低燃油的消耗。

二、汽车巡航控制系统组成部件的结构与原理

（一）巡航控制系统的组成

巡航控制系统由巡航控制开关、传感器、CCS ECU、执行器组成。图 8-1 所示为丰田雷克萨斯 LS 400 型轿车巡航控制系统控制部件的安装位置。巡航控制开关和传感器将信号传送到 ECU，ECU 根据这些信号计算出节气门的合理开度，并给执行器发出控制信号，执行器调节节气门的开度，保持车辆按设定的车速等速行驶。

巡航控制系统的车速传感器 VSS 和节气门位置传感器 TPS 既可与发动机控制系统和电子控制自动变速系统公用，也可专门设置独立使用。车速传感器和节气门位置传感器的功用分别是向 CCS ECU 提供汽车行驶速度信号和发动机节气门开度（转角）信号。

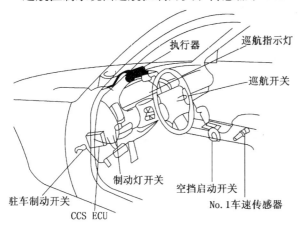

图 8-1 雷克萨斯 LS400 型轿车巡航控制部件的安装位置

控制开关主要有巡航开关、制动灯开关、驻车制动开关、点火开关、离合器开关（仅对手动变速器汽车）或空挡启动开关（对于自动变速器汽车）等。巡航开关的功用是将恒速、加速或减速、恢复原速以及取消巡航行驶等指令信号输入 CCS ECU，其他开关的功用是将各种状态信息输入 CCS ECU，以便 CCS ECU 确定是否进行恒速控制。

CCS ECU 是巡航控制系统的控制核心，一般都由分立电子元件、专用集成电路 IC 和 8 位单片机组成。具有数学计算、逻辑判断、记忆存储、故障诊断等功能。

执行机构又称为执行器，分为气动式和电动式两种。气动式主要由速度伺服装置和电磁阀等组成；电动式主要由电动机（永磁式或步进式电动机）、减速机构和电磁离合器等组成。执行机构的功用是根据 CCS ECU 指令，通过节气门拉索（钢缆）调节发动机节气门的开度，使车速保持恒定。

(二)巡航控制系统主要部件的结构原理

1. 巡航控制开关

巡航控制开关由驾驶员操作控制,主要用来设定巡航速度、重新设置巡航速度和取消巡航控制等。丰田车系的巡航控制开关包括主开关、设定/减速开关、恢复/加速开关和取消开关等。

(1) 主开关。主开关(MAIN)是巡航控制系统的主电源开关,位于巡航控制开关的端部,为按键式的,如图8-2所示,每次按下主开关,该系统的电源就接通或关闭。主开关接通时,如果将点火开关和主开关都关闭,即使点火开关再次接通,主开关也是保持关闭的。

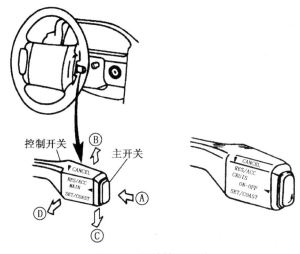

图 8-2 巡航控制开关

(2) 控制开关。手柄式巡航控制开关一般由设定/减速开关(SET/COAST)、恢复/加速开关(RES/ACC)和取消开关(CANCEL)组成。该开关为自动回位型。当向下推控制开关时,如图8-2所示的方向C,设定/减速开关接通,放松控制开关时,开关自动回到原始位置;当向上推控制开关时,如图8-2所示的方向B,恢复/加速开关接通;当向后拉控制开关时,取消开关接通如图8-1所示的方向D。

(3) 解除巡航开关。解除巡航开关是指开关接通后,能使巡航系统自动退出工作的开关。解除巡航开关还包括制动灯开关、驻车制动开关、离合器开关(手动变速器)和空挡启动开关(自动变速器)。但当CCS取消瞬间的车速不低于35 km/h时,此车速存储于巡航控制ECU中。当接通RES开关时,最后存储的车速就会自动恢复。

① 制动灯开关。制动灯开关由常闭和常开两个开关组成,如图8-3所示。开关A为常开开关,踏下制动踏板时开关A闭合,将制动灯的电路接通,制动灯点亮;同时,将高电位的信号经开关A加在CCS ECU上,将制动信号输入到CCS ECU。CCS ECU根据此信号取消巡航控制,使巡航系统停止工作。开关B为常闭开关,当踏下制动踏板时,开关B断开,直接

切断了巡航控制执行器的电路,使巡航系统不再控制车速。

② 驻车制动开关。当使用驻车制动器时,驻车制动器开关接通,将驻车制动信号送至 CCS ECU。CCS ECU 立即取消巡航系统的工作,同时驻车制动灯点亮。

③ 离合器开关。对于装有手动变速器的汽车,当踏下离合器踏板时,离合器开关接通,将取消信号送至 CCS ECU, CCS ECU 即刻取消巡航控制系统的工作。

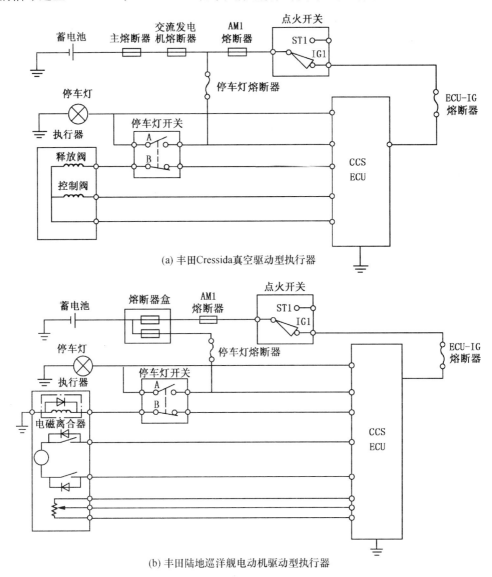

图 8-3 停车灯开关电路

④ 空挡启动开关。对于装有自动变速器的汽车，当变速杆移至 N（空挡）位置时，空挡启动开关接通，将取消信号送至 CCS ECU，CCS ECU 将取消巡航控制系统的工作。

2．传感器

巡航控制系统一般有车速传感器、节气门位置传感器和节气门控制摇臂传感器 3 种。

（1）车速传感器。车速传感器用来检测车辆行驶的速度或者发动机的转速，信号可同时用于发动机控制、自动变速器控制和巡航控制。对于巡航系统而言，车速传感器信号的作用是 CCS ECU 用于巡航车速的设定，以及将实际车速与设定车速进行比较，以便实现等速控制。其常见类型有电磁式、霍尔式、光电式和舌簧开关式等。

（2）节气门位置传感器。节气门位置传感器一般采用 4 端子式电阻型节气门位置传感器。该传感器信号也可同时用于发动机控制、自动变速器控制和巡航控制等。对于巡航控制系统而言，节气门位置传感器信号的作用是使 CCS ECU 随时知道节气门开度的信息。

（3）节气门控制摇臂传感器。节气门控制摇臂传感器可对 CCS ECU 提供节气门摇臂位置的电信号。节气门摇臂位置传感器为滑线电位计式。电位计随控制摇臂的转动输出与位置信号成比例的连续变化信号。

3．CCS ECU

CCS ECU 由处理器芯片、I/O、A/D、D/A、驱动电路和保护电路等组成，如图 8-4 所示。ECU 根据传感的信号，控制巡航执行器实现车速的稳速控制。巡航控制系统能实现以下的控制功能。

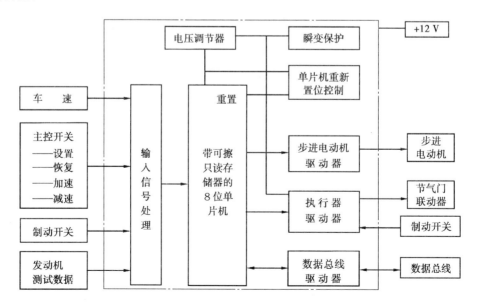

图 8-4　CCS ECU 电路框图

(1) 等速控制功能。ECU 将实际车速与设定车速进行比较，确定节气门是否应该开大或关小，并根据实际车速与设定车速的差值，计算出节气门应该开大或关小的量，然后对执行器进行控制，保证汽车按设定车速等速行驶。

(2) 记忆设定车速功能。当主开关接通，车辆在巡航控制车速范围内（一般为 40～200 km/h）行驶时，若 SET/COAST 开关接通后松开，CCS ECU 便将此时的车速存储于 ECU 存储器内，并使车辆保持这个速度行驶。

(3) 调整车速功能。当汽车以巡航控制模式行驶时，如果需要使设定车速提高或降低，只要操作恢复/加速或设定/减速开关，就可以改变设定车速，CCS ECU 重新记忆新的设定车速，按新设定车速进行巡航行驶。

(4) 加速功能。当车辆以巡航控制模式行驶时，若 RES/ACC 开关接通，执行器就会将节气门适当开大，使车辆加速。ECU 将开关松开时的车速存储，并保持此车速行驶。

(5) 滑行功能。当车辆以巡航控制模式行驶时，若 SET/COAST 开关接通后不松开，执行器就会自动逐渐地关小节气门，使车辆减速。ECU 将开关松开时的车速存储，并保持此车速行驶。

(6) 车速下限控制功能。车速下限是巡航控制所能设定的最低车速，约为 40 km/h。当车辆以巡航控制模式行驶时，若车速降至 40 km/h 以下，巡航控制就会自动取消，同时，设置在存储器内的车速也被清除。

(7) 车速上限控制功能。车速上限是巡航控制所能设定的最高车速，约为 200 km/h。操作 ACC 开关，也不能使车速超过 200 km/h。

(8) 取消和恢复功能。当汽车以巡航控制模式行驶时，如果接通取消开关或接通任何一个其他的退出巡航控制开关，CCS ECU 将控制执行器使巡航控制取消。在巡航控制行驶期间，若出现车速下降低于 40 km/h，巡航控制系统的电源中断时间超过 5 ms，巡航控制也被取消，但存储器中设定的速度尚未取消。当车辆以巡航控制模式行驶时，若出现伺服调速电动机或安全电磁阀晶体管驱动电流过大，伺服电动机始终朝节气门打开方向转动时，存储器中设置的车速被清除，安全电磁阀离合器断电，巡航控制方式取消，主控开关同时关闭。巡航控制功能可用 SET 或 RES 开关恢复。

(9) 自动变速器控制功能。在车辆以超速挡上坡行驶时，车速降至超速切断速度（设定车速减去 2 km/h）时，ECU 自动取消超速挡并增加驱动力，防止车速进一步降低。当车速回升至超速挡恢复速度约 6 s 后，CCS ECU 再恢复超速挡。

(10) 迅速降速和迅速升速控制功能。当实际车速与设定车速相差不足 5 km/h 时，每次迅速（在 0.6 s 以内）操纵 SET/COAST 开关，可将设定车速降低约 1.65 km/h；当实际车速与设定车速相差不足 5 km/h 时，每次迅速（在 0.6 s 以内）操纵 RES/ACC 开关，可将设定车速升高约 1.65 km/h。

(11) 诊断功能。巡航控制系统发生故障，ECU 确定故障并使组合仪表上的巡航指示灯闪烁，以提醒驾驶员；同时，ECU 存储相应的故障代码，故障代码可通过指示灯读取。

4. 执行器

巡航执行器用来控制节气门的开度，以保持车速的恒定，巡行控制执行器通常有真空式和电动机式两种。电动机式执行器控制性能更好，应用的较为广泛，本章仅介绍电动机式执行器。电动机式巡航执行器由驱动电动机、电磁离合器和电位计组成，其结构如图 8-5 所示。

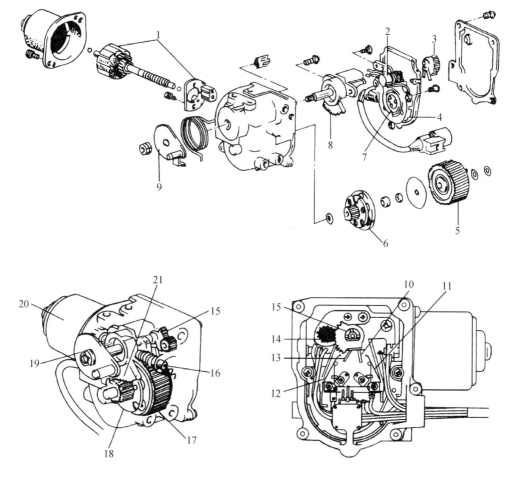

图 8-5　电动机驱动式巡航执行器

1—驱动电动机；2、14—电位计；3、15—电位计主动齿轮；4—电路板；5、17—涡轮及电磁离合器；6、18—离合器片；7—滑环；8、21—主减速器；9、19—控制臂；10—杆 B；11、12—限位开关；13—杆 A；16—蜗杆；20—电动机

（1）驱动电动机。驱动电动机是执行机构的动力源，既可采用永磁式直流电动机，也可采用步进式直流电动机。电动机根据 ECU 的脉冲控制信号可以左右任意角度旋转，通过减速机构，驱动节气门开度跟随其一起变化，从而控制车速。当节气门达到全开位置和关闭位置时，设有限位开关防止电动机的运转超出范围。

（2）电磁离合器。电磁离合器安装在驱动电动机与控制臂之间，用于控制电动机和节气门拉线的接合和分离。在巡航行驶过程中，当驾驶员踩下制动踏板或实际车速超过设定巡航车速一定值（一般为 15 km/h 左右）或车速传感器出现故障时，CCS ECU 将立即发出指令控制使离合器分离，防止发生事故，故电磁离合器又称为安全电磁离合器。

电磁离合器的结构与工作电路如图 8-6 所示。当 ECU 给执行器发出控制信号时，电磁离合器接合，电动机通过拉线转动节气门。在巡航系统工作的过程中，只要任何一个取消开关被触动，电磁离合器电路就被切断，离合器分离，电动机不再驱动节气门，巡航控制不起作用。

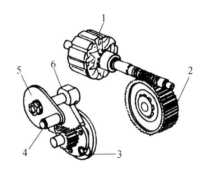

(a) 电磁离合器结构

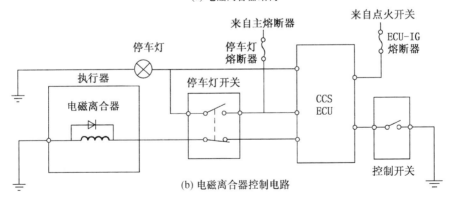

(b) 电磁离合器控制电路

图 8-6　电磁离合器及其控制电路

1—驱动电动机；2—电磁离合器；3—离合器片；4—节气门拉索柱；5—控制臂；6—主减速器

(3) 电位计

执行器上设有一只由滑片电阻器构成的电位计，其功用是检测执行机构中控制臂转动的角度或拉索的位移量，并将信号输入 CCS ECU。CCS ECU 根据此信号进行两方面的控制，一是对节气门的开度进行不断地修正，以保证系统控制的精度；二是诊断执行机构是否发生故障，当 CCS ECU 向执行机构发出控制指令后，如果电位计信号没有变化或变化量超过设计值，则判定执行机构有故障。电位计的结构如图 8-7 所示。

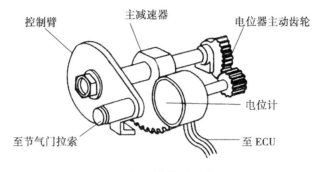

图 8-7　控制臂电位计

三、巡航控制系统的控制原理与控制电路

（一）巡航控制系统的控制原理

1. 巡航控制的基本原理

巡航控制系统是一个典型的闭环控制系统。电子控制式巡航控制系统的控制原理如图 8-8 所示。输入 CCS ECU 的信号有两个：一个是驾驶员根据行驶条件，通过巡航开关设定的巡航车速指令信号，另一个是车速传感器输入的实际车速反馈信号。

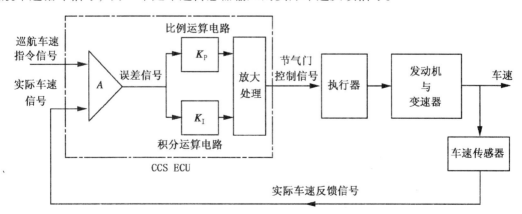

图 8-8　巡航控制系统的基本控制原理

当巡航车速指令信号和实际车速反馈信号输入 CCS ECU 后,CCS ECU 的比较器 A 经过比较运算便可得到两个信号之差,称之为误差信号。误差信号经过比例运算和积分运算后,再经过放大处理就可得到控制节气门开度大小的控制信号,CCS ECU 将控制指令发送给执行机构,执行机构就可驱动节气门拉索调节发动机节气门开度的大小,将实际车速迅速调节到驾驶员设定的车速值,从而实现恒速控制,即实现巡航控制。

在控制过程中,当实际车速低于驾驶员设定的巡航车速值时,CCS ECU 将向执行机构发出增大节气门开度的指令,使实际车速升高到巡航车速。反之,当实际车速高于驾驶员设定的巡航车速值时,CCS ECU 将向执行机构发出减小节气门开度的指令,使实际车速降低到巡航车速,从而使实际车速基本保持在驾驶员设定的巡航车速值不变。

2. 巡航车速的控制方式

CCS ECU 作为巡航控制系统的控制核心,控制方法一般都采用"比例-积分计算法(Proportion and Integral Calculus)"进行控制,又称为"PI"控制方式。

比较器 A 运算得到的误差信号经过比例运算电路 K_P 线性放大后,输出的信号将正比于误差信号;积分运算放大电路 K_I 设置有一条斜率可调的输出控制线,用以在短时间内将车速误差调节到趋近于零的很小范围,控制线控制的巡航车速与节气门开度之间的关系如图 8-9 所示。节气门控制信号则由比例运算电路和积分运算电路输出信号叠加而成。

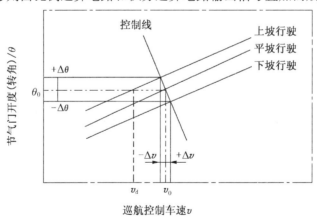

图 8-9 巡航车速控制原理

当汽车在平坦路面上以设定的巡航车速 v_0 行驶时,设节气门开度为 θ_0。如果此时 CCS ECU 向执行机构发出指令使节气门开度保持不变,则汽车将以设定的巡航车速 v_0 行驶。但是,当车辆遇到坡道上坡行驶或遇到刮风逆风行驶时,由于坡道阻力或风阻增加将使车速降低到 v_d,不能以设定的巡航车速 v_0 行驶。因此,CCS ECU 必须向执行机构发出指令使节气门开度增大(即节气门旋转角度增大 $+\Delta\theta$),才能使车速接近于设定的巡航车速 v_0(即实际车

速比巡航车速 v_0 低 $-\Delta v$）行驶。同理，当车辆下坡或顺风行驶时，节气门旋转角度将减小 $-\Delta \theta$ 度，实际车速将比巡航车速 v_0 高 $+\Delta v$。

由此可见，为使汽车巡航车速不受行驶阻力变化的影响，巡航电控单元 CCS ECU 内部积分运算放大电路 K_1 控制的控制线应尽可能使车速变化范围减小，即控制线的斜率应尽可能小。由于"PI"控制方式设置了控制线，因此，当汽车行驶在上坡、下坡道路以及风阻等因素导致行使阻力变化时，控制系统只要将节气门开度调整 $\pm \theta$ 度，就可将车速变化幅度限制在 $\pm \Delta v$ 的微小范围内。

（二）汽车巡航系统的控制电路

虽然各型汽车巡航控制系统的结构组成与控制电路各有不同，但是，其控制过程大同小异。下面以图 8-10 所示的丰田皇冠 3.0 型轿车电动式巡航控制系统控制电路为例说明巡航控制系统的控制过程。

1. 丰田汽车巡航控制系统的组成

丰田皇冠 3.0 型轿车电动式巡航控制系统的控制部件主要有传感器（节气门位置传感器、No.1 车速传感器）、控制开关（巡航开关、驻车制动开关、双闸制动灯开关、自动变速系统的空挡启动开关或手动变速器的离合器开关等）、CCS ECU、执行机构（电磁离合器、驱动电动机与电位计等）。CCS ECU 线束插座上各接线端子的编号、代号以及连接部件的名称如表 8-1 所示。

表 8-1　丰田皇冠 3.0 型轿车 CCS ECU 接线端子编号、代号与连接部件名称

端子编号	端子代号	连接部件的名称	端子编号	端子代号	连接部件的名称
1	STP+	制动灯开关	14	B	电源（受点火开关控制）
2	N&C	离合器开关	15	BATT	备用电源（常火线）
3	PKB	驻车制动开关	16	STP−	制动灯（制动信号输入端子）
4	CMS	巡航主开关	18	CCS	巡航控制开关
5	P_1	巡航控制指示灯	20	SPD	车速传感器（仪表盘上）
8	TC	故障诊断插座 TDCL	22	ECT	ECT ECU 端子 S_2 和自动变速系统 No.2 电磁阀
9	OD	发动机和自动变速 ECU 超速与解除锁止信号输入端子 OD_1	23	IDL	节气门位置传感器怠速触点
10	L	制动灯开关的电磁离合器触点	24	VR_1	控制臂电位计正极端子
11	MC	驱动电动机	25	VR_2	控制臂电位计信号端子
12	MO	驱动电动机	26	VR_3	控制臂电位计负极端子
13	GND	CCS ECU 搭铁端子			

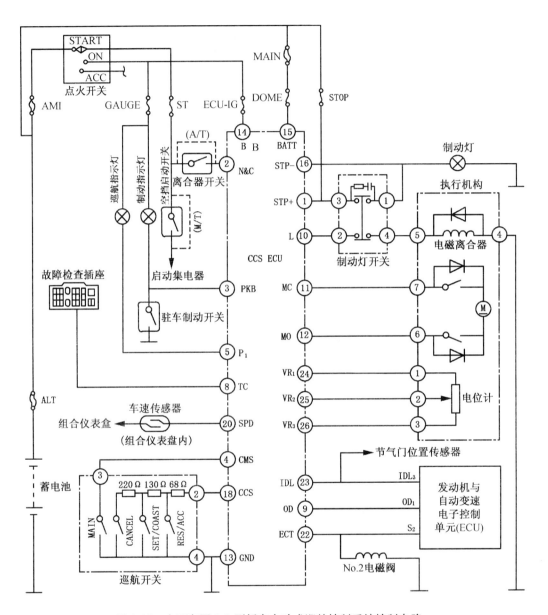

图 8-10 丰田皇冠 3.0 型轿车电动式巡航控制系统控制电路

2. 巡航控制系统的电源电路

汽车所有电子控制系统都设有备用电源电路，ECU 的备用电源端子始终与蓄电池连接，不受任何开关控制，只受易熔线控制，以便汽车停驶时保存随机存储器 RAM 中的故障代码和临时存储的数据。

（1）备用电源电路为：蓄电池正极→易熔线 ALT、MAIN→熔断器 DOME→CCS ECU 端子"15（BATT）"→CCS ECU 内部电路→端子"13（GND）"搭铁→蓄电池负极。

（2）电源电路为：蓄电池正极→易熔线 ALT、AM1→点火开关"点火（ON）"挡→熔断器 ECU-IG→CCS ECU 电源端子"14（B）"→CCS ECU 内部电路→端子"13（GND）"搭铁→蓄电池负极。

3. 巡航控制电路与控制过程

接通巡航主开关时，仪表盘上的"巡航指示灯"发亮 3～5 s 后将自动熄灭，此时巡航控制系统处于待命状态，只有当车速达到或超过 40 km/h 时，巡航控制系统才能投入工作。

（1）巡航主开关电路为：蓄电池正极→点火开关"点火（ON）"挡→熔断器 ECU-IG→CCS ECU 电源端子"14（B）"→CCS ECU 内部电路→端子"4（CMS）"→巡航开关端子"3"→主开关触点→巡航开关端子"4"→搭铁→蓄电池负极。

（2）巡航指示灯电路为：蓄电池正极→点火开关"点火（ON）"挡→熔断器 GAUGE→巡航指示灯→CCS ECU 端子"5（P_1）"→CCS ECU 内部电路→端子"13（GND）"搭铁→蓄电池负极。

巡航开关具有"MAIN"（主开关）、"SET/COAST"（设置/巡航）、"RES/ACC"（恢复/加速）和"CANCEL"（取消）4 种开关的控制功能。

在车速达到或超过 40 km/h 的情况下，当"SET/COAST"开关接通时，电磁离合器线圈电路接通，执行机构投入工作，汽车将不断加速。

（3）"SET/COAST"开关接通电路为：蓄电池正极→点火开关"ON"挡→熔断器 ECU-IG→CCS ECU 电源端子"14（B）"→CCS ECU 内部电路→端子"18（CCS）"→"SET/COAST"开关→搭铁→蓄电池负极。

（4）电磁离合器线圈电路为：蓄电池正极→点火开关"ON"挡→CCS ECU 电源端子"14（B）"→CCS ECU 内部电路→CCS ECU 端子"10（L）"→制动灯开关常闭触点→电磁离合器线圈→搭铁→蓄电池负极。

电磁离合器接合将驱动电动机动力传递路线接通。

（5）驱动电动机电路为：蓄电池正极→点火开关"ON"挡→CCS ECU 电源端子"14（B）"→CCS ECU 内部电路→端子"24（VR_1）"→电位计及其滑臂→端子"25（VR_2）"→端子"11（MC）"→电动机→端子"12（MO）"→CCS ECU 内部电路→端子"13（GND）"→搭铁→蓄电池负极。

电动机转动时，通过减速机构和电磁离合器拉动控制臂以及节气门摇臂转动，使节气门开度增大，车速升高。与此同时，电位计滑臂随减速机构、控制臂或拉索移动，将执行机构动作情况从端子"25（VR_2）"反馈给CCS ECU，CCS ECU根据反馈信号电压高低即可诊断执行机构是否发生故障。并将故障编成代码存储在随机存储器中（电动机电流过大用代码"11"表示，电动机电路断路或电磁离合器线圈电路断路用代码"13"表示等），以便维修时查询；同时CCS ECU还将发出指令驱动巡航指示灯发亮指示。

（6）电位计电路为：蓄电池正极→点火开关"ON"挡→CCS ECU电源端子"14（B）"→CCS ECU内部电路→端子"24（VR_1）"→电位计→端子"26（VR_3）"→CCS ECU内部电路→端子"13（GND）"→搭铁→蓄电池负极。

在车速达到或超过40 km/h的情况下，当驾驶员向下拨动巡航开关手柄使"SET/COAST"开关保持接通时，车速将持续升高。当实际车速升高到想要设定的巡航行驶车速时放松开关手柄和加速踏板，设定的车速将被记忆在存储器中，CCS ECU将控制执行机构通过控制节气门开度保持该车速恒速行驶。

当汽车行驶阻力减小使实际车速高于设定车速时，CCS ECU将控制驱动电动机电路反转一定角度，使节气门开度减小来降低车速。此时电动机电流从端子"12（MO）"流入，经过电动机电枢后，再从端子"11（MC）"流出。

（7）驱动电动机反转电路为：蓄电池正极→点火开关"ON"挡→CCS ECU电源端子"14（B）"→CCS ECU内部电路→端子"24（VR_1）"→电位计及其滑臂→端子"25（VR_2）"→端子"12（MO）"→电动机→端子"11（MC）"→CCS ECU内部电路→端子"13（GND）"→搭铁→蓄电池负极。

在汽车以设定的巡航速度行驶过程中，如果驾驶员踩下加速踏板超车或踩下制动踏板制动或将自动变速器选挡手柄拨到前进挡"D"以外的位置等导致车速升高或降低而需要恢复到原来设定的巡航车速时，将"RES/ACC"（恢复/加速）开关接通短暂时间，汽车即可迅速减速或加速并恢复到原来设定的巡航车速恒速行驶。但是，当实际车速已经低于40 km/h时，巡航车速则不能恢复。

4. 巡航控制状态的解除条件

在汽车以设定的巡航速度行驶过程中，当遇到下列情况之一时，CCS ECU将发出控制指令使巡航执行机构停止工作，立即解除巡航控制状态。

（1）巡航开关的"CANCEL"开关接通时。当该开关接通时，将从CCS ECU端子"18（CCS）"输入一个表示解除巡航行驶的信号。CCS ECU接收到该信号时，将立即解除巡航控制状态，同时驱动仪表盘上的巡航指示灯发亮指示。

（2）制动灯开关接通时。当驾驶员踩下制动踏板时，双闸制动灯开关的常开触点闭合、常闭触点断开。常开触点闭合时，一方面使制动灯电路接通发亮报警，另一方面从端子

"16（STP-）"向 CCS ECU 输入一个高电平信号，CCS ECU 接收到该信号时，将立即驱动巡航指示灯发亮指示。与此同时，常闭触点断开将电磁离合器线圈电路切断，离合器分离，驱动电动机动力传递路线切断，巡航控制状态被解除。

（3）驻车制动开关接通时。当驻车制动手柄拉紧时，驻车制动开关接通，一方面使制动警告灯电路接通发亮指示，另一方面从端子"3（PKB）"向 CCS ECU 输入一个低电平信号，CCS ECU 接收到该信号时，将立即解除巡航控制状态并驱动巡航指示灯发亮指示。

（4）空挡启动开关或离合器开关接通时。在装备自动变速器的汽车上，当选挡操纵手柄拨到"空挡 N"位置时，空挡启动开关接通并从端子"2（N&C）"向 CCS ECU 输入一个高电平信号，CCS ECU 接收到该信号时，将立即解除巡航控制状态并驱动巡航指示灯发亮指示。在装备手动变速器的汽车上，当踩下离合器踏板时，离合器开关触点闭合，并从端子"2（N&C）"向 CCS ECU 输入一个高电平信号，CCS ECU 接收到该信号时，将立即解除巡航控制状态并驱动巡航指示灯发亮指示。

任务训练

任务训练一　丰田轿车巡航控制系统元件的检测

一、控制开关的检测

控制开关常见的故障是：开关失效、开关接触不良和开关线路故障等。对于开关的检测首先应该了解开关的接线电路，如图 8-11 所示为丰田轿车巡航控制开关的接线电路。只有掌握了开关的接线电路之后，才能根据线路检测和分析开关的故障。

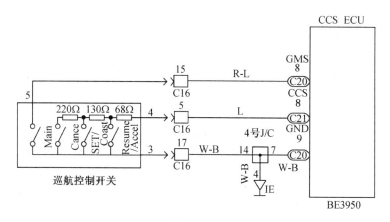

图 8-11　巡航控制开关与 ECU 的电路连接

1. 故障诊断流程

控制开关的故障诊断流程如图 8-12 所示。

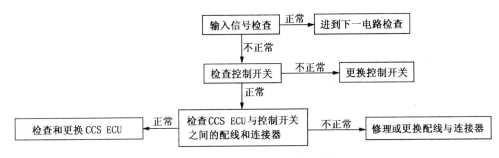

图 8-12 巡航控制开关的诊断流程

2. 电阻值的检测

拆下方向盘中心衬垫,脱开控制开关的接线接头;在接通控制开关之后,测量控制开关的端子 3 和 4 之间的电阻值,其阻值如表 8-2 中所示。

表 8-2 巡航控制开关不同位置的电阻值

开关位置	电阻 Ω
空挡	∞（不导通）
RES/ACC	≈70
SET/COAST	≈200
CANCEL	≈420

二、位置传感器的检测

丰田轿车位置传感器一般内部都有可变电阻,检测时可以根据传感器内部的电路使用万用表检测相应端子的电阻值的变化。电路如图 8-13 所示。

1. 电阻的检测

位置传感器电阻检测的方法是:断开巡航系统的电源。传感器端子 1 和 3 之间的电阻值应为 2 kΩ;端子 2 和 3 之间的电阻值应随着控制臂的运动而改变,其阻值的大小应在 0.5～1.8 kΩ 之间变化。

2. 位置传感器检测的流程

位置传感器检测流程如图 8-14 所示。

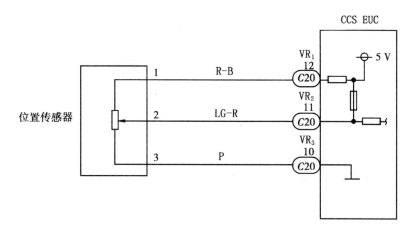

图 8-13　位置传感器与 CCS ECU 之间的连接

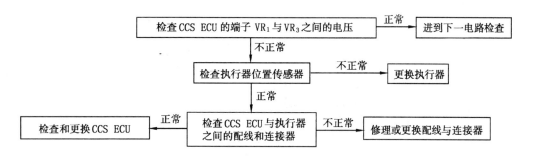

图 8-14　位置传感器的检测流程

三、电动机式巡航执行器的检测

1. 电磁离合器电阻的检测

电磁离合器电阻的检测，使用万用表进行。如图 8-15 所示，用万用表的欧姆挡检测离合器线圈的接线端子 4 和 5 之间的电阻，其正常值约为 4 Ω。如果电阻过大，一般情况下可能是电路接触不良，严重的可能是线圈断路。如果阻值过小，可能是线圈匝间短路。

2. 电磁离合器工作状态的检查

正常情况下，没有通电时，控制臂可以用手搬动。如图 8-16 所示。通电之后，在电磁力的作用下，控制臂应该被锁住，不能搬动。电路连接的方法是端子 5 接电源"＋"极，端子 4 搭铁。

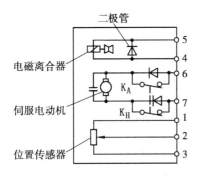

图 8-15 巡航执行器内部电路

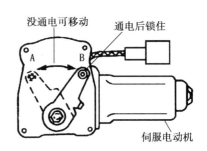

图 8-16 工作状态的检查

3. 安全离合器故障诊断

安全离合器与 CCS ECU 之间的电路连接如图 8-17 所示。其故障诊断流程如图 8-18 所示。

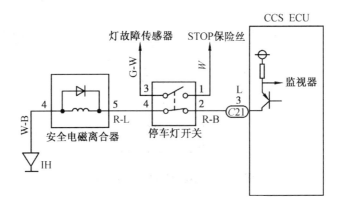

图 8-17 安全离合器与 CCS ECU 的连接

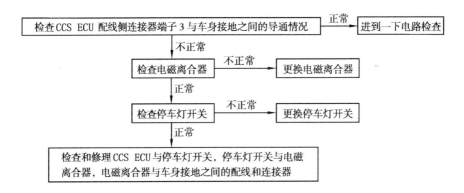

图 8-18 安全离合器诊断流程图

4. 驱动电动机的检查

在控制臂处于两极限位置之间时,给电磁离合器供电,电动机的运转方向应该符合表 8-3 的要求。

表 8-3 驱动电动机的检测

转动方向	电源		接线端	
	+	−	6	7
加速方向	○——————————————○			
		○——————————————————————○		
减速方向		○——————————○		
			○——————————————○	

任务训练二 汽车巡航控制系统的故障检修

当巡航控制系统发生故障时,首先应进行外观检查。检查线路是否有脱落、损坏或丢失等现象。然后利用巡航系统的自诊断功能读取故障代码,根据故障代码的提示进行检查。如果没有读到故障代码,也可以按照故障征兆进行故障诊断。最后确定故障的具体部位,对电路或元件进行检修。下面是丰田雷克萨斯轿车的故障诊断方法。

一、雷克萨斯轿车巡航控制系统故障代码的提取

1. 巡航控制系统的状态指示功能

巡航控制系统的状态指示可以通过仪表板上的"CRUISE MAIN"指示灯的闪烁来判别。接通点火开关后,如果接通巡航主开关,则"CRUISE MAIN"指示灯应点亮;巡航主控开关断开,该指示灯熄灭。一旦巡航系统出现故障,CCS ECU 会自动的中断巡航控制,同时指示灯会闪烁 5 次,指示灯通电时间为 0.5 s,断电间隔为 1.5 s。生成的故障代码被自动地储存在 CCS ECU 的存储器中。

2. 巡航控制故障代码的读取

(1) 接通点火开关。

(2) 短接诊断插座 TDCL 的端子 T_c 与 E_1 端子,如图 8-19 所示。

(3) 此时仪表板上的"CRUISE MAIN"指示灯会按照一定的规律闪烁,显示故障代码。故障代码由两位数字组成,指示灯首先闪烁的次数为十位数字,此时每次闪烁间隔的时间为 0.5 s;十位数显示完之后,间隔 1.5 s 再显示个位数字的故障代码,其显示方式与十位数的显示方式相同。若系统有多个故障代码,则代码会按照由小到大的顺序显示,故障代码之间的断电间隔时间为 2.5 s。

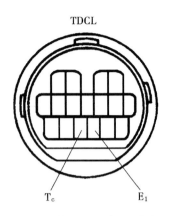

图 8-19 故障代码检测连接器

(4) 如果系统没有故障代码，巡航指示灯会以熄灭和点亮均为 0.25 s 的方式闪烁。

(5) 故障代码的含义如表 8-4 所示。

表 8-4　雷克萨斯轿车巡航系统故障代码表

故障代码	故障代码的含义	故障代码	故障代码的含义
11	驱动电动机或安全离合器电路故障	23	汽车行驶速度低于设定车速 16 km/h 以上
12	安全离合器电路或 ECU 故障	31	控制开关电路或 ECU 故障
13	驱动电动机或位置传感器电路故障	32	控制开关电路或 ECU 故障
21	车速传感器或 ECU 电路故障	34	控制开关电路或 ECU 故障

3. 故障代码的清除

故障排除后，关闭点火开关，拆下位于发动机罩下的熔断器/继电器盒内的"DOME"熔断器 10 s 以上，即可清除故障代码。装上熔断器之后再检查一遍，看看是否还有故障代码存在。

二、故障检修

1. 故障检修的基本原则

故障检查的基本原则是：由简到繁，由外及内。通常只有在确定巡航系统所有的输入信号都正常，而且执行器也正常的情况下，最后才检查或更换 ECU。

2. 按故障征兆诊断表检修故障

当对巡航系统进行故障诊断测试时，如果没有读取到故障代码，但巡航系统有故障征兆存在，应根据故障征兆进行故障诊断。表 8-5 为巡航系统的故障征兆表，同一个故障征兆通常会有多个原因，可按表中给出的数字顺序进行诊断。

表 8-5 雷克萨斯轿车故障征兆诊断表

故障现象 \ 诊断的部位	驱动电动机电路	车速传感器电路	控制开关电路	制动开关电路	主节气门位置传感器电路	与电控自动变速器的通信电路	与EFI的通信电路	驻车制动开关电路	空挡开关电路	电源电路	备用电源电路	主开关电路	诊断电路	执行器拉线	CCS ECU
不能设定取消（故障代码正常）	8	3	4	5				7	6	1		2		9	10
实际车速高于或低于设定车速	4	2			5	3	6							1	7
上坡行驶时挡位在3挡和O/D挡之间频繁变化						1									2
踏下制动踏板不能取消巡航控制	3													1	4
使用驻车制动不能取消巡航控制	3						2							1	4
变速杆挂至空挡位却没有取消巡航	3						2							1	4
巡航控制开关不工作	3		2											1	4
车速在40 km/h以下可以设定或不能解除巡航控制	3	2												1	4
加速或恢复响应不及时	3						2							1	4
即使不是行驶在上坡路段O/D也无法恢复						1									2
故障代码记忆被清除											1				2
诊断代码输出不正常													1		2
巡航指示灯故障	见指示灯故障检查														

思 考 题

1. 汽车自动巡航系统有什么作用和优点？
2. 汽车巡航系统由哪些装置组成？如何设定和解除巡航系统？
3. 汽车巡航系统有哪些控制功能？
4. 怎样检修巡航控制开关？怎样检修电动机式巡航执行器？
5. 巡航控制系统不工作时应该怎样排查故障？
6. 如何读取丰田车系巡航系统的故障代码？

任务九　汽车 ABS/ASR 系统的故障检修

任务目标

1. 了解 ABS/ASR 系统的作用、类型及组成。
2. 熟悉 ABS/ASR 系统的结构特点与工作原理。
3. 学会分析 ABS/ASR 的控制电路图并能进行电路的检测。
4. 掌握制动压力调节器的结构特点，能分解、检测、组装 ABS 制动压力调节器。
5. 学会更换 ABS/ASR 系统制动液，并能排除 ABS/ASR 制动管路的空气。
6. 学会正确使用 ABS/ASR，并能进行基本维护。
7. 学会排除 ABS/ASR 系统的常见故障。

任务资讯

汽车行驶稳定电子控制主要是在汽车原有的制动装置和转向装置的基础上加装一些电子控制装置，从而防止制动、加速及转弯时车轮的滑动，保持车辆行驶的稳定性。防止车轮滑动的控制系统包括防抱死制动控制系统（ABS）、驱动防滑转控制系统（ASR）、电控行驶稳定控制系统（ESP）、电子制动力分配（EBD）及电子差速锁（EDS）等，其中以防抱死制动控制系统和驱动防滑转控制系统应用最为广泛。

任务资讯一　ABS 概述

一、ABS 的理论基础

防抱死制动系统简称 ABS，它是英文 Anti-lock Brake System 的缩写。

在汽车制动过程中，轮胎与道路的纵向附着力决定汽车纵向运动，影响汽车的制动距离；轮胎横向附着力决定汽车的横向运动，影响汽车的方向稳定性和转向控制能力。当汽车紧急制动时，如果制动器制动力大于轮胎与地面间的附着力，车轮就会抱死滑移，导致纵向和横向附着力急剧降低，汽车的行驶稳定性也急剧下降。

电子控制防抱死制动系统的功用就是：在汽车制动过程中，自动调节车轮的制动力，防止车轮抱死滑移，从而获得最佳制动性能，提高汽车行驶稳定性，减少交通事故。

(一) 车轮制动力

制动效能指制动距离、制动时间和制动减速度。由汽车理论可知,制动效能主要取决于制动力的大小,而制动力不仅与制动器的摩擦力矩有关,而且还受到车轮与地面附着系数的制约。

汽车制动过程中制动器产生的制动力是通过地面制动力实现对车轮的制动减速,地面制动力是轮胎与地面之间的摩擦力,其方向与汽车行驶方向相反。制动初期,地面制动力随制动器制动压力的增大而增加,但增加到一定程度就不会再增加了,因为地面制动力要受轮胎与地面之间附着力的限制。车轮制动时地面制动力、附着力及附着系数之间的关系为

$$F_b \leqslant F_\varphi = F_Z \cdot \varphi \tag{9-1}$$

式中:F_b——地面制动力(N);

F_φ——附着力(N);

F_Z——地面对车轮的垂直反向法力(N);

φ——地面与车轮的附着系数。

可见,车辆制动时的地面制动力的最大值为路面附着力,路面附着力与路面的附着系数是成正比的。其中地面纵向附着系数对制动距离有着直接影响;地面横向附着系数的大小对制动时车辆的侧滑、摆尾起着决定性的作用。

(二) 车轮制动滑移率

汽车行驶过程中,车轮的运动可以分为滚动、滑动及边滚动边滑动这样 3 种状态。当汽车匀速行驶时,实际车速与车轮速度相等,车轮在路面上的运动为纯滚动运动。当驾驶员踩下制动踏板后,在制动器摩擦力矩的作用下,车轮的角速度减小,实际车速与车轮速度之间就会产生一个速度差,轮胎与地面之间就会产生相对滑移。

制动时轮胎滑移的程度用滑移率 S 来表示,其表达式为

$$S = \frac{V - V_\omega}{V} \times 100\% = \frac{V - r\omega}{V} \times 100\% \tag{9-2}$$

式中:S——车轮制动滑移率;

V——车速(m/s);

V_ω——车轮速度(m/s);

r——车轮半径(m);

ω——车轮转动角速度(rad/s)。

当 $V = V_\omega$ 时,$S = 0$ 车轮处于自由滚动状态;当 $V_\omega = 0$ 时,$S = 100\%$,车轮处于完全滑动抱死状态;当 $V > V_\omega$ 时,$0 < S < 100\%$,车轮即滚动又滑动,滑移率的越大,车轮滑移程度越大。

（三）车轮滑移率与附着系数的关系

车轮与路面间的附着系数受多种因素影响，除路面的性质、轮胎的结构与性能等因素外，在行车过程中，车轮的滑移率的大小对附着系数也有很大影响。试验证明，在坚硬路面上弹性轮胎与路面间的附着系数与滑移率之间的关系如图 9-1 所示。

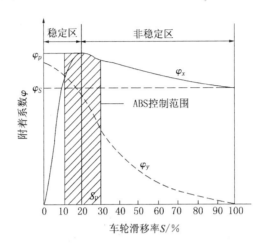

图 9-1 附着系数与滑移率的关系

φ—附着系数；φ_x—纵向附着系数；φ_y—横向附着系数；S—车轮滑移率；φ_P—峰值附着系数；S_P—峰值附着系数时的滑移率；φ_S—车轮抱死时纵向滑动附着系数

由图 9-1 可以看出：

（1）车轮滑移率在 20% 左右时，轮胎与路面的纵向附着系数最大，制动效果最好，此时的滑移率称为理想滑移率或最佳滑移率。滑移率超过 20% 以后，随着滑移率的增加纵向附着系数反而开始下降，使制动性能变差，制动距离增长。滑移率达到 100% 时，纵向附着系数大约是最大纵向附着系数的 80% 左右。一般把从理想滑移率至车轮滑移率 100% 这一区间称为非稳定区。

（2）滑移率为零时，横向附着系数最大，随着滑移率的增加，横向附着系数越来越小。当车轮在路面完全滑动（$S=100\%$）时，横向附着系数几乎为零，汽车将失去方向稳定性和转向控制能力。

综上所述，当车轮的滑移率处于最佳滑移率（$S=20\%$）附近时，纵向附着系数最大，横向附着系数约为最大横向附着系数的 60%～80%，此时的制动性能最佳。汽车采用电子 ABS 将滑移率控制在 10%～30%，就可以实现最佳制动性能的目标。

(四) ABS 的作用

(1) 缩短了制动距离

装用 ABS 后，在汽车制动过程中，因为能始终保持车轮和路面间附着系数的最佳利用，有效地利用最大纵向附着力，因而能在最短的距离内制动停车。通常情况下，一般驾驶员操作时，制动距离比无 ABS 时可以缩短，特别是在湿滑和冰雪路面上，制动距离可以明显缩短，一般约为 10%～20%。

应当指出的是，在松散的路面上，如松散的沙土和积雪较深的路面上，当汽车制动抱死时，其表面物质如积雪被会铲起并堆在车轮前面，形成楔形物，反而构成一种阻力，易于汽车制动，会使制动距离变短。而在装有 ABS 的汽车上，由于车轮不会抱死，反而没有这种效果。

(2) 改善了汽车制动时的方向稳定性

装有 ABS 的汽车，在紧急制动时能将滑移率控制在理想滑移率附近，具有较大的横向附着力，有足够抵抗横向干扰力的能力，从而提高了汽车制动时的方向稳定性，可以避免汽车侧滑和甩尾。

(3) 改善了汽车制动时的转向操纵能力

未装 ABS 的汽车，在紧急制动时如果前轮抱死，因横向（侧向）附着力几乎为零，汽车就丧失转向操纵能力，此时即使转动转向盘，汽车也不能转向，只能沿原惯性力运动方向前进，就可能撞到障碍物上。当装有 ABS 后，因汽车仍有足够的转向操纵能力，汽车可以通过转向对障碍物进行避让。

(4) 减少轮胎的磨损

在未装 ABS 的汽车上，当汽车制动抱死时，由于车轮在路面上滑拖，会造成轮胎局部严重磨损，特别是在高附着系数路面尤为严重。采用 ABS 的汽车制动时，车轮处于边滚动边滑移状态，可以减少轮胎局部磨损，从而提高了轮胎使用寿命，一般约提高 5%～10%。

(5) 减少驾驶员的紧张情绪

在装用 ABS 的汽车进行制动时，驾驶员只要把脚尽力踏在制动踏板上，ABS 系统就会代替驾驶员自动进入最佳制动的状态，驾驶员可以比较放心地操纵转向盘。习惯驾驶装有 ABS 的汽车驾驶员，如果驾驶未装 ABS 的汽车进行制动时，尤其在湿滑和冰雪路面上紧急制动时，会有一种不安全的感觉，特别是缺乏驾驶经验的驾驶员，会产生一种紧张情绪。

(6) 具有失效保护功能

ABS 是在常规制动的基础上增加一套电子控制装置而构成的，控制过程也是在常规制动的基础上进行。制动时如果车轮未抱死，则制动过程与常规制动完全相同；当车轮趋于抱死时，ABS 才对制动压力进行调节。因此，当 ABS 发生故障时，常规制动照样具有制动功能。

尽管装有 ABS 的汽车有上述多项优点，但应该看到 ABS 系统也有其局限性。不管 ABS

系统多么完善,其制动能力也会受到物理规律的限制,不能超越车轮与路面所能承受的制动能力,因此驾驶员不能无规则地驾驶车辆,特别是湿滑或冰雪路面上高速行驶是非常危险的,极易发生交通事故。

二、ABS 的组成与分类

(一) ABS 的组成

ABS 是在传统的制动系统的基础上增加一套电子控制装置而形成的,除原有的常规制动装置外,ABS 都是由传感器、ABS ECU 和制动压力调节器组成。ABS 系统的组成如图 9-2 所示。

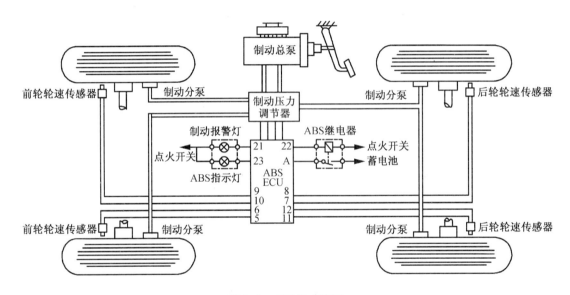

图 9-2 ABS 组成简图

(1) 传感器。ABS 系统的传感器有轮速传感器和减速度传感器两种。轮速传感器检测车轮的运动状态,将车轮速度转变为电信号输入至 ABS ECU。减速度传感器又分为纵向减速度传感器和横向减速度传感器。减速度传感器用来检测汽车车身的加减速度,以便 ABS ECU 判别路面状况。

(2) ECU。ABS ECU 主要功用是接收轮速传感器、减速度传感器和制动开关的输入信号,计算轮速、车速、车辆加减速度和滑移率等参数,按一定的控制方式,输出指令控制制动压力调节器等执行元件。ABS ECU 还具有失效保护功能和故障自诊断功能,当发现 ABS 有故障时,停止 ABS 的工作,保持常规制动;同时点亮 ABS 故障指示灯,提示驾驶员及时检修。

（3）制动压力调节器。制动压力调节器是 ABS 的主要执行元件，它接受 ABS ECU 的控制指令，驱动制动压力调节器中的电磁阀动作，实现制动压力的自动调节。

（二）ABS 的类型

1. 按传力介质分类

根据制动压力的传递介质不同，ABS 可分为液压式和气压式两类。气压式 ABS 利用压缩空气作为传力介质，主要用于大型客车和载重货车。液压式 ABS 利用制动液作为传力介质，主要用于轿车和轻型载货汽车。

2. 按系统结构分类

按制动压力调节器与制动主缸的结构形式分为分离式和整体式两类。

分离式 ABS 制动压力调节器为独立总成，通过管路与制动主缸和制动轮缸相连，其优点是零部件安装灵活、成本较低。分离式 ABS 制动管路相对复杂，管路较多。

整体式 ABS 将制动压力调节器与制动主缸、蓄压器、泵电动机组合为一个整体，其优点是机构紧凑、节省空间、管路接头较少。整体式 ABS 的结构较为复杂，成本较高，高级轿车应用较多。

3. 按控制通道数量分类

在 ABS 制动系统中，制动压力能独立进行调节的制动管路称为控制通道。根据控制通道数量不同，ABS 制动系统可以分为以下几种形式，如图 9-3 所示。

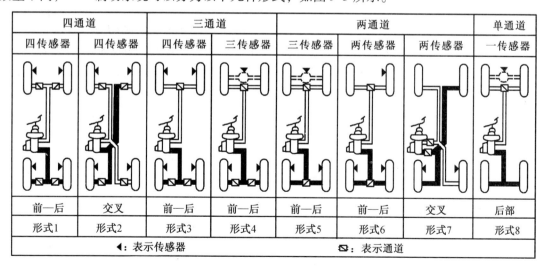

图 9-3 ABS 的类型与结构形式

（1）四通道式。四通道 ABS 有 4 个轮速传感器，在通往 4 个车轮制动分缸的管路中，分别设置一个制动压力控制装置（如电磁阀），进行独立控制，构成四通道四传感器控制形式。这种每个车轮占用一个控制通道的称为"独立控制"（又称轮控式）。

四通道式 ABS 比较适合在左右两侧车轮附着系数相差不大的路面上行驶，制动时可以最大限度地利用每个车轮的最大附着力。但是如果汽车左右轮附着力相差较大，制动时两个车轮的地面制动力就会相差太大，因此会产生横摆力矩，使车辆向制动力较大的一侧跑偏，影响汽车的方向稳定性。具有驱动防滑转功能的后驱和四驱车辆一般要采用四通道式 ABS。

（2）三通道式。三通道式 ABS 有 4 个轮速传感器和 3 个轮速传感器之分。通常三通道 ABS 对前两个车轮进行独立控制，而后两个车轮按"低选原则"进行同时控制。

两个车轮占用同一个控制通道的称为同时控制。当同时控制的两个车轮在同一轴上时，则称为"同轴控制式"（轴控式）。两个车轮一同控制时，如果以保证附着系数较小的车轮不发生抱死为原则进行制动压力调节，这两个车轮就是按"低选原则"进行控制；如果以保证附着系数较大的车轮不发生抱死为原则进行制动压力调节，这两个车轮就是按"高选原则"进行控制，因此，同时控制有"低选原则"和"高选原则"之分。

对前轮进行独立控制，主要考虑轿车前轮的制动力在汽车总制动中所占比例可达到 70%左右，制动时可以充分利用前轮的附着力，利于缩短制动距离，而且两前轮制动力不平衡对汽车行驶方向稳定性影响相对较小，驾驶员的转向操纵也能对这种影响进行修正。

对后轮采用"低选原则"进行控制，即使两后车轮的附着力相差较大，两个车轮的制动力都限制在附着力较小的水平，使两个后轮的制动力保持平衡，保证汽车在各种条件下制动时都有良好的方向稳定性。当然按这种方式控制，会导致后轮附着系数较大，一侧车轮的附着力不能充分利用，汽车的总制动力有所减小。但小轿车制动时，通常后轮的制动力只占总制动力的 30%左右，对汽车的总制动力影响不大。因此，三通道 ABS 在轿车上应用较为普遍。

（3）两通道式。两通道式 ABS 可以减少制动压力控制电磁阀的数量，成本较低。但是两通道 ABS 难以在方向稳定性、转向操纵性和制动距离几个方面得到兼顾，目前应用得很少。

（4）单通道式。单通道 ABS 一般对两个后轮按低选原则进行同时控制，因此，制动距离不一定会明显缩短，而且前轮制动分缸的压力未进行控制，制动时前轮可能抱死，车辆的转向操纵性能未得到改善。另一方面，采用单通道 ABS 制动时两个后轮并未抱死，能够显著提高制动时的方向稳定性，同时系统结构简单，成本低，所以单通道 ABS 目前部分轻型载货汽车还在应用。

三、ABS 主要部件的结构与工作原理

（一）传感器

1. 轮速传感器

轮速传感器用于检测车轮转速，并将车轮速度以电信号的形式输入 ABS ECU，用以计算

车轮的圆周速度及车轮的加减速度。根据产生信号的工作原理不同，轮速传感器分为电磁感应式和霍尔效应式，目前广泛应用的是电磁感应式轮速传感器。

（1）电磁感应式轮速传感器

① 结构特点。电磁感应式轮速传感器主要由传感元件和齿圈（转子）组成，如图9-4所示。传感元件是一个静止部件，一般都安装在车轮附近不随车轮转动的部件上，如转向节、半轴套管、悬架构件等。传感元件由永久磁铁、感应线圈、极轴等组成。齿圈（有的称转子）多为一带齿的圆环，一般安装在随车轮一同转动的部件上，如轮毂、制动盘、半轴等。传感元件与齿圈之间的空气间隙很小，通常只有0.5～1.0 mm。电磁式轮速传感器根据极轴端部的形状，可分为凿式、圆柱式和菱形式三种。图9-4（a）为凿式轮速传感器，图9-4（b）为菱形和圆柱式轮速传感器，它们内部结构大同小异，其工作原理完全相同。

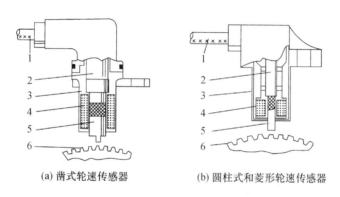

(a) 凿式轮速传感器　　(b) 圆柱式和菱形轮速传感器

图9-4　磁感应式轮速传感器的结构

1—导线；2—永久磁铁；3—传感器外壳；4—感应线圈；5—极轴（磁极）；6—齿圈

② 工作原理。电磁式轮速传感器的工作原理与发动机点火系中电磁脉冲信号发生器工作原理相同。传感器的永久磁铁具有一定强度的磁场，其磁力线经极轴→磁隙→齿圈（转子）→空间→永久磁铁构成回路，如图9-5（a）所示。当齿圈随车轮一同转动过程中，极轴与齿圈间的空气间隙（或磁阻）交替变化。磁隙小时，磁通强；磁隙大时，磁通弱。由于磁通量周期性的变化，在感应线圈的两端便产生交变电压信号，如图9-5（b）所示。

交变电压信号的频率与齿圈的齿数和转速成正比。因齿圈的齿数一定，因而轮速传感器输出的交流电压信号频率只与相应的车轮转速成正比。所以通过轮速传感器输出的频率信号可以确定车轮的转速。另外，在传感元件与齿圈的间隙一定时，交变电压的幅值也决定于磁通变化率，在一定范围内，交流电压的幅值也随车轮转速成正比变化。在规定范围内（一般车速在15～160 km/h），交变电压的幅值一般在1～15 V内变化。

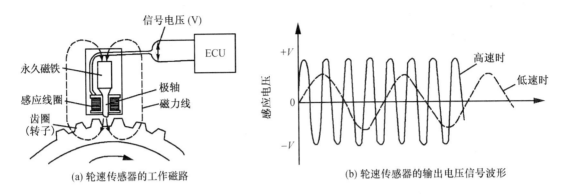

图 9-5 磁感应式轮速传感器的工作原理

当车轮不转时，感应电压幅值为零，因而车速过低，其输出电压信号很弱，这就是有些 ABS 制动系统在车辆低速时 ABS 不工作的原因。当车辆以高于 160 km/h 的速度行驶时，车轮转速过高，传感器的响应频率不够快，容易产生错误信号。但由于电磁感应式轮速传感器具有结构简单、坚固耐用，特别适用于汽车行驶中的恶劣环境，所以至今仍被广泛采用。

(2) 霍尔式轮速传感器

霍尔式轮速传感器由传感元件和齿圈组成，传感元件由永久磁铁、霍尔元件、电子电路等组成。霍尔轮速传感器工作时的磁路如图 9-6 所示，永久磁铁的磁力线穿过霍尔元件通向齿轮，齿轮相当于一个集磁器。当齿轮位于图 9-6（a）所示位置时，穿过霍尔元件的磁力线分散，磁场相对较弱。当齿轮位于图 9-6（b）所示位置时，穿过霍尔元件的磁力线集中，磁场相对较强。齿轮转动时，使得穿过霍尔元件的磁力线密度发生变化，因而引起霍尔电压的变化，霍尔元件输出一个毫伏级的类似正弦波电压。

霍尔轮速传感器产生的毫伏级电压信号比较微弱，必须经过电子电路的放大和整形，将信号转换成标准的脉冲电压信号输入 ABS ECU。这与霍尔式凸轮轴位置传感器工作原理相同，不再赘述。

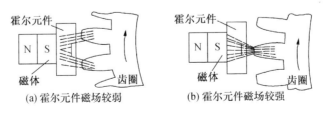

图 9-6 霍尔式轮速传感器工作磁路

霍尔式轮速传感器同电磁式轮速传感器相比具有以下优点：

① 传感器输出电压不受车速影响。传感器输出电压信号幅值不受车轮转速降低的影响，即使车速下降接近零时，其输出的电压信号幅值也保持在 12 V 左右。

② 响应频率高。传感器的响应频率高达 20 kHz，用于 ABS 系统时，相当于车速为 1 000 km/h 所检测的信号频率，可以满足高级轿车和跑车对传感器响应频率的要求。

③ 抗电磁干扰能力强。由于传感器输出电压信号不随转速变化而变化，且幅值高，故具有较强的抗电磁波干扰能力。

由于上述原因，霍尔式轮速传感器的应用会越来越普及，而且霍尔式传感器不仅应用于 ABS 轮速检测，也广泛应用于各种电子控制系统的转速检测。

2. 减速度传感器

一些高级轿车、赛车和四轮驱动的汽车上，装有汽车减速度传感器，其作用是在汽车制动时，检测汽车减速度大小，并转换为电信号输入 ABS ECU，以便判别路面状况。因为汽车在高附着系数路面上制动时，汽车减速度大，在低附着系数路面上制动时，汽车减速度小，因而该信号送入 ABS ECU 后，可以对路面进行区别，判断路面附着系数高低情况，采取相应控制措施，以提高制动性能。

减速度传感器有光电式、水银式、差动变压器式和半导体式等。

（1）光电式减速度传感器

光电式减速度传感器内部的基本结构如图 9-7（a）所示。主要由两个发光二极管、两个光电三极管、一块遮光板和信号处理电路等组成。

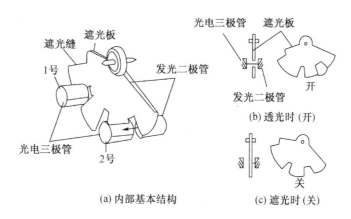

图 9-7 光电式减速度传感器结构原理

汽车匀速行驶时，遮光板静止不动。当汽车减速时，遮光板则随着减速度的变化沿汽车的纵轴方向摆动,如图9-8所示。减速度小,遮光板摆动量也小;减速度越大,遮光板摆动量越大。减速度大小不同,遮光板摆动角度就不同,两只光电三极管导通与截至状态就不同。两个发光二极管和两个光电三极管组合作用,根据遮光板的摆动位置,可将汽车的减速度区分为4个等级,此信号送入电子控制器就能感知路面附着系数情况。减速度4个等级如表9-1所示。

表9-1 光电式传感器减速度判断级别

减速度等级	减速度低	减速度较低	减速度中等	减速度高
No.1	导通	截止	截止	导通
No.2	导通	导通	截止	截止

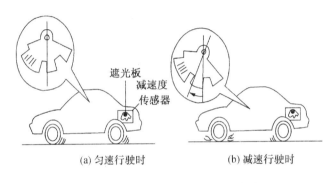

(a) 匀速行驶时　　　　(b) 减速行驶时

图9-8 汽车减速时遮光板的位置状态

(2) 水银式减速度传感器

水银式减速度传感器的基本结构如图9-9 (a) 所示,内部由玻璃管和水银组成。

在低附着系数路面时,汽车减速度小,水银在玻璃管内基本不动,开关在玻璃管内处于接通 (ON) 状态。在高附着系数路面上制动时,汽车减速度大,水银在玻璃管内靠惯性作用前移,使玻璃管内的电路开关断开 (OFF),如图9-9 (b) 所示,此信号送入ECU就能感知路面附着系数情况。

由水银传感器的结构可知,它不仅能检测汽车前、后方向的加、减速度,还可以检测左、右方向的加、减速度,因此可以作为横向加速度传感器使用。当汽车高速转弯时,横向加速度超过设定值时,水银在惯性力作用下移动,传感器开关断开,向ABS ECU输入一个电信号,如图9-9 (c) 所示。ABS ECU收到这个信号后,立即发出控制指令,调整左、右车轮制动分缸的制动压力,以提高ABS的制动性能,保持车辆的稳定性。

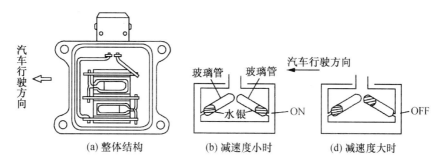

图 9-9　水银式减速度传感器的结构原理

(二) ABS ECU

ABS ECU 的主要功用是接收轮速传感器等传感器和各种控制开关信号，并进行放大、计算、比较，按照特定的控制逻辑，经分析判断后输出控制指令，控制制动压力调节器执行压力调节任务。

ABS ECU 由硬件和软件两部分组成。硬件由安装在印刷电路板上的单片机和一系列电子元器件构成，目前，大多数是由集成度高、运算速度快的数字电路组成，它们封装在金属壳体内，形成一个独立的整体。电子控制器通过线束与传感器、制动压力调节装置（执行器）等相连。在有些车型上，为了使 ABS 系统结构紧凑，减少线束、插头等原因，将电子控制器直接安置在制动压力调节装置上。软件则是固存在只读存储器（ROM）中的一系列控制程序和大量的试验数据。虽然各种车型 ABS 电子控制器的内部电路及控制程序有所不同，但是其基本组成大致相同，如图 9-10 所示，主要由输入级电路、微处理器 CPU、输出电级路和安全保护电路组成。

(1) 输入级电路

图 9-10 中的轮速传感器输入放大电路是由低通滤波、整形、放大等组成，其功用是对轮速传感器输入的交变信号进行预处理，并将模拟信号变成微机使用的数字信号。

不同的 ABS 系统中，轮速传感器的数目不同，因而轮速传感器输入信号电路数目也不相同。图 9-10 所示的 ABS ECU 具有 4 个轮速传感器输入信号电路。为了对轮速传感器进行监测，依照轮速传感器数目的不同，计算电路还经输入电路输出相应的监测信号，再经输入电路将反馈信号送入计算电路。

输入电路还接收点火开关、制动开关、液位开关等外部信号。输入电路除了传送轮速传感器监测信号外，还接收电磁阀继电器、泵电动机继电器等工作电路的监测信号，并将这些信号经处理后送入计算电路。

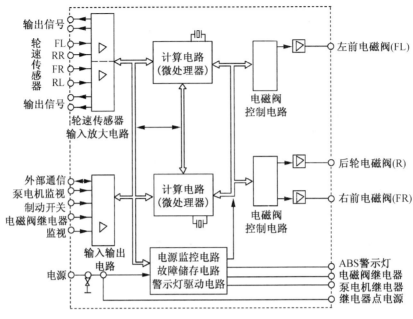

图 9-10 ABS ECU 电路组成框图（四传感器三通道系统）

（2）微处理器

计算电路是 ECU 的核心，一般由微处理器构成。其功用是根据轮速传感器等输入的信号，按照软件特定的逻辑程序进行计算、分析、处理，形成相应的控制指令。

计算电路按照特定的逻辑程序，根据轮速传感器输入的轮速信号，计算出车轮瞬时速度，然后得出初始速度、参考车速、加（减）速度和滑移率，最后根据加（减）速度和滑移率形成相应的控制指令，向输出级（电磁阀控制电路）输出制动压力减小、保持或增大控制信号。

计算电路一般是由两个微处理器组成，其主要目的是为了保证系统的安全可靠性。有的是由一个控制微处理器和一个安全微处理器组成，有的是两个完全相同的微处理器组成。两个微处理器接收同样的输入信号，在进行运算和处理过程中，通过交互式通信，对两个微处理器的处理结果进行比较。如果两个微处理器处理结果不一致，微处理器立即使 ABS 系统退出工作，防止系统发生故障后导致错误控制。

计算电路不仅能检测自己内部的工作过程，而且还能监测系统中有关部件的工作状况，如轮速传感器、泵电动机工作电路，电磁阀及电磁阀继电器工作电路等。当监测到这些电路工作不正常时，也立即向安全保护电路输出停止 ABS 系统工作的指令。

（3）输出级电路

图 9-10 中的电磁阀驱动电路就是输出级电路，其主要功用是将计算电路输出的数字控制信号，转换成模拟控制信号，并通过控制功率放大器，向相应的执行电磁阀提供各种控制电

流（博世 ABS 的三位三通电磁阀大约分别为 0 A，2 A，5 A），驱动电磁阀工作，以实现制动压力升高、保持或降低的调节功能。

（4）安全保护电路

安全保护电路由电源监控、故障储存、继电器驱动和 ABS 警示灯驱动电路等组成。其主要作用是接收蓄电池（或发电动机）供给的 12 V 电源电压，通过处理变成 ECU 内部需要的 5 V 电压。该电路随时监测 12 V 及 5 V 电压是否在规定的使用范围内。

由于微处理器具有监测功能，它能在点火开关接通时及行驶过程中，按规定的程序进行监测。除对计算电路本身进行监测外，还要对轮速传感器输入放大电路、电磁阀控制电路等进行故障监测。当发现影响 ABS 系统正常工作的故障时，CPU 会发出指令，使 ABS 停止工作，恢复常规制动功能，起到失效保护作用。同时，将仪表板上的 ABS 警示灯点亮，提醒驾驶员 ABS 系统已出现故障，应及时检修。ABS ECU 还具有故障记忆功能，能将故障信息存储在存储器内，以便在进行自诊断时，将存储的故障信息调出，供维修时使用。有关自诊断装置显示故障代码的方法和步骤，各生产厂家有所不同，详见后面检修中的自诊断内容。

（三）制动压力调节器

1. 制动压力调节器的组成

ABS 制动系统液压控制装置由制动压力调节器和常规制动装置（制动主缸、制动轮缸、制动助力器、制动管路等）组成，图 9-11 所示为 MK20-I 型 ABS 液压控制系统原理图。从图中可知制动压力调节器由电磁阀、储液器和回液泵、电动机、单向阀等组成，安装在制动主缸与制动轮缸之间，主要功用是接收 ABS ECU 的控制指令，自动调节制动轮缸的制动压力。

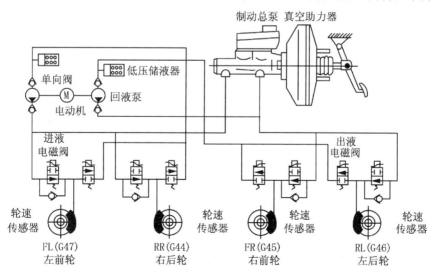

图 9-11　MK20-I 型 ABS 液压控制系统原理图

2. 制动压力调节器的分类

制动压力调节器种类较多，其结构和工作原理差异也较大。常见的有下述几种分类方法。

(1) 根据动力源分类

根据动力源的不同，制动压力调节器分为气压式和液压式两种。气压式主要用在大型客车和载重汽车上；液压式主要用在小轿车和一些轻型汽车上。

(2) 根据总体结构分类

主要指制动压力调节器与制动主缸的结构关系，可分为分离式和整体式两种。

① 分离式制动压力调节器。分离式制动压力调节器自成一体，通过制动管路与制动主缸相连。分离式在汽车上布置比较灵活，通常不需要对汽车做较大的改动，成本也相对较低，但管路接头相对较多。目前，多数车辆采用分离式制动压力调节器，如博世 ABS2S、ABS2U、ABS/ASR2U 型、戴维斯 MK20 型、德尔科 ABSVI、ABS/TRCIV 型、本迪克斯 ABS4、ABS6 型等。

② 整体式制动压力调节器。整体式制动压力调节器与制动主缸构成一个整体。整体式结构非常紧凑，管路接头少，但内部结构复杂，成本较高。在部分中高级轿车上采用整体式制动压力调节器作为标准装备，如戴维斯 MKII 型、博世 ABS3 型、德尔科 ABSVI 型、本迪克斯 ABS9、ABS10 型等。

(3) 根据调压方式分类

根据调压方式不同，制动压力调节器大致可分为流通式和变容式两种。

① 流通式制动压力调节器。流通式也称循环式或环流式，其特点是在制动主缸和制动轮缸之间串联一个或两个电磁阀，由电磁阀根据 ABS ECU 的指令，通过控制制动轮缸的制动液回流到制动主缸（或储液器），可使轮缸制动压力降低；控制制动主缸（或储液器）的制动液流入制动轮缸，可使轮缸制动压力升高；控制制动轮缸的制动液既不流入也不流出，可使制动轮缸压力保持不变。此种压力调节方式在 ABS 系统中采用比较多，如博世 ABS 系统，戴维斯系统等，都是采用这种方式。

② 变容式制动压力调节器。变容式制动压力调节器也叫容积变化式制动压力调节器，变容式制动压力调节器的特点是在原制动管路中，并联一套液压装置，该装置中有一个类似活塞的装置。工作时根据 ECU 的指令，该装置首先将制动分泵和总泵隔离，然后通过电磁阀的开闭或电动机的转动等不同方式，控制活塞在调压缸中运动，使调压缸工作室至制动分泵的容积发生变化。容积增大，实现制动压力减小；容积减小，实现制动压力增大；容积不变，实现压力保持。此种压力调节方式在德尔科 ABS、本田 4WALB 等 ABS 中采用。

3. 电磁阀的结构与工作原理

根据结构形式不同，电磁阀分为两位两通式和三位三通电磁阀式两种。

(1) 两位两通电磁阀

① 结构特点。两位两通电磁阀的结构如图 9-12 所示，主要由壳体、电磁线圈、活动铁芯、球阀、复位弹簧等组成。在电磁线圈通电时，球阀与阀座处于开启状态的电磁阀为常开电磁阀；在电磁线圈未通电时，球阀与阀座处于闭合状态的电磁阀为常闭电磁阀。

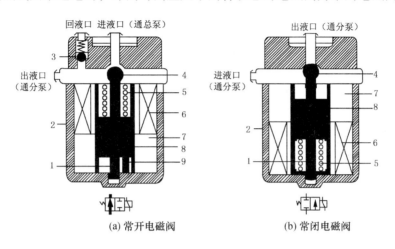

图 9-12　两位两通电磁阀的结构
1—顶杆；2—壳体；3—限压阀；4—球阀；5—复位弹簧；6—电磁线圈；
7—阀体；8—活动铁芯；9—限位杆

在常开电磁阀中，设有一根顶杆，顶杆和限位杆在活动铁芯上，另一端压在与阀体相连的弹簧座上。限压阀的功用是当制动液压力过高时，限压阀打开泄压，以免压力过高损坏电磁阀。两位两通常闭电磁阀中一般不设限压阀。

② 工作原理。两位两通常开与常闭电磁阀的工作原理类似，下面以常开式电磁阀为例说明其工作原理。

电磁线圈未通电时，在复位弹簧弹力作用下，活动铁芯带动顶杆和限位杆下移复位，直到限位杆与缓冲垫圈相抵为止。顶杆下移时，球阀随之下移，使电磁阀阀门处于开启状态，制动液从进液口流入阀体，经球阀阀门从出液口流出。电磁线圈有电流流过时，活动铁芯产生电磁吸力，压缩复位弹簧并带动顶杆一起上移，顶杆将球阀压在发座上，电磁阀阀门处于关闭状态，进液口与出液口之间的制动液通道关闭。

由此可见，该电磁阀是根据电磁线圈通电和断电，使球阀处于开启和关闭两个位置或两种状态，同时电磁阀还有进液口与出液口两条通道，因此称为两位两通电磁阀。

(2) 三位三通电磁阀

① 结构特点。三位三通电磁阀的结构如图 9-13（a）所示，电磁阀的进液口 11 通过制动管路与制动总泵（主缸）相连，出液口 18 通过制动管路与制动分泵（轮缸）相连，回液口 1

通过回液管与储液器相连，回液球阀 4 焊接在压板 17 上，进液球阀 5 焊接在压板 15 上。进液口和出液口的过滤器 2、10 用于过滤制动液中的杂质，保证球阀密封良好。球阀与阀座的加工精度极高，在 20 MPa 压力下仍能保证密封良好。阀芯采用非磁性支承环 3、7 导向，以便减小摩擦。

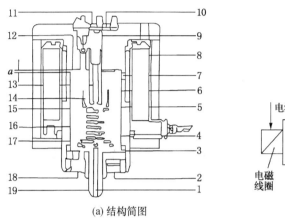

图 9-13　三位三通电磁阀的结构与表示符号

1—回液口（连接回液管）；2、10—过滤器；3、7—非磁性支承环；4—回液球阀；
5—进液球阀；6—阀芯；8—电磁线圈；9—单向阀；11—进液口（连接主缸）；
12—阀芯工作气隙（$a = 2.5$ mm）；13—进液球阀阀座；14—副弹簧；
15、17—压板；16—主弹簧；18—出液口（连接轮缸）；19—回液

② 工作原理。三位三通电磁阀由 ABS ECU 通过控制电磁线圈 8 中流过电流的大小进行控制。当电磁线圈未接通电流（$I = 0$ A）时，在主、副弹簧预紧力的作用下，阀芯下移至极限位置，使进液球阀打开（即进液口打开），回液球阀紧压在阀座上，回液阀处于关闭状态（即回液口关闭）。因此，来自制动总泵的制动液经进液口、进液球阀、电磁阀腔室、出液口流入车轮制动轮缸，如图 9-14（a）所示，从而使制动分泵内制动液压力随制动踏板力升高而升高。

当电磁线圈通过较小电流（$I = 2$ A）时，由于产生的电磁吸力较小，阀芯向上位移量较小（约 1 mm）。阀芯上移时，刚度较大的主弹簧推动压板压缩刚度较小的副弹簧，使进液球阀关闭（即进液口关闭），但压板位移量很小，不足以使回液球阀打开。由于进液口和回液口都被关闭，制动液既不增加也不减少，因此制动轮缸中制动液的压力"保持"不变，如图 9-14（b）所示。

当电磁线圈通过较大电流（$I = 5$ A）时，由于产生的电磁吸力较大，阀芯向上的位移量较大（2.5 mm）。阀芯带动压板上移使回液阀开启（即回液口打开），进液阀保持关闭状态，

此时制动轮缸的制动液经回液口、回液管流入储液器，使制动轮缸压力"降低"，如图 9-14（c）所示。

单向阀与进液阀并列设置，当电磁阀腔室内制动液压力高于进液口制动液压力时，腔室内制动液压力将克服单向阀弹簧的弹力将单向阀推开，制动液将从进液口流出而泄压，保证电磁阀腔室内制动液压力不会高于进液口制动液的压力。单向阀的另一个功用是在制动踏板放松时，使制动轮缸中的制动液保持一定的压力。

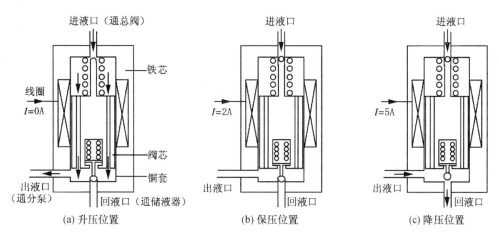

图 9-14 三位三通电磁阀工作原理

由此可见，电磁阀在电磁线圈电流大小不同（较大电流、较小电流、零电流）时，其动作具有上、中、下 3 个工作位置。此外，由于该电磁阀具有进液口、出液口和回液口 3 个通路，所以称为三位三通电磁阀。简写为 3/3 电磁阀，工程图中其表示符号如图 9-13（b）所示。

4. 蓄能器与电动泵

蓄能器根据压力范围不同，分为低压蓄能器和高压蓄能器两种，分别与不同形式的制动压力调节器配用。

（1）低压蓄能器与电动泵

低压蓄能器又称储液器，主要用于储存 ABS 减压过程中从制动分泵流回的制动液，同时衰减回流制动液的压力波动。低压蓄能器内设有一个活塞和弹簧，如图 9-15 所示。电动泵又称为电动回液泵，由永磁直流电动机与柱塞泵组成。电动机根据 ABS ECU 的控制指令，通过凸轮驱动柱塞在泵套内上下运动，从而控制制动液的回流过程。

在 ABS 工作过程中，当需要制动压力降低时，制动压力调节器的回液阀打开，具有一定压力的制动液就会从制动轮缸经制动压力调节器的回液阀流入储液器和柱塞泵。与此同时，

ABS ECU 控制电动回液泵转动，驱动柱塞泵的凸轮随电动泵旋转而转动。

当凸轮基圆接触柱塞时，柱塞回位弹簧驱动柱塞上升，柱塞泵的进液阀打开，出液阀在弹簧弹力作用下关闭，制动液流入柱塞泵泵腔，如图 9-15（a）所示。当柱塞下行时，泵腔内制动液压力升高，克服出液阀弹簧弹力将出液阀打开，制动液压入制动总泵，如图 9-15（b）所示。

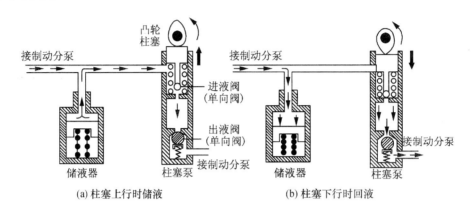

图 9-15　低压蓄能器与电动泵

（2）高压蓄能器与电动泵

高压蓄能器用于储存制动时所需的高压制动液。用于存储制动系统或 ABS 工作时所需的高压制动液，它是制动系统的能源，故称为蓄能器或蓄压器。高压储液器大多为黑色气囊，其结构如图 9-16（a）所示。蓄能器内部有一个膜片，将蓄能器分成上下两个腔室。上腔为气室，充满氮气并具有一定压力。下腔为油室，与电动泵油道相通，用来充填来自电动泵泵入的制动液。在电动泵工作时，向蓄能器下腔泵入制动液，使膜片向上移，进一步压缩氮气，此时氮气和制动液压力都会升高，直到蓄能器下腔室内制动液压力升高到规定值为止。

与蓄能器相配合的电动泵由直流电动机和回转球阀活塞式液压泵组成，如图 9-16（b）所示。由于该电动泵的主要作用是增压，所以有时称它为增压泵。

在靠近蓄能器的进液口处有单向阀，使制动液只能进不能出。在靠近出液口附近设有限压阀（或叫安全阀），当蓄能器内压力超过规定值时，限压阀打开，使蓄能器中制动液流回液压泵的进液端，以降低蓄能器中制动液压力。

在蓄能器下端装有压力控制/压力警示开关。压力控制开关作用是对电动泵进行控制。当蓄能器内制动液压力低于一定值时，压力控制开关闭合（ON），接通液压泵电动机电路，使液压泵工作。当蓄能器中制动液压力达到规定值时，压力控制开关断开（OFF），使电动泵停止工作。压力警示开关一般有两个，当蓄能器的制动液压力降低到某一规定值时，一个开关闭合（ON），用来接通红色制动警示灯电路，点亮红色制动警示灯；另一个开关断开（OFF），ECU 接收到该信号后，则关闭 ABS 系统并点亮黄色 ABS 警示灯。

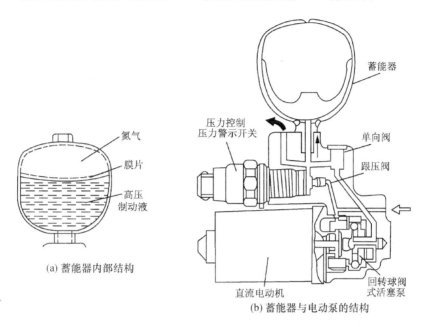

图 9-16 蓄能器与电动泵的结构

（四）ABS 控制原理

ABS 的控制原理是：根据车轮减速度和滑移率是否达到某一设定值来判定车轮是工作在附着系数-滑移率曲线（如图 9-1 所示 φ-S 曲线）的稳定区域还是非稳定区域，并通过调节制动分泵的制动液压力，充分利用轮胎-道路附着力将车轮滑移率控制在 10%～30% 的稳定区域范围内，从而获得最佳制动效果。

1. ABS 控制方式

轮胎-道路接触面之间的附着系数和滑移率是影响制动效果的重要参数。现有 ABS 实用技术还不能直接测量轮胎-道路附着系数和滑移率，这是因为测量轮胎-道路附着系数需要使用五轮仪，测量汽车实际速度需要使用价格昂贵的多普勒雷达或加速度传感器。因此，ABS 普遍采用自适应控制方式来实现近似理想的控制过程。

控制方法是通过实验法确定车轮加、减速度以及滑移率阈值，并将其存储在 ROM 中。ABS 工作时，ABS ECU 接收轮速传感器的角速度计算出车轮圆周速度，再对车轮圆周速度进行微分计算，即可得到车轮的加、减速度，再利用车轮速度和存储在存储器中的制动开始时的汽车速度计算车轮的参考滑移率。将这些控制参数与预先设定的阈值（又称为门限值）进行比较，根据比较结果控制制动压力调节器的电磁阀动作来调节制动压力大小，并在控制过程中记录前一控制周期（在制动过程中，从制动降压、保压到升压为一个控制周期）的各个控制参数，再根据这些参数值确定下一个控制周期的控制条件。

当踩下制动踏板时，制动灯开关接通，并向 ABS ECU 输入一个高电平（电源电压）信号，ABS 开始投入工作。因为在制动条件相同的情况下，轮胎-道路附着系数不同，制动效果也不相同，所以 ABS 一般都将制动控制过程分为高附着系数、低附着系数和附着系数由高到低 3 种情况分别进行控制。ABS 工作时，ABS ECU 首先根据减速度信号判定路面状况，减速度大于一定值为高附着系数路面，减速度小于一定值为低附着系数路面，然后根据判定结果调用相应的控制程序，通过控制电磁阀阀门打开与关闭，使电磁阀处于"降压"、"保压"或"升压"状态来改变车轮制动轮缸的压力，从而实现防抱死制动。

2. 制动压力控制过程

ABS 制动系统的调压方式有流通式和变容式两种调压方式。目前，流通式的调压方式在 ABS 系统中采用得较多，如博世 ABS 系统和戴维斯 ABS 系统等，下面就以装备两位两通电磁阀流通式制动压力调节器的 MK20-I 型系统为例进行阐述。

（1）常规制动过程

汽车正常行驶或常规制动时，制动压力调节器的工作状态如图 9-17 所示。在 ABS ECU 控制下，进液阀、出液阀和回液泵电动机均不通电，两位两通电磁阀在回位弹簧弹力作用下，进液阀打开、出液阀关闭。进液阀打开接通制动主缸与制动轮缸之间的油液管路；出液阀将制动轮缸与储液器之间的油液管路关闭。

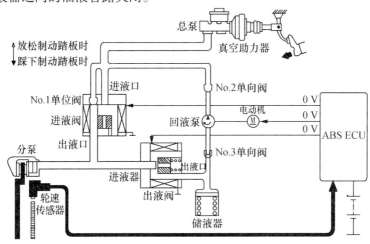

图 9-17 常规制动阶段

当踩下制动踏板时，制动主缸中制动油液压力升高，制动液从制动主缸直接流入制动轮缸，制动液通道为：制动主缸→两位两通进液阀进液口→电磁阀腔室→进液阀出液口→制动轮缸。制动轮缸制动液的压力随制动主缸制动液的压力升高而升高。

当放松制动踏板时，制动轮缸中具有一定压力的制动液通过两条通道流回制动主缸。一条通道是：制动轮缸→两位两通进液阀出液口→电磁阀腔室→进液阀进液口→制动主缸；另一条通道是：制动轮缸→两位两通进液阀出液口→电磁阀腔室→No.1 单向阀（泄压阀）→制动主缸。

在常规制动时，虽然 ABS 没有投入工作，其执行元件（制动压力调节器）处于初始状态（进液阀打开、出液阀关闭、回液泵不转动），但是 ABS 随时都在监测轮速传感器信号，判定是否进入防抱死制动状态。常规制动阶段各执行元件的工作状态如表 9-2 所示。

表 9-2　制动压力调节器执行元件工作状态

执行元件	常规制动	保压阶段	降压阶段	升压阶段
进液阀	打开	关闭	关闭	间歇开闭
出液阀	关闭	关闭	间歇开闭	关闭
电动泵	不运转	运转	运转	运转

（2）制动压力保持阶段

如果驾驶员踩下制动踏板的行程过大，当制动轮缸的制动力大于车轮与地面之间的附着力时，车轮就会抱死滑移，此时车轮加速度很大，并由轮速传感器将车轮即将抱死的信号输入 ABS ECU。当 ABS ECU 根据轮速传感器输入信号计算得到的车轮减速度达到设定阈值时，就会控制制动压力调节器进入"保压状态"。

控制"保压"时，ABS ECU 向进液阀（常开电磁阀）和回液泵电动机的驱动模块电路发出高电平控制指令、向出液阀（常闭电磁阀）的驱动模块电路发出低电平控制指令。进液阀驱动模块电路接收到高电平控制指令时，便接通进液阀电磁线圈电流，进液阀阀芯在电磁力的吸引下克服回位弹簧弹力而移动，常开阀门关闭，从而使制动主缸与制动轮缸之间的液压油路切断。控制出液阀的低电平指令使其阀门保持常闭状态。由于进液阀和出液阀均处于关闭状态，制动液在管路中不能流动，如图 9-18 所示，因此制动压力处于"保持"状态。回液泵电动机驱动模块电路接收到 ABS ECU 发出的高电平控制指令时，将使电动机接通 12 V 电源，电动机运转的目的是将储液器中剩余的制动液泵回制动主缸。制动压力保持阶段各执行元件的工作状态如表 9-2 所示。

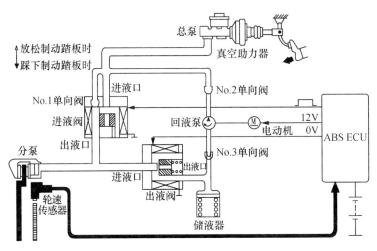

图 9-18　制动压力保持阶段

（3）制动压力降低阶段

在制动主缸与制动轮缸之间的液压油路切断后，车轮滑移率将逐渐增大，并会超出 ABS 的控制范围（MK20-I 型 ABS 设定为 15%～30%），因此需要降低制动轮缸内制动液的压力，使滑移率减小。"降压"通过将制动轮缸内的部分制动液泄到低压储液器和利用电动回液泵将制动液泵回制动主缸来实现。

在 ABS 进入"保压"控制状态后，当 ABS ECU 根据轮速传感器输入信号计算得到的车轮滑移率达到设定阈值时，就会控制制动压力调节器进入"降压状态"。

控制"降压"时，ABS ECU 向进液阀的驱动模块电路发出高电平控制指令，使进液阀阀门保持关闭，向出液阀驱动模块电路发出一系列脉冲控制信号。当脉冲上升沿到来时，驱动模块电路使出液阀阀门打开；当脉冲下降沿到来时，驱动模块电路使出液阀阀门关闭，每个脉冲信号都将使出液阀迅速打开后又迅速关闭，使制动分泵内制动液压力逐渐降低，从而车轮抱死滑移成分减少，滚动成分增加。

当出液阀阀门打开时，制动轮缸内的制动液便经出液阀泄放到低压储液器，如图 9-19 所示。与此同时，ABS ECU 还将向回液泵驱动模块电路发出高电平控制指令，使电动机接通 12 V 电源运转。制动液流入储液器时，推动活塞并压缩弹簧向下移动，使储液器储液容积增大，暂时存储制动液，可以减小回流制动液的压力波动。当储液器中的制动液达到一定量（储液器容量约为 3.6 mL）时，电动回液泵运转便将储液器中的制动液泵回制动主缸，回液通道为：制动轮缸→出液阀进液口→出液阀腔室→出液阀出液口→储液器→No.3 单向阀→电动回液泵→No.2 单向阀→制动主缸。

部分制动液流回制动主缸后，制动轮缸中制动液的压力随之降低，从而达到防止车轮抱死滑移之目的。降压时各执行元件的工作状态如表 9-2 所示。

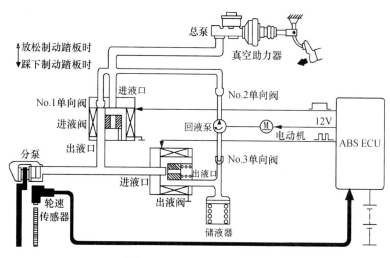

图 9-19　制动压力降低阶段

（4）制动压力升高阶段

"降压"控制使制动轮缸内制动液压力降低后，车轮制动力越来越小，车轮加速度越来越大，为了得到最佳制动效果，需要 ABS 进入"升高压力"状态。

在"降压"控制后，当 ABS ECU 根据轮速传感器信号计算得到的车轮加速度达到设定阈值时，将发出控制指令使出液阀保持常闭状态，将制动轮缸与储液器之间的油液管路切断。与此同时，ABS ECU 向进液阀驱动模块电路发出一系列脉冲控制信号使进液阀间歇打开与关闭。当脉冲上升沿到来时，驱动模块电路使阀门常开的进液阀关闭；当脉冲下降沿到来时，驱动模块电路使进液阀阀门打开，将制动主缸与制动轮缸之间的管路构成通路，如图 9-20 所示，使制动轮缸的压力随制动主缸制动液压力升高而升高，从而进入"升压"状态。

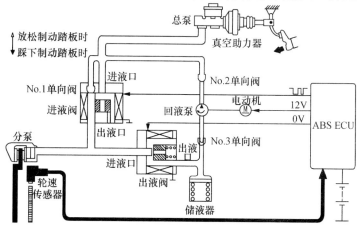

图 9-20　制动压力升高阶段

进液阀打开时制动液从制动主缸流入制动轮缸，制动液通道为：制动主缸→进液阀进液口→进液阀腔室→进液阀出液口→制动轮缸。每个脉冲信号都将使进液阀迅速关闭后又迅速打开，使制动轮缸内制动液压力逐渐升高，从而增强制动效果。"升压"时各执行元件的工作状态如表 9-2 所示，电动泵运转将储液器中剩余的制动液泵回进液管路。

ABS 工作过程中不断循环上述"升压"→"保压"→"降压"→"升压"过程，从而将车轮滑移率控制在设定阈值范围内，防止车轮抱死滑移，ABS 的控制曲线如图 9-21 所示。

当制动液从制动主缸流入制动轮缸时，制动踏板下沉；当制动液从制动轮缸和储液器泵回制动主缸时，制动踏板上升，因此制动踏板震动作用在脚掌上会感觉到抖动，抖动的次数在装备 MK20-I 型 ABS 的轿车上一般为每秒钟 3~8 次左右。

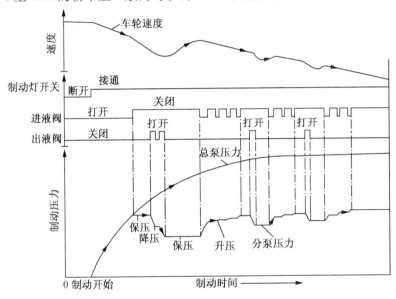

图 9-21　两位两通电磁阀流通式 ABS 的控制曲线

任务资讯二　ASR 概述

汽车驱动防滑转控制系统通常称为防滑转调节系统（Accelerat Slip Regulation，ASR）。由于防止驱动轮滑转都通过调节驱动轮的驱动力（牵引力）来实现，因此又称为牵引力控制系统 TRC 或 TCS。

汽车轮胎与地面之间的滑动通常有两种形式，一种是制动时车轮抱死滑移；另一种是汽车起步或加速时车轮与地面间的滑转。ABS 的作用是防止汽车制动过程中车轮抱死，将车轮的滑移率控制在理想滑移率附近范围内，以提高汽车制动性能。而汽车驱动防滑转控制 ASR（TCS）的作用是防止汽车起步、加速过程中驱动轮滑转，特别是防止汽车在非对称路面或转弯时驱动轮空转。

ABS 和 ASR 两者控制车轮的滑动方向是相反的，但从控制车轮与路面的滑移率、提高附着力的利用率看，ABS 和 ASR 采用了相同的技术。通常，ASR 和 ABS 是组合在一起的，形成一体化控制，既具有制动防抱死功能，防止车轮滑移，又具有驱动防滑转功能，现代汽车上 ABS/ASR（ABS/TCS）是一种常用的防滑控制系统。

一、ASR 的基本原理

1. 驱动力与附着力的关系

汽车行驶依靠发动机输出转矩，通过传动系传到驱动轮上，此时，作用在驱动轮上的转矩又作用到地面上产生一个向后的作用力，按照作用力与反作用力原理，地面给驱动轮一个与行驶方向相同的作用力，该力是驱动汽车行驶的外力，此力称为汽车的驱动力或称牵引力。驱动力与驱动轮上的转矩成正比，与驱动轮的滚动半径成反比。驱动轮上的转矩越大，驱动力就越大。但驱动力同汽车制动时的地面制动力一样，驱动力的增大也要受到地面附着力的限制。当驱动力超过附着力时，驱动轮将在路面上滑转。可以用关系式表示为：

$$F_q = \frac{M_q}{r} \leq F_\varphi = F_Z \cdot \varphi \tag{9-3}$$

式中：F_q——汽车的驱动力（N）；

M_q——作用到驱动轮上的转矩（N·m）；

r——车轮半径（m）；

F_φ——轮胎与路面间的附着力（N）；

F_Z——地面对车轮的垂直反作用力（N）；

φ——轮胎与路面间的附着系数。

2. 滑转率

汽车在低附着系数路面（如泥泞路面、冰雪路面）上行驶，由于地面对车轮施加的反作用转矩很小，因此在起步、加速时驱动轮容易发生滑转。驱动轮的滑转程度用滑转率表示，其表达式为：

$$S_d = \frac{V_\omega - V}{V_\omega} \times 100\% = \frac{r\omega - V}{r\omega} \times 100\% \tag{9-4}$$

式中：S_d——驱动时的滑转率；

V_ω——车轮滚动时瞬时圆周速度（m/s）；

V——车速（m/s）；

r——车轮半径（m）；

ω——车轮转动角速度（rad/s）。

当车轮在路面上完全滚动时,汽车速度完全由车轮滚动产生,$V=r\omega$,滑转率 $S_d=0$;当车轮在路面上完全滑转时,车速 $V=0$ 时,其滑转率 $S_d=100\%$;当车轮在路面上边滚动边滑转时,$r\omega>V$,则 $0<S_d<100\%$。在车轮转动中,滑转所占的比例越大,滑转率 S_d 也越大。

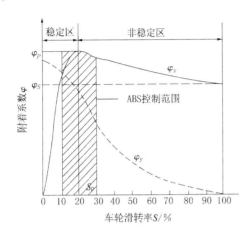

图 9-22 滑转率与附着系数的关系

φ—附着系数;φ_x—纵向附着系数;φ_y—横向附着系数;S—车轮滑转率;φ_P—峰值附着系数;S_P—峰值附着系数时的滑转率;φ_S—车轮抱死时纵向滑动附着系数

3. 滑转率与附着系数的关系

驱动时纵向附着系数与车轮滑转率的关系,与制动时相似,如图 9-22 所示。该图仅仅是总的趋势。因为附着系数还要受路面的具体情况、车速、轮胎种类、轮胎气压和磨损程度、轮胎的偏转角等因素的影响。

从图 9-22 中可以看出,当驱动滑转率在 10%~30% 时,纵向附着系数达到峰值,此时横向附着系数也比较大,大约是横向峰值附着系数的 65%~80%;而当滑转率 S_d 为 100%,即车轮完全原地空转时,纵向附着系数变小,且横向附着系数几乎为零。此时产生的驱动力最低,对后轮驱动汽车会失去方向稳定性,对前轮驱动汽车会失去转向控制能力。为了最大限度地利用附着系数,以获得最大的驱动力,提高汽车的动力性,而且能得到较好的方向稳定性和转向控制能力,必须对驱动轮滑转率进行控制。因此 ASR 的控制目标是将滑转率控制在 20% 左右。

4. ASR 的作用

ASR 能在驱动轮滑转时自动调节滑转率,充分利用驱动车轮的最大附着力,其作用如下:

(1) 汽车起步、行驶中驱动轮可提供最佳驱动力,与无 ASR 相比,提高了汽车的动力性,特别是在附着系数较小的路面上,起步、加速性能和爬坡能力较佳;

(2) 能保持汽车的方向稳定性和前轮驱动汽车的转向控制能力;

(3) 能减少轮胎磨损;

(4) 可以降低发动机油耗。

装备 ASR 的汽车在结冰路面上起步、急加速或超车时,ASR 的效果非常明显。一般在 ASR 工作时,仪表盘上有 ASR 指示灯或蜂鸣器警示,提醒驾驶员此时正在易滑路面上行驶,驾驶员也决不能因装备有 ASR 控制系统而随意甚至违规操纵车辆,以防事故的发生。

二、ASR 的控制方式

ASR 控制驱动轮最佳滑转率的控制方式主要有下述几种形式。

1. 控制发动机输出转矩

合理地控制发动机输出转矩使之与地面提供的驱动转矩相匹配，可以改善燃油经济性，减少轮胎磨损，提高汽车行驶稳定性和乘坐舒适性。发动机输出转矩的控制方法如下：

（1）调节发动机燃油喷射量，如减少或中断燃油喷射；
（2）调整点火时间，如减小点火提前角或停止点火；
（3）调整进气量，如调整节气门（或副节气门）的开度和辅助空气装置。

上述三种手段中，从乘坐舒适性、混合气燃烧状态及减少排放污染等因素分析，调整进气量的方法最好，但调整节气门的反应速度稍慢。调整点火时间和燃油喷射反应速度较快，能补偿调整节气门的不足。减少燃油喷射量，使混合气变稀，会使燃烧过程延迟，所以比较适合柴油发动机汽车采用。推迟点火时间控制不好易造成失火、燃烧不完全，当驱动轮滑转率很大，延迟点火不能将滑转率控制在理想目标时，可以中断个别汽缸点火，从而进一步减小滑转率，为防止尾气排放增加和三元催化器过热，中止点火时必须中断燃油喷射。

2. 控制驱动轮制动力

控制驱动轮制动力实际上是利用差速器的差速作用来获得较大的驱动力。

汽车在附着系数分离的路面上行驶时，高附着系数右侧车轮能够产生较大的驱动力 F_H，处于低附着系数 φ_L 路面上的左侧驱动轮具有较小的驱动力 F_L，如图 9-23 所示。根据差速器转矩等量分配特性，两侧车轮产生的驱动力 F_L 相等，此时汽车总驱动力为 $F_q = F_L + F_L = 2F_L$。

车轮滑转时对低附着系数左侧车轮施加制动力 F_B，通过差速器的差速作用，在右侧驱动轮上产生的作用力为 F_B^*（$F_B^* = F_B \times$ 制动盘有效半径/驱动车轮有效半径），则右侧驱动轮的驱动力为 $F_H = F_L + F_B^*$，此时汽车总驱动力为 $F_q = F_H + F_L = 2F_L + F_B^*$，即驱动力增大了一部分由于制动产生的作用力 F_B^*。

可见，对处于低附着系数侧滑转的驱动车轮施加一定的制动力，能使处于高附着系数路面的车轮产生更大的驱动力，这种控制方法响应速度较快，一般都作为控制节气门开度来调节发动机输出转矩方式的补充控制。考虑到乘坐的舒适性，制动力不能太大，且不能上升太急；为避免制动器过热，制

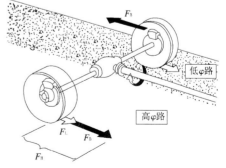

图 9-23 制动时驱动轮的制动力分析
（制动时产生差速锁作用）

动时间也不能过长。因此，这种方法一般在低速行驶时短时间使用。

3. 控制差速器的锁止程度

这是一种电子控制可变锁止差速器，有的称它为限滑差速器（LSD）控制。它在差速器向车轮输出端设置离合器，调节作用在离合器片上的液压油压力，即可调节差速器的锁止程度。控制原理如图 9-24 所示。

这种锁止方式可以使锁止程度逐渐变化。压力升高时，锁止程度增强；压力降低时，锁止程度减小。锁止范围可从 0 变化到 100%，即从基本锁止到完全锁止。控制压力来自蓄能器的高压油液。压力值的大小由 ECU 控制电磁阀进行调节，并由压力传感器和驱动轮轮速传感器产生的信号反馈给 ECU，实行反馈控制。

电子控制的差速器，可以把发动机输出的驱动转矩，理想地分配在左右驱动轮上，将左右驱动轮的滑转率之差控制在允许范围之内。当汽车起步时，调节差速器的锁止程度，能使驱动力充分发挥，提高加速性与行驶稳定性；当左右驱动轮在不同的分离附着系数路面上及弯道上行驶时，都具有较好的稳定性和操纵性。对于越野汽车，可大大提高车辆的通过性。

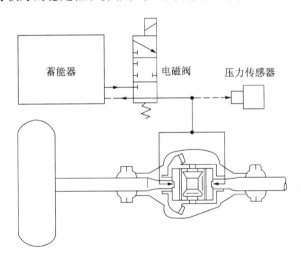

图 9-24　防滑差速器锁止控制原理

4. 控制发动机与驱动轮间的转矩传递效果

这种控制方法包括对离合器和变速器等进行控制，现实中，多是通过控制变速器的换挡特性改变传动比来实现的，因为驱动能力较差、燃油经济性不好等原因较少采用。

上述几种控制方式中，前两种采用较多。这些控制方式既可以单独使用，也可以采用组合的方式使用。

三、ABS/ASR 系统的组成

各车型的 ASR 系统的结构组成各不相同，下面介绍典型的丰田雷克萨斯轿车 ABS/ASR 控制系统，该系统不仅能够实现 ABS 的控制功能，而且能实现 ASR 的控制功能。

丰田雷克萨斯轿车 ABS/ASR 控制系统由液压控制系统和电子控制系统组成。液压控制系统主要由常规制动装置、制动压力调节器、TRC 执行器等组成；电子控制系统主要由轮速传感器、主节气门位置传感器、副节气门位置传感器、ABS/TRC 电子控制单元（ABS/ASR ECU）、副节气门执行器和 ASR 控制开关等组成。

ASR 系统各部件在车上的位置如图 9-25 所示。

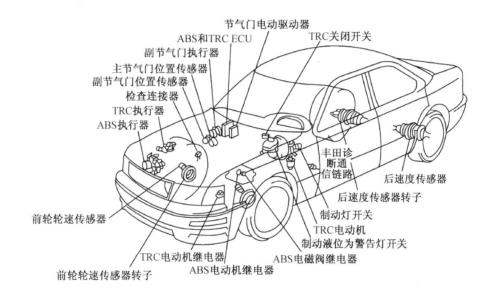

图 9-25　丰田雷克萨斯轿车 ABS/ASR 系统部件安装位置

四、ASR 主要部件的结构和原理

（一）主、副节气门位置传感器

主节气门位置传感器就是发动机电控系统的节气门位置传感器，这里不再赘述。副节气门位置传感器安装在副节气门轴上，如图 9-26 所示，它的作用是将副节气门开度转换为电压信号，并将这一电信号经发动机和变速器 ECU 发送至 ABS/TRC ECU，其工作电路原理如图 9-27 所示。

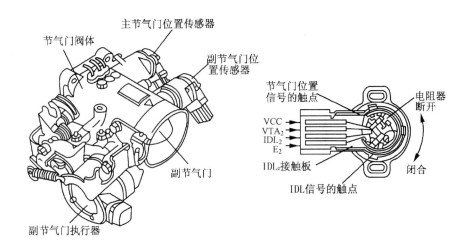

图 9-26 副节气门位置传感器的安装位置及结构图

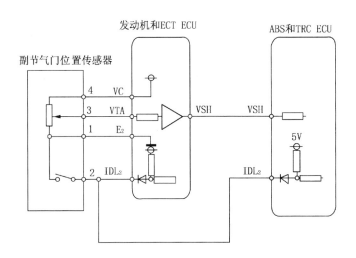

图 9-27 副节气门位置传感器电路图

(二) 副节气门执行器

在发动机节气门体上主节气门的前方,设置一个副节气门(或叫辅助节气门),如图 9-26 所示。该装置的主要作用是在驱动防滑转控制过程中调节副节气门的开度,从而调整发动机的进气量,达到控制发动机输出转矩的目的。

副节气门执行器的结构如图 9-28 所示,它是由永久磁铁、线圈和转子轴组成的一个步进电动机,由来自 ABS/TRC ECU 的信号使之转动,在转子轴末端安装有一个小齿轮,使安装在副节气门轴末端的凸轮轴齿轮转动,从而控制节气门开度。当 TRC 不工作时,步进电动机不通电,副节气门处于完全打开位置,对发动机的工作没有影响,此时发动机的进气量由驾驶员通过加速踏板操纵主节气门进行控制;在 TRC 工作时,副节气门的开度由步进电动机根据 ABS/TRC ECU 的指令进行控制,使副节气门处于开启一半至全闭位置,实现进气量的自动调整。副节气门的工作状态如图 9-29 所示。

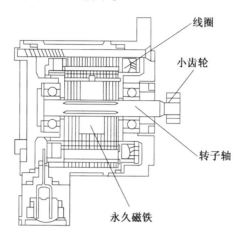

图 9-28 副节气门执行器的结构

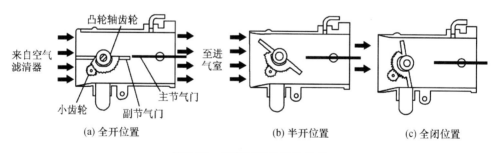

图 9-29 副节气门的工作状态

(三) TRC 制动执行器

TRC 制动执行器主要由 TRC 制动压力调节器和 TRC 制动供能总成组成。

1. TRC 制动压力调节器

TRC 制动压力调节器的总成结构如图 9-30 所示,该装置主要由 3 个两位两通隔离电磁阀组成,即制动总泵隔离电磁阀、蓄能器隔离电磁阀和储液器隔离电磁阀。该装置通过管路与制动总泵、制动压力调节器、TRC 制动供能总成相连。

在驱动防滑转未工作时，3个隔离电磁阀均不通电。此时，制动主缸隔离电磁阀处于开启状态，将制动主缸至 ABS 制动压力调节器中后轮调压电磁阀的制动液管路接通；蓄能器隔离电磁阀处于关闭状态，将 TRC 制动供能器总成至制动压力调节器中后轮调压电磁阀的制动液管路关闭；储液器隔离电磁阀也处于关断状态，将 ABS 制动压力调节器中后轮调压电磁阀、储液器至制动主缸的制动液管路关闭。

在 TRC 工作过程中，3个隔离电磁阀在 ECU 的控制下全部通电。此时，制动主缸隔离电磁阀处于关闭状态，以防止制动液流回制动主缸；蓄能器隔离电磁阀处于开启状态，将蓄能器升压后的制动液通过电磁阀送到后轮制动轮缸；储液器隔离电磁阀也处于流通状态，以便能将储液器及制动轮缸中的制动液送回至制动主缸。

2. TRC 制动供能总成

该装置主要由电动供液泵、蓄能器和压力开关（压力传感器）组成，如图 9-31 所示。它通过管路与制动主缸和 TRC 隔离电磁阀总成相连。电动供液泵为一个电动机驱动的柱塞泵，它将制动液从制动主缸储液室中泵入蓄能器，使蓄能器中制动液压力升高并保持在一定范围内，以便为驱动防滑转制动介入时提供可靠的制动能源。

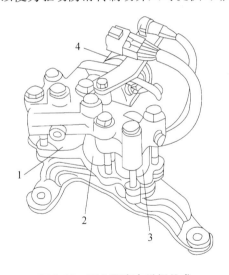

图 9-30 TRC 隔离电磁阀总成
1—储液器隔离电磁阀；2—蓄能器隔离电磁阀；3—制动总泵隔离电磁阀；4—压力开关（或压力传感器）

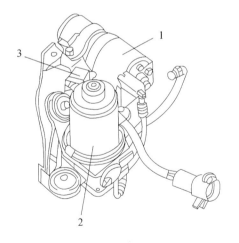

图 9-31 TRC 制动供能总成
1—蓄能器；2—泵电动机；
3—TRC 泵电动机继电器

（四）ABS/TRC ECU

TRC 和 ABS 的一些信号输入和处理都是相同的。为减小电子元器件的应用数量，使结构紧凑，TRC ECU 与 ABS ECU 通常组合在一起。如图 9-32 所示为 ABS/TRC 组合 ECU 的组成。ABS/TRC ECU（未作特别说明，都简化为 ECU）集制动防抱死和驱动防滑转控制功能于一体，其中有 3 个 8 位微处理器，通过一个串行缓冲存储器进行通信。为了提高其工作可靠性，各微处理器之间还进行相互监测。

该 ECU 接受各轮速传感器输入的信号，还接收制动总泵储液室中液位开关、TRC 制动供能总成中压力开关送入的监控信号及发动机和变速器 ECU 送入的主、副节气门位置（开度）等信号，经过计算处理，形成相应的控制指令。主要控制对象是制动压力调节器中的 4 个调压电磁阀和电动回液泵、TRC 制动执行器中的 3 个隔离电磁阀和电动供液泵，以及副节气门步进电动机等，通过这些执行器动作，来实现制动防抱死和驱动防滑转功能。

该 ECU 还定期对系统中的主要电器部件进行检测，对系统状态进行监控。若系统出现故障，会自动停止 ABS 或 TRC 工作，避免对系统进行错误控制，同时会点亮警示灯，以提示驾驶员注意，并将故障信息存入存储器，进行自诊断时通过代码形式显示各种故障。

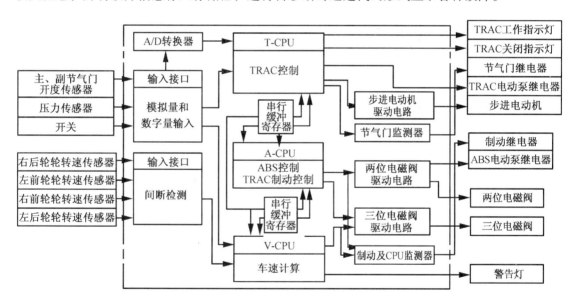

图 9-32 TRC/ABS ECU 的组成

五、ASR 的控制过程

雷克萨斯轿车 ABS/TRC 电子与液压控制系统工作原理如图 9-33 所示，其工作过程分为下述几个阶段。

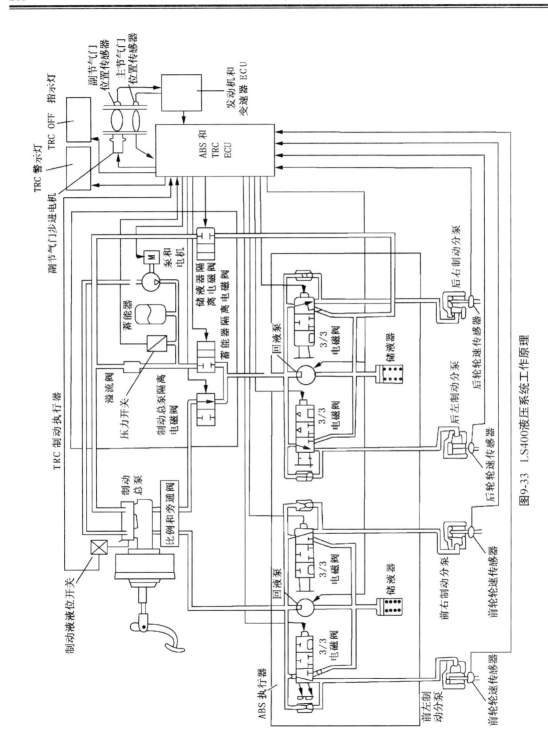

图9-33 LS400液压系统工作原理

(一) ABS/TRC 系统未进入工作阶段

在 ABS/TRC 系统未进行制动防抱死和驱动防滑转控制时,制动压力调节器和 TRC 隔离电磁阀总成中的各个电磁阀均不通电,各电磁阀处于图 9-33 所示的状态:制动主缸至各车轮制动轮缸的制动液管路都处于接通状态;蓄能器中制动液的压力保持在一定范围之内;控制副节气门的步进电动机不通电,副节气门保持在全开位置。

(二) 制动阶段

(1) 常规制动。一般常规制动时当驾驶员踩下制动踏板进行制动时,制动主缸的制动液将通过各调压电磁阀进入制动轮缸,各制动轮缸制动液的压力随制动主缸输出的压力而变化。

(2) ABS 工作阶段。在制动过程中,如果 ECU 根据轮速传感器输入的信号判定有车轮趋于制动抱死时,ABS/TRC 系统就进入制动防抱死控制"减压→保持→增压"的循环过程。

减压:当判定需要减小某一制动轮缸的压力时,就使该控制通道中的调压电磁阀通过较大的电流(约 5 A),使调压电磁阀将制动主缸至制动轮缸的制动液液路关闭,而将制动轮缸至储液器的制动液液路接通,该制动轮缸中的部分制动液就会流入相应的储液器中,该制动轮缸中制动液压力将随之减小;与此同时,ECU 还使回液泵电动机通电运转,将流入储液器的制动液泵回制动主缸。

保持:当 ECU 判定需要保持某一制动轮缸的压力时,就使该控制通道中的调压电磁阀通过较小的电流(约 2 A),使调压电磁阀将制动轮缸至制动主缸和相应储液器间的制动液液路都关闭,该制动轮缸的制动液压力便保持一定。

增压:当 ECU 判定需要增大某一制动轮缸的压力时,就使该控制通道中的调压电磁阀断电,使调压电磁阀将制动主缸至制动轮缸的制动液液路接通,而将该制动轮缸至相应的储液器的制动液液路关闭,制动总泵输出的制动液就会进入制动轮缸,该制动轮缸的制动液压力会随之增大。

通过上述"减压→保压→增压"的循环调节,就可使车轮滑转率保持在规定范围内。

(三) 驱动滑转阶段

在汽车起步、加速及运行过程中,ECU 根据轮速传感器输入的信号,判定驱动轮(后轮)的滑转率超过门限值时,就进入防滑转控制过程。

ECU 先使控制副节气门的步进电动机通电转动,将副节气门开度减小,减少进入发动机的进气量,使发动机输出转矩减小。当 ECU 判定需要对驱动轮进行制动介入时,将使 TRC 隔离电磁阀总成中的 3 个隔离电磁阀通电,使制动主缸隔离电磁阀处于关断状态,蓄能器隔离电磁阀和储液器隔离电磁阀处于导通状态,此时,蓄能器中被加压的制动液会通过蓄能器隔离电磁阀、后轮三位三通调压电磁阀,进入后轮制动轮缸,后轮制动轮缸的制动压力随之增大。

在驱动防滑转制动介入过程中,像前几节介绍的制动防抱死一样,ECU 通过独立地控制两个后轮调压电磁阀的电流值,对两后轮制动轮缸的压力进行增大、保持和减小的循环调节,以防止驱动轮滑转并使驱动轮的滑转率保持在规定的范围内。注意在压力调节过程中,增压时进入制动轮缸的制动液,不是来自制动主缸,而是来自蓄能器被加压后的制动液;减压时从制动轮缸流出的制动液不是流回储液器,而是经调压电磁阀、储液器隔离电磁阀,流回制动主缸的储液室,此时,ABS 电动回液泵并不工作。另外,在 TRC 工作中,当压力开关检测到蓄能器中液压下降到一定值时,ECU 会接通供液泵电动机电路,使供液泵运转,将蓄能器中液压升至正常值。

任务训练

任务训练一　ABS 故障代码的提取与消除

一、丰田车系 ABS 故障代码的读取与清除

丰田车系装用的 ABS 故障代码提取方式有两种,一种是利用诊断线人工提取故障代码,另一种是利用诊断仪读取和清除故障代码,下面介绍人工方式读取与清除故障代码。

1. 读取故障代码

(1) 在进行故障代码读取前,关闭点火开关(OFF),并将诊断连接器上 WA 与 WB 端子之间的短路插销拔下,或将 WA 与 WB 端子之间的连接线分开,如图 9-34 所示。1998 年后生产的汽车无 WA 与 WB 端子间的短路插销,所以无需此操作步骤。

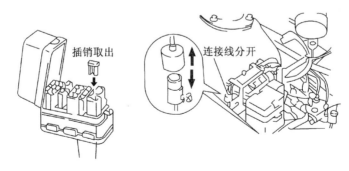

图 9-34　WA 与 WB 端子短路插销和连接线

(2) 打开点火开关,利用专用跨接线将诊断连接器上的 T_C 与 E_1 端子短接,如图 9-35 (a) 所示;对于装有 OBI-II 诊断接口的车辆连接 T_C 与 CG 端子,如图 14-35 (b) 所示,3 s 后仪表板上的 ABS 警报灯即会闪烁显示故障代码。

（3）读故障代码，故障代码的读法与发动机电控燃油喷射系统相同，ABS 警报灯首先闪烁显示的是故障代码的十位数，然后闪烁显示的是两位故障代码的个位数。如果储存有一个以上的故障代码，ABS 警报灯闪烁显示故障代码时，各故障代码间暂停 2.5 s，故障代码的显示按由小到大的顺序，每次循环后暂停 4 s。故障代码的读取如图 9-36 所示。

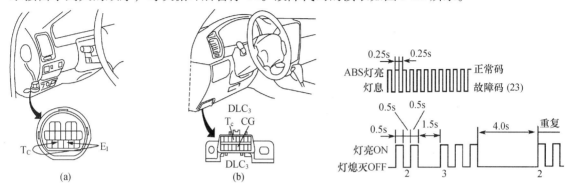

图 9-35　跨接线的连接　　　　　　　　　图 9-36　丰田车系故障代码的读取

（4）读出故障代码后，将故障代码记录下来，并查阅故障代码的含义可以作为检修 ABS 系统的依据。丰田轿车故障代码含义如表 9-3 所示。

表 9-3　丰田轿车 ABS 故障代码及故障部位

故障代码	故障名称	故障检测部位
11	电磁阀继电器断路	电磁阀继电器线圈或连接线路
12	电磁阀继电器短路	电磁阀继电器线圈或连接线路
13	液压泵继电器断路	液压泵继电器线圈或连接线路
14	液压泵继电器短路	液压泵继电器线圈或连接线路
15	液压泵电动机长期通电	压力传感器或连接线路
16	压力开关断路	压力开关或连接线路
17	压力传感器被卡住	压力传感器或连接线路
18	蓄压器中气体压力下降	
19	蓄压器中液体压力下降	
21	右前轮控制电磁阀不良	电磁阀线圈或连接线路
22	左前轮控制电磁阀不良	
23	右后轮控制电磁阀不良	
24	左后轮控制电磁阀不良	
25	后轮控制主电磁阀不良	
26	后轮控制辅助电磁阀不良	

续表

故障代码	故障名称	故障检测部位
31	右前轮轮速传感器信号不良	轮速传感器或连接线路
32	左前轮轮速传感器信号不良	
33	左后轮轮速传感器信号不良	
34	右后(或后)轮轮速传感器信号不良	
35	左前或右后轮轮速传感器断路	轮速传感器或连线断路(仅用于制动管路为交叉布置的车辆)
36	右前或左后轮轮速传感器断路	
37	后轮轮速传感器齿圈不良	后轮轮速传感器齿圈
41 或 42	电源电压不稳	蓄电池
44	ABS 电脑不良	ABS 电脑
51	储液器内制动液不足	电动液压泵或连接线路
52	电动液压泵或液压泵线路故障	制动液不足

2. 清除故障代码

在排除故障后,应将储存在电脑中的故障代码清除。拆下蓄电池线负极 15 s 以上,一般可将故障代码清除,但此种方法不建议使用,因为清除故障代码的同时也清除掉了各种电控系统存储器 RAM 中的有用信息。可采用后面介绍的诊断仪器清除法,也可采用下述专用程序清除故障代码,清除步骤如下:

(1) 保持汽车处于停驶状态。

(2) 在诊断连接器上将 WA 与 WB 端子之间的短路插销拔下或连接线分开的前提下,用跨接线将诊断连接器上的 T_C 与 E_1 端子短接。

(3) 打开点火开关,在 3 s 内至少踩制动踏板 8 次以上,即可清除故障代码。

(4) 拆下跨接线,装上 WA 与 WB 端子之间的短路插销或将 WA 与 WB 端子之间连接线接上。

二、捷达轿车 ABS 故障代码的读取与清除

大众车系一般只能采用诊断仪读取 ABS 故障代码,经常采用的汽车诊断仪有 V. A. G1551、V. A. G1552 和金奔腾汽车诊断仪等。

1. V. A. G1551、V. A. G1552 ABS 检测功能简介

当 V. A. G1551、V. A. G1552 诊断仪进入 ABS 诊断系统界面时,根据输入不同的功能键

可进行相应的功能检测，具体功能如表 9-4 所示。

表 9-4　利用诊断仪检测 ABS 系统的诊断功能

功能键	诊断功能	功能键	诊断功能
01	查询控制单元版本	05	清除故障存储
02	故障查询	06	结束输出
03	执行元件诊断	07	控制单元编码
04	加液排气	08	读取测量数据块

2. 读取 ABS 故障信息

（1）在断电的情况下，将 V. A. G1551 故障诊断仪（或金奔腾汽车诊断仪）与车上的故障诊断接口连接后，打开点火开关至点火挡。

（2）输入"03"后按 Q 键，进入制动防抱死系统诊断。

（3）输入"02"后按 Q 键，读取故障信息。按"→"键，第一个故障信息的说明显示在屏幕上，继续按"→"键，直至依次显示所有信息。捷达轿车的 ABS 系统故障代码如表 9-5 所示。

（4）记录所有故障信息（供检修时使用）。

（5）输入"06"后按 Q 键，结束输出。

（6）关闭点火开关，拆下 V. A. G1551 故障诊断仪。

3. 清除故障存储信息

（1）在断电的情况下，将 V. A. G1551 故障诊断仪（或金奔腾汽车诊断仪）与车上的故障诊断接口连接后，打开点火开关至点火挡。

（2）输入"03"后按 Q 键，进入制动防抱死系统诊断。

（3）输入"05"后按 Q 键，即可清除故障信息。

（4）输入"06"后按 Q 键，结束输出。

（5）清除故障信息后，关闭点火开关，拔下 V. A. G1551 故障诊断仪连接插头。再次打开点火开关，防抱死制动指示灯（K47）点亮，约 2 s 后熄灭，表明系统自检正常。

（6）路试检验故障是否再次出现，方法是：在 30 s 内以大于 60 km/h 的车速行驶，然后紧急制动，防抱死制动系统警告灯（K47）应不亮，同时制动踏板上应有震动和反弹的感觉。

注意：如果故障信息无法用"05"功能清除，表示故障还没有排除而且故障是永久性故障；如果故障还没排除使用"05"功能就能清除故障信息，说明故障是偶发性故障。

表 9-5 捷达轿车 ABS 系统故障代码查询表

故障代码	故障说明	故障检测部位
65535	ECU	·ECU 损坏
01276	ABS 液压泵	·电源供应短路或搭铁 ·电动机线束松脱
00283	左前轮轮速传感器	·传感器安装不当 ·传感器线圈或线束短路、断路或搭铁 ·传感器与齿圈间的气隙过大或过小 ·齿圈不良 ·轴承间隙过大 ·ABS ECU 故障
00285	右前轮轮速传感器	
00290	左后轮轮速传感器	
00287	右后轮轮速传感器	
01044	ABS 编码错误	·在 ABS 线束内跳针（15、21）连接错误 ·ABS ECU 编码错误
00668	供电端子 30	·ABS 系统熔断器烧断 ·蓄电池电压过高或过低 ·ABS 线束内的 ECU 接头不良 ·ABS 不良
01130	ABS 工作异常	·高频电波干扰 ·车速传感器损坏或接头连接不良 ·ABS ECU 损坏

任务训练二　捷达轿车 ABS 组件的拆装与检测

一、维修注意事项

（1）ABS 警告灯（K47）或驻车制动及制动液位警告灯（K118）点亮时说明系统发生故障，在车速低于 20 km/h 时某些故障系统检测不到。

（2）若警告灯不亮，但制动效果不良，则可能是液压制动系统有空气或常规制动系统存在故障。

（3）ABS 进行维修前，为快速查明故障原因，应先用故障诊断仪读取故障代码。

（4）拆开 ABS 线束连接器时，应先关闭点火开关。

（5）维修前，必须关闭点火开关，并拆开蓄电池负极线。

（6）拆装 ABS 元件时，应彻底清洁连接部位和支承面，但绝对不能使用汽油、稀释剂等类似的清洁剂。注意防止制动液流进线束连接器内。

（7）拆下的 ABS 元件必须放在清洁处，若需维修时间较长时应覆盖好或用塞子封闭管口，防止润滑油、润滑脂等含矿物油的物质沾染元件或进入系统内。

(8) 制动压力调节器拆下后必须放在专用支架上,以防搬运中碰坏阀体。

(9) 系统拆开后,不要使用压缩空气,也不要移动车辆。

(10) 需更换元件时,应使用原厂配件,安装时再从包内取出配件。更换电脑或制动压力调节器后,应用故障诊断仪对电脑进行编码,否则 ABS 警告灯闪烁,系统不能正常工作。

(11) 维修中若拆开过液压制动系统,维修作业完成后,应使用专用制动液充放机和故障诊断仪配合,对系统进行加液和排气。

(12) 在维修后试车时,应至少进行一次紧急制动。当 ABS 正常工作时,制动踏板会有反弹的感觉,且紧急制动时车速下降快速、平稳。

二、前轮轮速传感器与齿圈的拆装与检修

(一) 前轮轮速传感器与齿圈的拆卸

捷达轿车前轮轮速传感器、齿圈及轴承的安装位置如图 9-37 所示,拆卸过程如下。

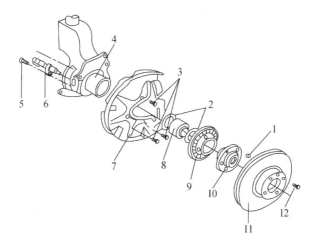

图 9-37 捷达轿车前轮速传感器和齿圈的安装位置

1—齿圈固定螺栓;2—前轮轴承弹性挡圈;3—防尘板紧固螺栓;4—前轮轴承壳;
5—传感器固定螺栓;6—传感头;7—防尘板;8—前轮轴承;9—齿圈;
10—轮毂;11—制动盘;12—十字槽螺栓

(1) 顶起前轮使之离地。拆下前轮及前轮制动器。

(2) 断开传感器插头,拆下固定传感器的内六角紧固螺栓。

(3) 左右转动几下传感器,然后从转向节上拆下传感器。

(4) 拆卸带齿圈的前轮毂时,首先用 200 mm 拉器的两个活动臂钩住前轮轴承壳的两边,如图 9-38 所示。注意:要找好位置,只有一个位置才能钩住。

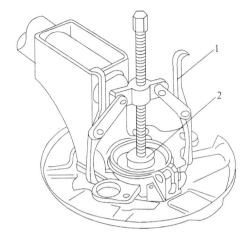

图 9-38 拆卸带齿圈的轮毂图
1—拉器；2—专用压块

(5) 在前轮毂要压出一侧的中心放一块专用压块，转动拉器上的螺栓使其顶住压块，直到将带齿圈的前轮毂顶出。

(6) 拆下齿圈固定螺栓，分开齿圈和轮毂。

（二）前轮轮速传感器及齿圈的安装

传感器与齿圈的安装步骤与拆卸顺序相反，安装时注意以下几点：

(1) 齿圈安装时小心不要碰伤凸齿。

(2) 左、右前轮速传感器的传感头零件不同，不能互换。

(3) 安装传感头前，先清洁传感头及安装孔，并在安装孔内表面涂以固体润滑膏 G000650。

(4) 传感头和防尘板固定螺栓拧紧力矩为 10N·m。

（三）前轮轮速传感器、齿圈及轴承的检修

(1) 检查前轮速传感器的传感头与齿圈间隙是否符合标准，标准间隙应为 1.10～1.97mm。

(2) 用万用表电阻挡测量传感器的电阻值，标准值为：1.0～1.3kΩ，超出范围应更换。

(3) 顶起前轮，拆开 ABS 电脑线束连接器，用万用表或示波器在线束连接器处测量前轮转动时相应端子间的电压。测量时前轮以 30r/min 的转速转动；左前轮测量端子为 4 和 11，右前轮测量端子为 3 和 18。用万用表测量时，传感器输出电压应为 70～310mV；用示波器测量时，传感器输出电压应为 3.4～14.8mV/Hz。

(4) 检查传感头磁极柱有无磨损，如发现磨损应进一步检查齿圈及轴承间隙。

(5) 拉紧驻车制动器手柄，顶起前轮使之离地，检查齿圈的轴向跳动量。轴向跳动量应不大于 0.3mm。

(6) 若齿圈轴向跳动量过大，应检查前轮轴承是否损坏或轴向间隙过大。若轴承损坏或轴向间隙过大，则应更换前轮轴承。

(7) 齿圈轴向跳动量过大容易引起齿圈与传感头碰擦，应检查齿圈有无变形或断齿现象，齿圈变形或齿数残缺时，应更换齿圈。

(8) 检查齿圈齿隙中有无脏物堵塞，若有，应清除干净。

三、后轮轮速传感器、齿圈及轴承的拆装与检修

（一）后轮轮速传感器、齿圈的拆卸

捷达轿车后轮轮速传感器、齿圈及轴承的安装位置如图 9-39 所示，拆卸过程如下。

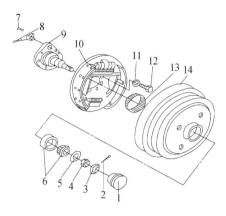

图 9-39　桑塔纳后轮轮速传感器、齿圈及
后轮轴承的安装位置

1—轮毂盖；2—开口销；3—螺母防松罩；4—六角螺母；5—止推垫圈；6—车轮轴承；7—传感头固定螺栓；8—后轮轮速传感器传感头；9—后轮短轴；10—后轮制动器总成；11—弹簧垫圈；12—六角螺；13—齿圈；14—制动鼓

（1）拆下汽车后坐椅垫，拆开后轮轮速传感器的线束连接器，如图 9-40 所示。
（2）拆下固定传感头的内六角螺栓，圆周方向转动几下传感头，然后取下传感头。
（3）沿图 9-41 箭头所示方向拆下后梁上的传感器线束保护罩，拉出线束和线束连接器。
（4）用螺丝刀撬下轮毂盖，拔出开口销。
（5）卸下轴头六角螺母，取出止推垫圈、后轮轴承。
（6）用拉器取下制动鼓（也可用手锤轻敲震松制动鼓，然后取下制动鼓）。
（7）拆下后轮齿圈。

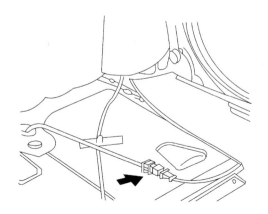

图 9-40　拆开后轮轮速传感器线束连接器

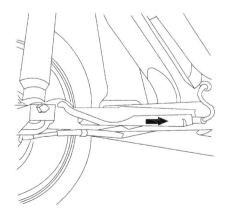

图 9-41　传感器线束保护罩拆卸方向

(二)后轮轮速传感器、齿圈的安装

安装时按与拆卸相反的顺序进行,但注意:左、右后轮轮速传感器零件不同,也不能互换;安装传感头时,先清洁其安装孔,并在安装孔内涂以固体润滑膏 G000650;传感器头固定螺栓拧紧力矩为 10 N·m。

(三)后轮轮速传感器、后轮齿圈及轴承的检修

(1)检查后轮速传感器的传感头与齿圈间隙是否符合标准,标准间隙应为 0.42～0.80 mm。

(2)用万用表电阻挡测量传感器的电阻值,标准值为:1.0～1.3 kΩ,超出范围应更换。

(3)检查后轮轮速传感器输出电压。顶起后轮,松开驻车制动器,拆开 ABS 电脑线束连接器,用万用表或示波器在线束连接器处测量后轮转动时相应端子间的电压。测量时后轮以 30 r/min 的转速转动;左后轮测量端子为 2 和 10,右后轮测量端子为 1 和 17。用万用表测量时,传感器输出电压应大于 260 mV;用示波器测量时,传感器输出电压应大于 12.2 mV/Hz。

(4)检查传感头磁极柱有无磨损,如发现磨损,则应进一步检查齿圈及轴承间隙。

(5)顶起后轮使之离地,用手转动后轮感觉有无明显的轴向摆动,若有明显摆动,则应检查后轮轴承的径向圆跳动量。后轮轴承的径向圆跳动量应不大于 0.05 mm。若后轮轴承的径向圆跳动量过大,则应调整轴承间隙;若轴承损坏,则应更换轴承。

(6)若后轮轴承的径向圆跳动量过大易引起齿圈与传感头刮碰,应检查齿圈有无变形或断齿现象。齿圈变形或齿数残缺时,应更换齿圈。

(7)检查齿圈齿隙中有无脏物,若有,应清除干净。

四、电子和液压控制单元总成的拆装与检测

(一)电子和液压控制单元总成的拆卸

(1)关闭点火开关,拆下蓄电池负极接线柱。

(2)从 ABS 控制单元上拆下 25 端子线束连接器,如图 9-42 所示。

(3)踩下制动踏板(大于 60 mm),并用踏板架定位,如图 9-43 所示。

(4)在液压控制单元下垫一块布,用以吸收拆卸制动液管时流出的制动液。

(5)从液压控制单元上拆下制动液管 A 和 B,如图 9-44 所示,立即用密封塞将管路出口和制动压力调节器阀体上的管口堵住,在制动管路上做好标记。用软铅丝把制动液管 A 和 B 扎在一起,挂到高处,使其管口高于储液器的液面。

(6)从液压控制单元上拆下通往各车轮的制动液管 1、2、3、4,并做上记号,立即用密封塞将调节器阀体上的管口塞住,如图 9-44 所示。

(7)拆下固定液压控制单元的螺母,从支架上拆下电子和液压控制单元总成。

在操作过程中必须特别小心，不能使制动液渗入 ABS 电脑壳体中，否则会使元件腐蚀而损坏系统。

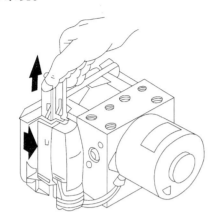

图 9-42 拆开 ABS 电脑线束连接器

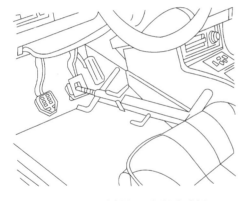

图 9-43 用踏板架固定制动踏板

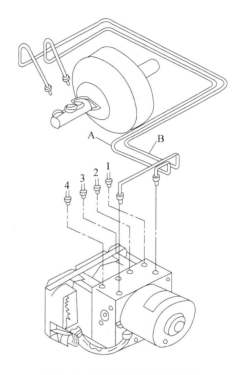

图 9-44 拆下制动液管 A 和 B
1、2、3、4—调节器与轮缸连接的制动液管

（二）电子和液压控制单元总成的分解与装配

（1）电子和液压控制单元总成的分解

① 拆下连接器侧的锁扣，拆开制动压力调节器上液压泵的线束连接器。

② 用专用套筒扳手拆下 ABS ECU 与制动压力调节器的 4 个连接螺栓，如图 9-45 所示。

③ 将制动压力调节器与 ABS ECU 分离。

注意：拆下制动压力调节器要直拉，不要碰坏阀体。

④ 在 ABS 电控单元上盖一块不起毛的布，以防灰尘及脏物进入。将制动压力调节器安放在专用支架上，以免在搬运时碰坏阀体。

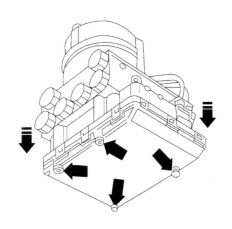

图 9-45 拆下电脑与调节器的连接螺栓

(2) 电子和液压控制单元总成的组装

① 把 ABS ECU 与制动压力调节器装成一体，用专用套筒扳手拧紧连接螺栓，拧紧力矩不得超过 4 N·m。

② 插上电动液压泵的线束连接器，注意锁扣必须到位。

注意：装配场地必须清洁不允许有灰尘和脏物。

(三) 电子和液压控制单元总成的安装

安装时应注意调节器阀体管口处的密封塞，只有在制动液管要装上时才能拆下，以免异物进入制动系统。安装步骤如下。

(1) 将电子和液压控制单元总成安装到支架上，拧紧固定螺母，拧紧力矩为 20～24 N·m。

(2) 拆下液压控制单元出油口上的防尘塞，按照制动管路上做出的标记，将制动管路接到液压控制单元上，并确认制动管路连接正确后，以 20 N·m 的力矩拧紧管接头。

(3) 拆下相应的密封塞，依次装上连接制动主缸前、后腔的两根制动液管路，并在检查制动液管位置正确后，按 12～16 N·m（M10×1）和 15～18 N·m（M12×1）的力矩拧紧管接头。

(4) 插上 ABS 电脑线束连接器。

(5) 对 ABS 系统充液和放气。

(6) 若更换了 ABS 电脑或制动压力调节器，则必须对电脑重新编码。

(7) 打开点火开关检查，ABS 警告灯应亮 2 s 后再熄灭。

(8) 使用故障诊断仪，先清除存储的故障代码，再读取检查有无新的故障代码出现，以确定装配和安装是否正确。

(9) 最后试车检测 ABS 功能。应至少在 40 km/h 的初始速度下紧急制动，若可以感觉到制动踏板有轻微的颤动，路面上基本没有轮胎拖痕，说明 ABS 工作正常。

(四) 电子和液压控制单元总成的检测

在电子和液压控制单元未拆卸或拆卸安装完毕后，可利用诊断仪 V.A.G1551/V.A.G1552 的 "03" 功能进行执行元件诊断。诊断方法如下。

(1) 在断电的情况下，将 V.A.G1551 故障诊断仪（或金奔腾汽车诊断仪）与车上的故障诊断接口连接后，打开点火开关至点火挡。

(2) 输入 "03" 后按 Q 键，进入制动防抱死系统诊断。

(3) 在功能选择处输入 "03" 后，进入 ABS 执行元件诊断菜单，然后按表 9-6 所列步骤进行诊断操作。

表9-6 利用诊断仪检测ABS执行元件的步骤

步骤	操作者动作	显示屏显示	备注
01		Hydraulisch ABS Pumpe V64 （液压泵有没有工作？）	如液压泵不工作，修理或更换液压泵电动机
02	踩下制动踏板不放	Bremse Bestaitigung （踩下制动踏板）	
03		EVL：0 V AVL：0 V Rad blockiert （常开阀：0 V 常闭阀：0 V 车轮抱死）	常规制动阶段
04		EVL：UBAT AVL：0 V Rad blockiert （常开阀：通电 常闭阀：0 V 车轮抱死）	压力保持阶段
05		EVL：UBAT AVL：UBAT Rad frei （常开阀：通电 常闭阀：通电 车轮可自由转动）	降压阶段，踏板回弹，可听见泵电动机声音
06		EVL：UBAT AVL：0 V Rad frei （常开阀：通电 常闭阀：0 V 车轮可自由转动）	踏板自动微微下沉
07		Bremse&sen 松开制动踏板	
08	放开制动踏板		

任务训练三 ABS系统制动液的更换与排气

一、ABS制动液

（一）ABS系统对制动液的要求

ABS工作时，要以7～8次/s的频率进行减压、保压、增压的循环动作，因此，对制动液的要求比普通制动系统的要更高。对ABS制动液的基本要求如下。

（1）沸点要高（一般要求200℃以上），保证制动时不会产生"气阻"。

（2）运动黏度要低，以保证ABS工作时"减压→保压→增压"循环动作反应及时。

（3）对金属、橡胶无腐蚀性。

（4）能长期保存，性能稳定，在使用中、高、低温频繁变化时，其化学性能应无大的变化。

（5）吸湿沸点要高，吸湿沸点是指制动液在吸湿率（含水量）为3.5%时的沸点。

表9-7所列的是美国运输部（DOT）的制动液标准。目前，日本、美国、韩国等国的轿车一般都推荐用DOT3，或与之相当的制动液DOT4，不推荐在ABS中使用硅酮型制动液DOT5。

表 9-7 DOT 制动液标准

制动液规格	沸点/℃	吸湿沸点/℃	运动粘度/cst
DOT3	205 以上	180 以上	900 以下
DOT4	230 以上	155 以上	1 800 以下
DOT5	260 以上	140 以上	1 500 以下

(二) ABS 制动液的更换周期

以乙二醇为基液的 DOT3 和 DOT4 制动液,是一种吸湿性较强的液体,一年的吸湿率可高达 3%。不同使用条件和环境,其吸湿率不同。当制动液含有水分后,其沸点下降,制动时易产生"气阻",使制动可靠性下降;含有水分的制动液其腐蚀性也增大了,因此,一般在吸湿率达到 3% 时就应更换制动液。3% 的吸湿率是制动液使用过程中 1 到 2 年的自然吸湿程度,因此,每两年或一年更换制动液。一些专家建议,ABS 制动系统应每年更换一次制动液,以确保制动的可靠性。

二、捷达轿车 ABS 制动系统的排气

ABS 中的气体是极其有害的,它破坏系统对制动压力的正常调节,可导致 ABS 失去作用。ABS 制动系统排气一般分为两种情况,一种是更换了制动器、打开了常规制动管路或是制动踏板发软、制动效果变差时,按常规制动系统排气方法排气即可;另一种是分解了制动压力调节器或更换新的制动压力调节器后,需要利用诊断仪对 ABS 制动系统进行排气,以便将制动压力调节器中的空气排净。

(一) ABS 系统排气注意要点

ABS 排气比普通的制动系统稍复杂一些,应遵循一定的要领,需要注意以下几点。

(1) 对于装有制动真空助力器的,在进行排气操作前,首先要把制动助力控制装置断开,使制动系统处于无助力状态。

(2) ABS 排气时间要比普通系统长,消耗的制动液也较多,需边排气边向制动总泵储液罐添加制动液,使储液罐制动液液面保持在 MAX 与 MIN 之间。

(3) 在排气过程中,制动踏板要缓缓地踩,不能过猛,这与普通制动系统一样。

(4) 不同形式的 ABS,其排气程序可能会有些不同,应参照相应的维修手册进行排气操作。

(5) 一些 ABS 排气可让 ABS 油泵工作(打开点火开关,有的需运行发动机),在加压的情况下可使排气更快更彻底。

(二) 捷达轿车 ABS 排气流程

当更换的是湿式电子与液压控制单元总成时,按常规制动系统加液和排气即可;当更换

的是干式电子与液压控制系统总成时，除按常规制动系统加液排气外，还要对液压控制单元的第二回路进行排气，操作流程如图9-46所示。

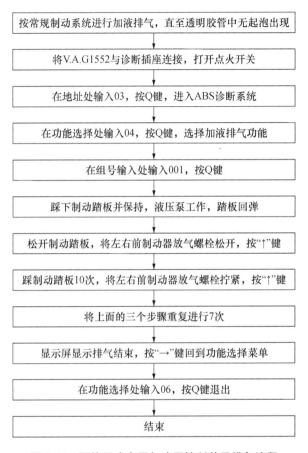

图 9-46　更换干式电子与液压控制单元排气流程

思 考 题

1. 什么是车轮滑移率？车轮滑移率与路面间附着系数的关系如何？
2. 汽车 ABS 有什么作用？
3. 简述 ABS 的组成与分类？
4. 试分析电磁感应式轮速传感器的结构特点与工作原理。
5. 光电式减速度传感器是如何检测汽车减速度的？
6. 制动压力调节器如何分类？流通式制动压力调节器是如何控制制动压力的？

7. 试分别说明二位二通和三位三通电磁阀的结构特点与工作原理。
8. 分析低压蓄能器在 ABS 工作过程中所起的作用。
9. 简述 ABS 的控制过程。
10. 什么是滑转率？分析滑转率与路面附着系数的关系？
11. 汽车 ASR 有什么作用？ASR 有几种控制方式？
12. 简述 TRC 制动压力执行器的组成？试分析其工作原理。
13. 试分析 TRC 的控制过程。
14. 丰田车系 ABS 故障代码如何提取与清除？
15. 捷达轿车 ABS 故障代码如何提取与清除？
16. 维修捷达轿车 ABS 应注意些什么？
17. 如何检修捷达轿车前轮轮速传感器？
18. 对 ABS 系统排气要注意些什么？简述捷达轿车 ABS 的排气流程。

任务十　汽车电子控制动力转向的故障检修

任务目标

1. 理解电控液力动力转向系统的组成、结构特点与工作原理。
2. 理解电动式动力转向系统的组成、结构特点与工作原理。
3. 理解四轮转向系统的结构特点与工作原理。
4. 掌握电控动力转向系统的故障诊断基本方法。
5. 学会检修电动动力转向系统的常见故障。

任务资讯

汽车是通过轮胎与路面之间的相互作用力来完成其转向运动的。而转向运动又是驾驶员在驾驶室操纵转向系统以控制前轮、后轮的转动来实现的。一般的转向系统由转向盘、转向机、转向传动杆系和转向节等构成。

为了减轻转向盘的操纵力，很多汽车都装有动力转向装置（Power Steering，PS）。作为动力源有发动机驱动油泵和电动泵两种方式。通常停车或低速转向时，为了使转向省力而设定某一压力。但是，若增力比固定不变，则高速行驶时转向操纵力将过分减轻，可能导致危险的出现。

为了在各种车速下都能确保具有适当的转向操纵力，使驾驶员能根据行驶条件灵活自如地控制转向盘，近年来，在很多汽车的转向装置中都采用了液力和电动式转向助力装置，构成动力转向系统（简称 PS 或 EPS）。汽车上使用的动力转向装置应满足如下要求：减轻转向力；具有安全自保护装置；可减少转向操作的频率程度；具有适当的转向力反馈；转向平滑；减轻来自地面的冲击；能防止震动、噪声的发生。

为改善整车的转向特性和响应特性，从 20 世纪 80 年代起，国外就开始陆续采用四轮转向系统（4Wheel Steering，4WS）。4WS 控制系统可在车辆低速行驶时，进行逆向转向操纵（与前轮的转向方向相反），使小转向的性能更好；而在车辆中高速行驶时，进行同相转向操纵（与前轮的转向操纵方向相同），以提高高速时的变换车道或转向时的操纵稳定性。

任务资讯一　液压式电控动力转向系统

电子控制动力转向系统（EPS）可以在低速时减轻转向力，以提高转向系统的操纵性；在高速时则可适当加重转向力，以提高操纵稳定性。液压式电子控制动力转向系统是在传统的液压动力转向系统的基础上增设电子控制装置而构成的。根据控制方式的不同，液压式电子控制动力转向系统又可分为流量控制式、反作用力控制式和阀灵敏度可变控制式三种形式。

一、流量控制式 EPS

1. 流量控制式 EPS 的组成

丰田雷克萨斯轿车采用的流量控制式 EPS 如图 10-1 所示。由图可见，该系统主要由车速传感器、电磁阀、整体式动力转向控制阀、动力转向液压泵和 ECU 等组成。

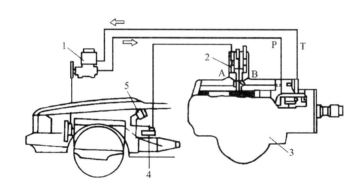

图 10-1　雷克萨斯轿车流量控制式 EPS 的组成
1—动力转向液压泵；2—电磁阀；3—动力转向控制阀；4—ECU；5—车速传感器

2. 流量控制式 EPS 的工作原理

流量控制式 EPS 的电磁阀安装在通向转向动力缸活塞两侧油室的油道之间，其结构如图 10-2 所示。当电磁阀的阀针完全开启时，两油道就被电磁阀旁通。流量控制式 EPS 就是根据车速传感器的信号，控制电磁阀阀针的开启程度，从而控制转向动力缸活塞两侧油室的旁路液压油流量，来改变转向盘上的转向力。车速越高，流过电磁阀电磁线圈的平均电流值越大，电磁阀阀针的开启程度越大，旁路液压油流量越大，而液压助力作用越小，使转动转向盘的力也随之增加。这就是流量控制式 EPS 的工作原理。

任务十 汽车电子控制动力转向的故障检修

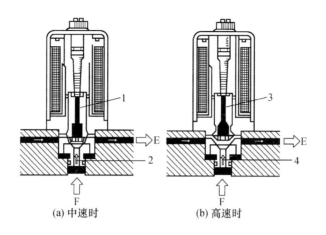

图 10-2 电磁阀结构原理

1—电磁阀（开度较小时）；2—分流液流（分流量较小）；3—电磁阀（开度较大时）；4—分流液流（分流量较大）；E—泄出的液流；F—来自转向油缸高压侧的分流液流

电磁阀的驱动信号如图 10-3 所示。由图可以看出，驱动电磁阀电磁线圈的脉冲电流信号频率基本不变，但随着车速增大，脉冲电流信号的占空比将逐渐增大，使流过电磁线圈的平均电流值随车速的升高而增大。图 10-4 所示为雷克萨斯轿车电子控制动力转向系统的电路图。

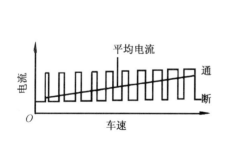

图 10-3 电磁阀驱动信号

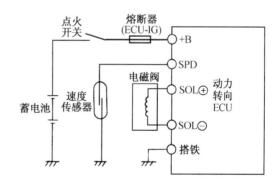

图 10-4 雷克萨斯轿车电子控制动力转向系统电路图

二、反作用力控制式 EPS

1. 反作用力控制式 EPS 的结构原理

（1）系统组成。反作用力控制式动力转向系统主要由转向控制阀、分流阀、电磁阀、转向动力缸、转向液压泵、储油箱、车速传感器及 ECU 等组成，如图 10-5 所示。

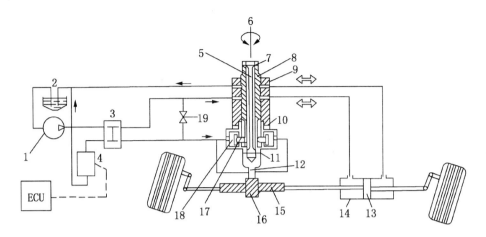

图 10-5 反作用力控制式 EPS

1—转向油泵；2—储液器；3—分流阀；4—电磁阀；5—扭杆；6—转向盘；7、10、11—销子；
8—控制阀阀杆；9—控制阀阀体；12—小齿轮轴；13—活塞；14—动力缸；15—齿条；
16—小齿轮；17—柱塞；18—油压反力室；19—固定小孔

（2）工作原理。反作用力控制式动力转向系统的工作原理如图 10-5 所示。此系统的转向控制阀在传统的整体式动力转向控制阀的基础上增设了油压反力室，油压反力室位于控制阀的下端，如图 10-6 所示。油压反力室内有 4 个柱塞。阀杆的下端有两个凸起，分别顶在 4 个柱塞上。

分流阀将来自转向油泵的油液一部分分流到控制阀，一部分分流到电磁阀。根据汽车行驶车速和转向要求，改变进入控制阀和电磁阀的油压，确保电磁阀一侧具有稳定的油液流量。固定小孔 19 将供给转向控制阀的一些油液分流到油压反力室。

汽车转向时，EPS ECU 根据车速的高低控制电磁阀的开度，使油压反力室的部分油液流回储液器，从而改变转向助力的大小。当车辆静止或低速行驶转向时，电磁阀线圈通以较大的电流，电磁阀开度增大，经分流阀分流的油液通过电磁阀重新回流到储液器中，使作用于柱塞的背压（油压反力室压力）降低，柱塞推动控制阀阀杆的力（反作用力）较小。此时，只需要较小的转向力就可使扭杆扭转变形，使阀杆与阀体发生相对转动而实现转向助力作用。

当车辆中高速行驶转向时，ECU 使电磁阀线圈的通电电流减小，电磁阀开度减小，油压反力室的油压升高，作用于柱塞的背压增大，柱塞推动阀杆的力增大。此时，需要较大的转向力才能使阀杆与阀体之间做相对转动而实现转向助力作用，使得汽车在中高速行驶转向时，驾驶员可获得良好的转向手感和转向特性。

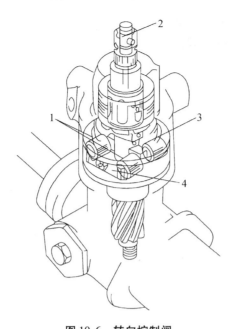

图 10-6 转向控制阀
1—柱塞；2—扭杆；3—凸起；4—油压反力室

2. 典型实例

丰田马克Ⅱ汽车反作用力控制式 EPS 的结构如图 10-7 所示。

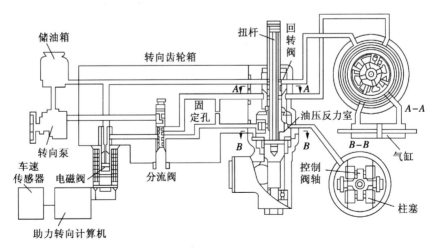

图 10-7 丰田马克Ⅱ汽车反作用力控制式 EPS

普通的液压动力转向装置通常采用通过液压缸对转向机构加力，其动力油来自发动机驱动的液压泵，利用回转阀可控制液流的流动方向。而电子控制液压动力转向装置，主要通过反力油压控制阀及油压反力室对系统提供的转向助力进行控制。其中扭杆（控制阀轴）与转向轴为刚性连接，而电磁阀装在反力控制阀中，经反力控制阀调整后的油压可直接作用在油压反力室内的柱塞上，即控制阀轴上。如图10-8所示，当动力转向系统工作时，由发动机驱动叶片泵供给动力转向所需要的动力油，经分流阀分流后，一部分动力油流至回转阀产生转向所需的助力力矩，另一部分动力油则流至油压反力室，由于油压反力室的油压所产生的力矩与普通动力转向系统所产生的转向助力矩方向相反，故由此得出，若改变油压反力室的油压，便可改变作用在转向轴上的反向力矩，即可成为可变助力的动力转向系统。

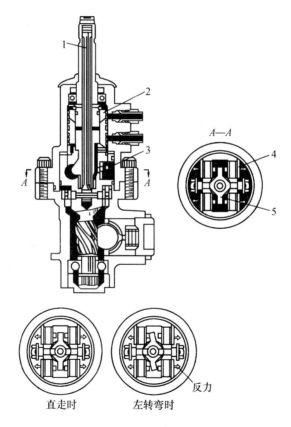

图 10-8　转向控制阀结构

1—扭杆；2—阀体；3—油压反力室；4—柱塞；5—阀杆

三、阀灵敏度可变控制式 EPS

阀灵敏度可变控制式 EPS 的控制是 EPS ECU 根据车速控制电磁阀，直接改变动力转向控制阀的油压增益（阀灵敏度），从而对油压进行控制。

这种转向装置结构简单、部件少、价格低，而且可以有较大的选择转向力的自由度。与反力控制式转向相比，转向刚性差，但可以最大程度地提高原来的弹簧刚度来加以克服。阀灵敏度可变控制动力转向装置能够获得自然的转向感和良好的转向特性。

1. 系统组成

如图 10-9 所示为地平线牌轿车所采用的动力转向装置。转向控制阀的转子阀，做了局部改进并增加了电磁线圈阀、控制元件、车速传感器。转子阀的可变孔分为低速专用和高速专用两种，在高速专用可变孔的前后设有低速专用可变孔。在高速专用可变孔的下游设有旁通回路，在旁通回路中又设置有电磁线圈阀，根据车速开启电磁阀以改变电磁阀灵敏度，控制操舵力。这是一种具有非常自然操舵感的新型电子控制系统，并具有故障安全保险功能。当电气系统发生故障时，可确保操舵特性。

该装置的主要部件有转子阀、电磁阀与控制系统等。

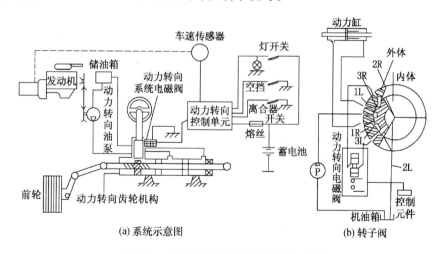

图 10-9 阀灵敏度可变控制动力转向装置

2. 转子阀

转子阀一般在圆周上形成 6 条或 8 条沟槽，如图 10-9 所示，用于可变特性的具有 12 条沟槽的系统。各沟槽利用阀部外体与泵、动力缸、电磁阀及油箱连接。图 10-10 为实际的转子阀结构剖面图。

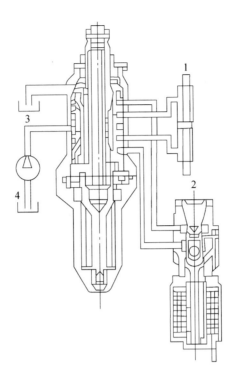

图 10-10 转子阀及电磁阀剖面图
1—动力缸；2—电磁阀；3—油箱；4—泵

阀部的电桥电路如图 10-11 所示，在动力缸与回转端口间直接配置 2 个可变孔，在这 2 个可变孔之间有电磁线圈控制阀的油压回路。可变小孔 1R、1L、2R、2L 是能以较小转向扭矩关闭的低速专用小孔；3R、3L 是能以较大转向扭矩关闭的高速专用可变小孔。

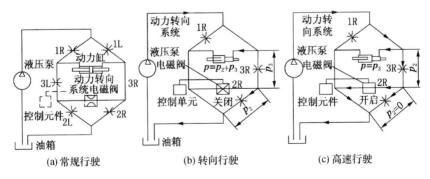

图 10-11 阀部的电桥电路

其工作原理是：当车辆停止时，如图10-9所示，电磁线圈阀完全关闭，由于旁通回路没有流入油液，高灵敏度低速专用可变小孔1R及2R以较小转向扭矩关闭，所以具有轻便的转向特性。在高速时，电磁线圈阀全开，经过旁通回路，流向油箱的流体形成环流，灵敏度低的高速专用可变小孔3R控制通向动力缸的油压，所以具有多工况的转向特性。从低速到高速的过渡区间，由于电磁阀的作用，按照车速控制可变小孔的油量，因而可以按顺序改变转向特性。

3. 电磁阀

电磁阀的结构如图10-10所示，该阀设有控制上下游流量的旁通油路，是可变节流阀。在低速时向电磁线圈通过最大电流的可变孔被关闭，随着车速提高，顺序减少通电量，可变孔开启；在高速时开启面积达到最大值。该阀左右转向时，油液流动方向可以逆转，所以在上下流动方向中，可变小孔必须具有相同的特性。为了确保高压时流体力有效作用于阀，必须提供稳定的油压控制。

4. 控制系统

当接受来自车速传感器的信号，控制系统向电磁阀和电磁线圈输出电流。控制系统的电路如图10-12所示。

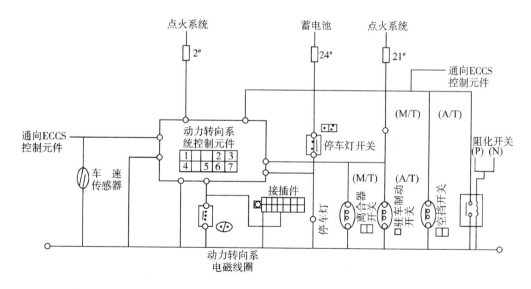

图10-12　控制系统电路图

任务资讯二 电动式电子控制动力转向系统

液压式动力转向系统由于工作压力和工作灵敏度较高,外廓尺寸较小,因而获得了广泛的应用。在采用气压制动或空气悬架的大型车辆上,也有采用气压动力转向的。但这类动力转向系统的共同缺点是结构复杂、消耗功率大,容易产生泄漏,转向力不易有效控制等。近年来随着微机在汽车上的广泛应用,出现了电动式电子控制动力转向系统,简称电动式 EPS。

一、电动式 EPS 的组成及工作过程

1. 电动式 EPS 的组成

电动式 EPS 系统通常由转矩传感器、车速传感器、电子控制器、电动机、电磁离合器和减速机构等组成。电动式 EPS 的组成如图 10-13 所示。

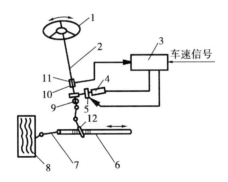

图 10-13 奥拓汽车电子控制动力转向系统的组成

1—转向盘;2—输入轴(转向轴);3—电子控制器;4—助力电动机;5—电磁离合器;6—转向齿条;
7—横拉杆;8—轮胎;9—输出轴;10—扭力杆;11—转矩传感器;12—转向齿轮

2. 电动式 EPS 的工作过程

电动式 EPS 系统是利用电动机作为助力源,根据转向参数和车速等,由 ECU 完成助力控制的。当汽车转向时,转矩传感器不断检测出转向盘的转矩和转动方向,由此产生一个电压信号,该信号与由车速传感器检测到的车速信号一起被输送到 EPS ECU,由 EPS ECU 进行运算处理,确定助力转矩的大小和转向,即选定电动机的电流和转向,调整转向的辅助动力,同时向电动机控制器发出信号指令。电动机的转矩由电磁离合器通过减速机构减速增扭后,加在汽车的转向机构上,使之得到一个与工况相适应的转向作用力。

3. 电动式 EPS 的优点

与液压式 EPS 系统相比，电动式 EPS 系统有以下优点：

（1）结构紧凑、重量轻。将电动机、减速装置、转向杆、转向器等各部件装配成一个整体，这样既无管道也无控制阀，重量一般比液力式动力转向系统轻 25%。

（2）节省发动机动力。由于没有液力式动力转向所必需的常运转油泵，电动机只是在需要转向时才能接通电源转动，不转向时不工作，从而节约发动机动力。

（3）没有液压系统，不需要给油泵补充油，也不必担心漏油，工作更可靠。

（4）能根据不同的情况产生适合各种车速的动力转向，方向感更好，高速时更稳，即使在停车时驾驶员也可获得最大的转向助动力。汽车在行驶过程中，电子控制部分可调整电动机的反力，以改善"路感"。它还有助于四轮转向的实现，并能促进悬挂系统的发展。

二、电动式 EPS 主要部件的结构与工作原理

1. 转矩传感器

转矩传感器也称转向传感器，其作用是测定转向盘与转向器之间的相对转矩，并将其转化为电压信号输入到电子控制器。转矩传感器的基本工作原理如图 10-14 所示，用磁性材料制成的定子和转子可以形成闭合的磁路。线圈 A、B、C、D 分别绕在极靴上，接成一个桥式回路。由于转向杆扭转变形的扭转角与转矩成比例，所以只要测定转向杆的扭转角，便可知道转向力的大小。实际使用中，转矩传感器做成如图 10-15 所示便于安装的结构形式。

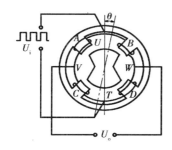

图 10-14 转矩传感器工作原理

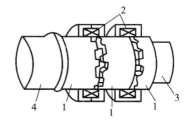

图 10-15 实际应用的转矩传感器
1—检测环；2—检测线圈；3—输入轴；4—输出轴

2. 电子控制器

电动式 EPS 系统如图 10-16 所示。该系统的核心是一个有 4 KB ROM 和 256 KB RAM 的 8 位 CPU 的电子控制器。转向盘转矩信号和车速信号经过输入接口送入电子控制器。

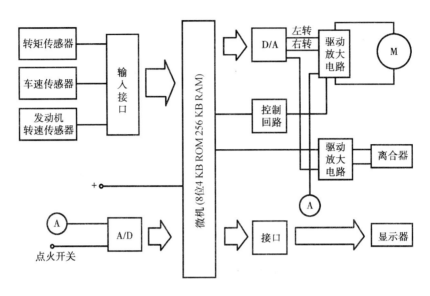

图 10-16　电子控制动力转向的控制系统

点火开关的通断（ON/OFF）信号经 A/D 转换接口送入电子控制器，当点火开关断开时，电动机和离合器不能工作。电子控制器控制指令经 D/A 转换接口送入电动机和离合器的驱动放大电路中，控制电动机的旋转转向和离合器的离合。电动机的电流经驱动放大电路、电流表 A、A/D 转换接口反馈给电子控制器，将电动机的实际电流与按电子控制器指令应给的电流相比较，调节电动机的实际电流，使两者接近一致。

随着车速和转向转矩的变化，助力电动机的电流也随之变化。其控制逻辑如图 10-17 所示。

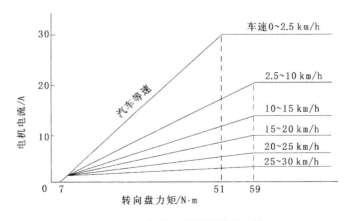

图 10-17　电动机电流的控制逻辑

由图 10-17 可看出：

（1）随着车速的升高，助力电动机的电流减小，给转向盘的辅助动力相应地减小，在实际的控制中，电动机电流按阶梯状态下降的；

（2）随着转向盘转矩的增加，电动机的电流增加，当转向盘转矩增加到一定程度后，在一定的车速范围内电动机电流就维持不变。

3. 电动机

电动式 EPS 电动机与启动系直流电动机原理上基本相同，但一般采用永久磁场。其最大电流一般为 30 A 左右，电压为 DC12V，额定转矩为 10 N·m 左右。

转向助力用直流电动机需要正反转控制，图 10-18 所示为一种比较简单适用的控制电路。a_1、a_2 为触发信号端。当 a_1 端得到输入信号时，晶体管 VT_3 导通，VT_2 得到基极电流而导通，电流经 VT_2、电动机 M、VT_3 搭铁而构成回路，于是电动机正转，当 a_2 端得到输入信号时，电流则经 VT_1、M、VT_4 搭铁而构成回路，电动机则因电流方向相反而反转。控制触发信号端电流的大小，就可以控制通过电动机电流的大小。

4. 电磁离合器

图 10-19 为单片干式电磁离合器的工作原理图。当电流通过滑环进入电磁离合器线圈时，主动轮产生电磁吸力，带花键的压板被吸引与主动轮压紧，于是电动机的动力经过轴、主动轮、压板、花键、从动轴传递给执行机构。

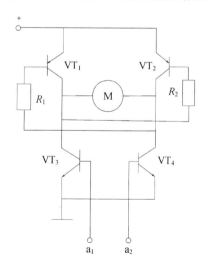

图 10-18 电动机正反转控制电路

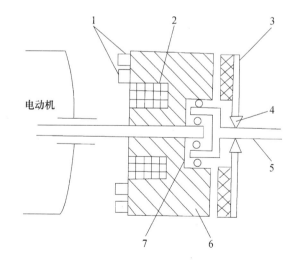

图 10-19 电磁离合器工作原理
1—滑环；2—线圈；3—压板；4—花键；5—从动轴；
6—主动轮；7—滚动轴承

电动式 EPS 一般都设定一个工作范围。例如当车速达到 45 km/h 时，就不需要辅助动力转向，这时电动机就停止工作。为了不使电动机和电磁离合器的惯性影响转向系统的工作，离合器应及时分离，以切断辅助动力。另外当电动机发生故障时，离合器会自动分离，这时仍可利用手动控制转向。

5. 减速机构

减速机构是电动式 EPS 不可缺少的部件。目前实用的减速机构有多种组合方式，一般采用蜗轮蜗杆与转向轴驱动组合式，也有的采用两级行星齿轮与传动齿轮组合式。为了抑制噪声和提高耐久性，减速机构中的齿轮有的采用特殊齿形，有的采用树脂材料制成。

任务资讯三　四轮转向

目前，轿车转向分为前轮转向（2WS）和四轮转向（4WS）两种，前者普遍使用，后者是近年出现的一种新技术，主要应用在一些比较高级和新型轿车上。

一、概述

1. 四轮转向的作用

所谓四轮转向（Wheels Steering System，4WS），是指前轮和后轮都具有一定的转向功能，后轮不仅可以与前轮同方向转向，也可以与前轮反方向转向。其主要功能是确保车辆良好的操纵性和稳定性，即有效控制车辆的横向运动特性，以充分保证车辆的操纵稳定性。

2. 四轮转向的优点

与前轮转向（2WS）相比，具有如下优点：

（1）直线行驶稳定性好。高速行驶或者在侧向风力作用时后轮和前轮转弯方向相同，有助于减少车辆侧滑或扭摆。对车辆在超车、变道或躲避障碍时的反应均有帮助，提高了车辆的操纵稳定性。

（2）改善低速时的操纵轻便性，提高机动性。低速行驶时后轮转弯方向与前轮相反，车辆转弯半径大大减小，因而更易操纵。

（3）转向能力强，转向响应快，可以显著提高车辆的转向性能。车辆在高速行驶或在湿滑路面上的转向特性更加稳定，且对转向输入的响应更迅速更准确。

3. 四轮转向系统的类型

四轮转向系统有机械式、液压式、电子/液压式三种类型。目前四轮转向装置已将机械、液压、电子、传感器及微处理机控制技术紧密结合在一起,在很大程度上改善了车辆的转向特性,提高操纵稳定性。

二、电子/液压式四轮转向系统

1. 电子/液压式四轮转向的类型

按照前后轮的偏转角和车速之间的关系,电子/液压式四轮转向系统分为转角传感型和车速传感型两种类型。

转角传感型是指前轮和后轮的偏转角度之间存在着一定的因变关系,即后轮可以按前轮偏转方向做同向偏转,也可以做反向偏转。

车速传感型是根据事先设计的程序规定当车速达到某一预定值时(通常为 35~40 km/h),后轮能与前轮同方向偏转,当低于某一预定值时,则与前轮反方向偏转。

目前,采用四轮转向的轿车既有采用转角传感型,也有采用车速传感型,还有二者兼而用之的。例如马自达 929 型轿车的四轮转向系统就是具有两种类型的特点。

2. 车速感应式电子控制四轮转向系统

车速感应式电子控制四轮转向系统,主要由车速传感器、前轮动力转向系统、动力泵、后转向传动轴、后轮转向系统控制箱、动力缸及进行信息处理和发出控制指令的 ECU 等组成。在后轮转向系统控制箱内还装有受 ECU 信号驱动的使后轮相位做相应变化的相位控制机构,如图 10-20 所示。

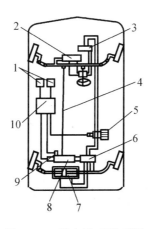

图 10-20 马自达 4WS 系统

1—车速传感器;2、7—动力缸;3—动力泵;4—后转向传动轴;5—电磁阀;
6—控制阀;8—后轮转向系统控制箱;9—步进电动机;10—ECU

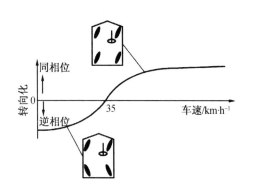

图 10-21　车速与转向比的关系曲线

（1）工作过程。车速感应式电子控制四轮转向是按照车速改变前、后轮的转向传动比的装置。也就是说，当车速低于一个固定值（一般为 35 km/h）时，后轮被置于与前轮转向相反的逆相位；而当车速等于这个固定值时，后轮处于中立位置；当超过这个固定值时，后轮与前轮的转向相位相同。如图 10-21 所示。

（2）控制元件。控制元件按照来自车速传感器与后转向传感器的输入信号控制步进电动机的转角，使之达到按照车速预先设定的控制叉转角，实现前面所述的控制特性。除此之外，还具有自诊断功能与故障排除保险功能。

（3）执行元件。执行元件指步进电动机和电磁螺线管阀。步进电动机用来驱动控制叉，按照来自控制元件的步进信号，使后轮转向系统控制箱内的控制叉旋转一定角度。当控制元件检测出四轮转向系电气系统故障时，电磁螺线管阀切断通向线圈的电流，停止向后轮转向系统控制箱供应油压。此时，在动力分泵内的油压助力消失，在设置了动力分泵内动力杆的中央弹簧的作用下，后轮处于中立位置，相当于前轮转向。

（4）后轮转向系统控制箱。后轮转向系统控制箱的构造如图 10-22 所示，是由相位控制机构、转向控制步进电动机、控制阀总成和转向助力油缸等组成。

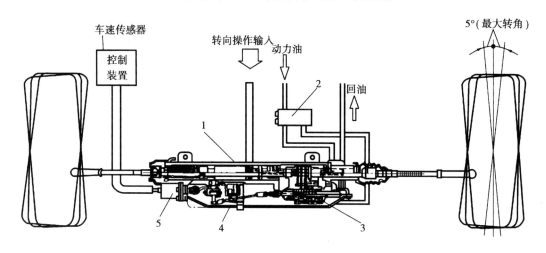

图 10-22　后转向控制箱构造

1—转向动力缸；2—电磁阀；3—控制阀；4—相位控制机构；5—步进电动机

相位控制机构的构造如图10-23所示,是由步进电动机、扇形齿轮、锥齿轮、控制杆及控制阀等组成。扇形齿轮由步进电动机驱动,以确定转向比。锥齿轮由转向盘操纵,控制杆贯穿于锥齿轮的偏心孔,一端通过球节与扇形齿轮上摇杆连接,另一端接在控制滑阀杆上。

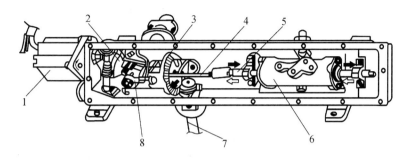

图10-23 相位控制机构构造

1—步进电动机;2—扇形齿轮;3—锥齿轮;4—控制杆;5—控制滑阀杆;6—控制阀;
7—后转向输入轴;8—铰接臂

3. 转角感应、车速感应式电子控制四轮转向系统

这种四轮转向系统是将计算机电子控制和液压控制结合起来,形成一个对转向角和车速都敏感的转向控制系统,如图10-24所示。它的组成包括两个液压泵、一个油箱、电磁阀、转向角度传感器、车速传感器、电子控制单元(ECU)、节流阀和动力缸等。

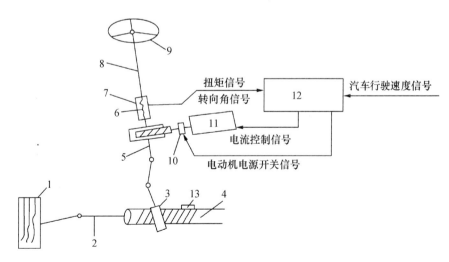

图10-24 转角、车速感应式电子控制转向系统

1—转向轮胎;2—横拉杆;3—小齿轮;4—转向齿条;5—输出轴;6—扭力杆;7—转矩传感器;8—转向柱;
9—转向盘;10—电磁离合器;11—助力电动机;12—电子控制器;13—转向角传感器

车速传感器和转向盘、转向角传感器向 ECU 提供信号，ECU 对接收到的信号进行处理后，向液压系统发出偏转后轮的指令。车速较低时，转向过程中后轮的动态影响不予考虑。中速行驶时，汽车后轮先朝与前轮相反的方向偏转，然后通过中间位置，再向与前轮同方向偏转。ECU 不仅需感知车速，还要感知转向盘转动的角度和角速度。

任务训练

任务训练一　故障自诊断

电子控制动力转向系统一般都具有故障自诊断功能，以监测、诊断系统的工作情况。当系统出现故障时，电子控制单元将其故障信息以代码形式显示出来，以使维修人员快速、准确地判断出故障类型及故障部位。下面介绍几种车型电子控制动力转向系统的故障自诊断测试方法及故障代码内容。

一、奔驰 W140 动力转向系统故障自诊断

1. 故障代码读取与清除方法

（1）将点火开关 KEY 打开至 ON。

（2）在诊断插座 2 号与 12 号端子之间跨接 LED 灯，诊断插座如图 10-25 所示。

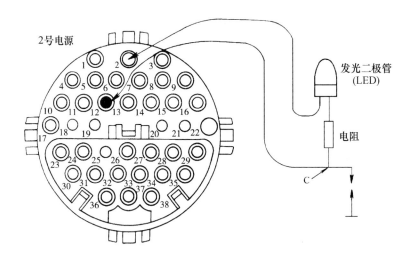

图 10-25　奔驰 W140 动力转向系统诊断插座

(3) 将 "C" 脚跨接搭铁 4 s 后取开,从 LED 灯读取故障代码闪烁信号。

(4) 等待 4 s 后,再将 "C" 脚跨接搭铁 8 s 以上。

(5) 重复步骤(3)、(4)直到故障代码重新显示,即完成故障代码读取。

(6) 将点火开关 KEY 置于 OFF 位置 30 s 以上即可清除故障代码。

2. 故障代码

故障代码提取后,可根据故障代码表查阅故障详细内容,然后检修相应故障部位,奔驰 W140 动力转向系统故障代码及含义如表 10-1 所示。

表 10-1 奔驰 W140 动力转向系统故障代码和内容

故障代码	故障原因与可能部位	故障代码	故障原因与可能部位
1	系统正常	7	变速器车速信号传感器回路（L2）
2	PML 控制 ECU（N49/1）	8	车速控制动力转向电磁阀线路短路到电源（Y10）
3	左后车速信号（由 ABS ECU 或由 ASR ECU#l/28 来,到#l/30 脚）	9	车速控制动力转向电磁阀线路短路
4	右后车速信号（由 ABS/ASR ECU#1/28 来,到 PML ECU#1/7 脚）	10	车速控制动力转向电磁阀线路搭铁
5	差速器车速信号到 PML ECU#1/30 脚（N30/1）	11	PML 电源中来自 BAS 电子控制单元或主继电器#87 电源线有一条断路
6	无法取得所有车速信号,参考故障代码 3、4、5		

二、三菱轿车动力转向系统

1. 故障代码读取与清除

(1) 点火开关 KEY 置于 OFF 位置。

(2) 将 12 端子诊断插座的管脚 10 与管脚 12 用 LED 灯跨接,如图 10-26 所示。

(3) 点火开关 KEY 置于 ON 位置。

(4) 读取 LED 灯闪烁的故障代码。

(5) 拆开蓄电池负极搭铁线 15 s 以上再装回,即可清除故障代码。

2. 故障代码

故障代码提取后,可根据故障代码表查阅故障详细内容,然后检修相应故障部位,故障代码及故障内容如表 10-2 所示。

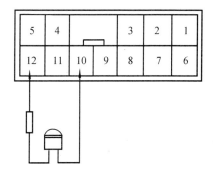

图 10-26 三菱轿车动力转向系统诊断插座

表 10-2 三菱轿车动力转向系统故障代码及内容

故障代码	内容	故障代码	内容
11	EPS 主电子控制单元电源不良	13	ESP 电磁阀工作不良
12	VSS 车速信号不良	14	EPS 主电子控制单元故障

任务训练二 丰田皇冠轿车电控动力转向系统的检修

一、系统的基本组成

图 10-27 和图 10-28 分别表示丰田皇冠 3.0 轿车进级式动力转向（Progressive Power Steering，PPS）系统组成部件的安装位置和电脑控制原理。其中电控部分由车速传感器、动力转向 ECU 和电磁阀（装在转向机内）组成。

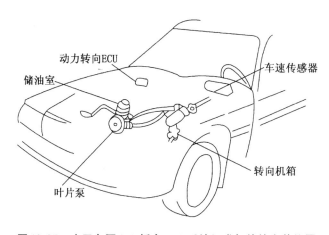

图 10-27 丰田皇冠 3.0 轿车 PPS 系统组成部件的安装位置

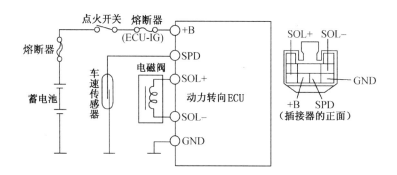

图 10-28 丰田皇冠 3.0 轿车 PPS 系统电脑控制原理图

二、系统的故障排除

1. 电子控制系统的检查

丰田皇冠 3.0 的 PPS 电子控制系统常见故障有：低速或发动机怠速时转向沉重和高速行驶时转向过度灵敏。在检查电子控制系统前，应先察看胎压、悬架和转向杆件及球形销的润滑情况；并检查前轮定位、动力转向泵油压是否正常；各导线插接器是否连接牢靠，转向机柱是否弯曲等。然后按下面方法检查电控系统。

（1）接通点火开关，察看 ECU-IG 熔断器是否正常。如果烧毁，并且在重新更换后又烧毁，表明此熔断器与 ECU 的 +B 端子间短路。若熔断器正常或重新更换后正常，则再进行下一步检查。

（2）拔下 ECU 插接器，将电压表正表笔接插接器 +B（从背面插入，后面表笔与连接器的连接方法相同），负表笔搭铁，电压应为 10～14 V（蓄电池电压）。如果无电压，表明 ECU-IC 熔断器与 ECU 的 +B 端子间有断路。如果电压值为蓄电池电压，再进行下一步检查。

（3）将电阻表（万用表之欧姆挡）正表笔接插接器 GND 端子，负表笔仍搭铁，此时电阻值应为零。否则，ECU 的 GND 端子与车身搭铁处之间有断路或接触不良。如果电阻值为零，应进行下一步的检查。

（4）支撑起一侧前轮，将电阻表的正表笔接插接器 SPD 端子，负表笔接 GND 端子。然后转动支撑起的车轮，电阻表阻值应在 0～∞ 之间交替变化。否则说明 ECU 的 SPD 与车速传感器之间有断路或短路，或车速传感器有故障。如果电阻表指示正常，则再进行下一步检查。

（5）将电阻表的正表笔接插接器的 SOL - 端子，负表笔接 GND 端子。电阻表所指示的电阻值应为 ∞；否则 SOL + 或 SOL - 端子与 GND 端子间的线路有短路，或电磁阀有故障。如果指示正常，应进行下一步检查。

（6）将电阻表的正表笔接插接器的 SOL + 端子，负表笔接 SOL - 端子。两端子间的电阻应为 6.0～11 Ω。否则这两端子之间的线路有断路或电磁阀有故障。如果电阻正常，应检查 ECU。如果 ECU 损坏，则应更换。

2. 电子控制部件的检查

（1）电磁阀的检查。拔开插接器，用电阻表测量电磁线圈的电阻。电阻应为 6.0～11 Ω。从转向机内拆下电磁阀，将蓄电池正极接电磁线圈的 SOL + 端子，负极接 SOL - 端子，如图 10-29 所示。此时针阀应缩回约 2 mm，否则应更换电磁阀。

（2）PPS 电子控制器 ECU 的检查。支撑起汽车，拆下 ECU，启动发动机，在不拔下 ECU 插接器、发动机怠速运转的情况下，用电压表测量 ECU 的 SOL - 和 GND 两端子之间的电压，电表测笔从背面插入，如图 10-30 所示。然后将变速器挂上挡，并使车速达到 60 km/h，仍按图 10-30 所示接法再测电压，电压应比原来增加 0.07～0.22 V。如果无电压，则应更换 ECU。

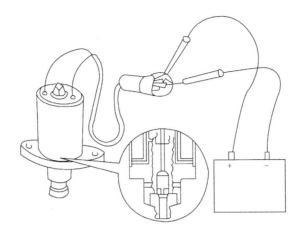

图 10-29　电磁阀的检查

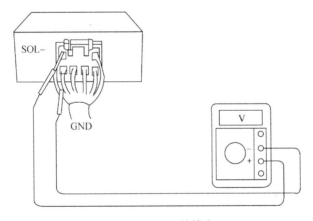

图 10-30　ECU 的检查

思 考 题

1. 简述流量控制式 EPS 的组成及工作原理。
2. 简述电动式 EPS 的组成及工作过程。
3. 简述电动式 EPS 的电磁离合器的工作原理。
4. 四轮转向与前轮转向相比有哪些优点?
5. 如何检修皇冠 3.0 轿车的电动动力转向系统?
6. 奔驰 W140 型轿车电控动力转向系统的故障代码如何提取与清除?
7. 皇冠 3.0 轿车 PPS 系统由哪些部件组成? 如何检查电子控制部件?

参 考 文 献

[1] 赵学斌，王凤军主编. 汽车电器与电子控制技术［M］. 北京：机械工业出版社，2006.
[2] 吴基安主编. 汽车电气电子工程师手册［M］. 哈尔滨：黑龙江科学技术出版社，2005.
[3] 何丹娅主编. 汽车电器与电子设备［M］. 北京：人民交通出版社，2002.
[4] 孙仁云，付百学主编. 汽车电器与电子技术［M］. 北京：机械工业出版社，2006.
[5] 李东江，宋良玉，王秀娣编著. 现代汽车电子控制技术［M］. 北京：北京科学技术出版社，1998.
[6] 李涵武主编. 车身电器与电子控制技术［M］. 哈尔滨：哈尔滨工业大学出版社，2003.
[7] 德国 BOSCH 公司编. 魏春源，等译. 汽车安全性与舒适性系统［M］. 北京：北京理工大学出版社，2007.
[8] 日本 GP 企业策划编. 董铁有译. 汽车构造［M］. 北京：人民交通出版社，2005.
[9] 宋进桂主编. 怎样维修汽车防盗与音响系统［M］. 北京：机械工业出版社，2004.
[10] 卞伟华主编. 汽车车载电源与车身电器维修［M］. 上海：上海科学技术出版社，2007.
[11] 许智宏主编. 国产汽车防盗及中控系统维修精华［M］. 北京：机械工业出版社，2005.
[12] 吴文琳，林春妹主编. 汽车防盗及中控门锁系统应急维修实例［M］. 北京：人民邮电出版社，2006.
[13] 李春明主编. 汽车车身电子技术［M］. 北京：北京理工大学出版社，2003.
[14] 南长根主编. 汽车电器设备维修技术［M］. 江西：江西科学技术出版社，1996.
[15] 〔美〕D. 诺莱斯主编. 汽车计算控制系统［M］. 北京：机械工业出版社，1998.
[16] 于万海主编. 汽车电器设备原理与检修［M］. 北京：电子工业出版社，2004.
[17] 舒华，姚国平主编. 汽车电控系统结构与维修［M］. 北京：北京理工大学出版社，2005.
[18] 李春明编著. 捷达/捷达王电气系统使用与维修［M］. 北京：北京理工大学出版社，2002.
[19] 杨庆彪主编. 现代轿车全车网络系统原理与维修［M］. 北京：国防工业出版社，2007.
[20] 杨占鹏主编. 怎样维修巡航、电控悬架、电控动力转向系统［M］. 北京：机械工业出版社，2004.
[21] 常青，杨东凯，寇艳红，张其善编著. 车辆导航定位方法及应用［M］. 北京：机械工业出版社，2005.
[22] 朱建风，李国忠主编. 常见车系 CAN-BUS 原理与检修［M］. 北京：机械工业出版社，2006.
[23] 李春明，双亚平主编. 汽车电路读图［M］. 北京：北京理工大学出版社，2006.
[24] 于万海主编. 汽车单片机与车载网络技术［M］. 西安：西安电子科技大学出版社，2007.
[25] 李良洪主编. 汽车车身电气系统［M］. 北京：北京理工大学出版社，2007.
[26] 赵仁杰编著. 奥迪轿车电系故障检测与维修［M］. 北京：人民交通出版社，2001.
[27] 李建文主编. 雅阁轿车电气与电控系统维修［M］. 北京：电子工业出版社，2002.
[28] 赵雨旸，李涵武主编. 宝来轿车电控与电气系统检修图解［M］. 北京：机械工业出版社，2003.
[29] 周建平主编. 汽车电气设备构造与维修［M］. 北京：人民交通出版社，2007.

[30] 马淑娟，等主编. 新编汽车电工手册 [M]. 北京：机械工业出版社，1996.
[31] 肖东主编. 捷达轿车电气与电控系统维修实例 [M]. 北京：电子工业出版社，2004.
[32] 高志胜，徐胜云主编. 天津威驰轿车维修手册 [M]. 北京：人民交通出版社，2003.
[33] 于明进，于光明. 汽车电气设备构造与维修 [M]. 北京：高等教育出版社，2002.
[34] 冯崇毅，鲁植雄，何丹娅主编. 汽车电子控制技术 [M]. 北京：人民交通出版社，2005.
[35] 丰田汽车公司. 天津皇冠系列维修手册. 2005.
[36] 尹维贵，胡建军主编. 奥迪 A6 轿车结构与维修 [M]. 哈尔滨：黑龙江科学技术出版社，2001.